A mente consciente
*fundamentos filosóficos
e neurobiológicos*

O selo DIALÓGICA da Editora InterSaberes faz referência às publicações que privilegiam uma linguagem na qual o autor dialoga com o leitor por meio de recursos textuais e visuais, o que torna o conteúdo muito mais dinâmico. São livros que criam um ambiente de interação com o leitor – seu universo cultural, social e de elaboração de conhecimentos –, possibilitando um real processo de interlocução para que a comunicação se efetive.

A mente consciente
fundamentos filosóficos e neurobiológicos

Editora
intersaberes

Mário Márcio Negrão

EDITORA intersaberes

Rua Clara Vendramin, 58 . Mossunguê
CEP 81200-170 . Curitiba . PR . Brasil
Fone: (41) 2106-4170
www.intersaberes.com
editora@editoraintersaberes.com.br

Conselho editorial
Dr. Ivo José Both (presidente)
Dr.ª Elena Godoy
Dr. Nelson Luís Dias
Dr. Neri dos Santos
Dr. Ulf Gregor Baranow

Editora-chefe
Lindsay Azambuja

Supervisora editorial
Ariadne Nunes Wenger

Analista editorial
Ariel Martins

Preparação de originais
Vanessa Carneiro Rodrigues
Natasha Saboredo

Edição de texto
Fábia Mariela de Biasi
Viviane Fernanda Voltolini

Capa
Charles L. da Silva (*design*)
vetpathologist/Shutterstock (imagem)

Projeto gráfico
Bruno Palma e Silva

Diagramação
Kátia Priscila Irokawa Muckenberger

Equipe de design
Charles L. da Silva
Mayra Yoshizawa

Iconografia
Regina Claudia Cruz Prestes
Palavra Arteira

Dados Internacionais de Catalogação na Publicação (CIP)
(Câmara Brasileira do Livro, SP, Brasil)

Negrão, Mário Márcio
  A mente consciente: fundamentos filosóficos e neurobiológicos/Mário Márcio Negrão. Curitiba: InterSaberes, 2017. (Série Estudos de Filosofia)

  Bibliografia.
  ISBN 978-85-5972-592-6

  1. Filosofia – Estudo e ensino 2. Filosofia da mente I. Título II. Série.

17-10230   CDD-107

Índices para catálogo sistemático:
1. Filosofia: Estudo e ensino   107

1ª edição, 2017.

Foi feito o depósito legal.

Informamos que é de inteira responsabilidade do autor a emissão de conceitos.

Nenhuma parte desta publicação poderá ser reproduzida por qualquer meio ou forma sem a prévia autorização da Editora InterSaberes.

A violação dos direitos autorais é crime estabelecido na Lei n. 9.610/1998 e punido pelo art. 184 do Código Penal.

sumário

*prefácio, ix
apresentação, xiii
organização didático-pedagógica, xix
introdução, xxiii*

parte 1   *Fundamentos filosóficos, 29*

1   *Estudo da consciência com base nas teorias do conhecimento, 30*
   1.1 Teorias do conhecimento na Antiguidade Clássica, 32
   1.2 Teorias do conhecimento nos mundos moderno e pós-moderno, 59

2 Enfoques filosóficos do estudo da consciência, 118
2.1 Dualismo, 121
2.2 Materialismo, 168

parte 2 Fundamentos neurobiológicos, 213

3 Estudo sistemático do sistema nervoso, 214
3.1 Neurobiologia da consciência: correlatos neurais da consciência, 217
3.2 Neurobiologia da consciência: níveis de análise, 224

4 Neurociência dos sistemas, 244
4.1 Sistema sensitivo, 246
4.2 Sistema motor, 265
4.3 Sistemas de ativação e motivação do cérebro, 283
4.4 Centros excitatórios difusos do córtex cerebral, 286
4.5 Centros excitatórios específicos do córtex cerebral, 288
4.6 Córtex cerebral: funções das áreas corticais específicas, 289
4.7 Neurociência da atenção, 298
4.8 Redes para a formação da linguagem, 308
4.9 Redes para aprendizagem e memória, 309

5

Consciência, 322
    5.1 Revisão das teorias filosóficas da mente, 325
    5.2 Níveis e tipos de consciência, 333
    5.3 Correlatos neurais da consciência, 336
    5.4 Núcleos talâmicos e suas projeções específicas para o córtex cerebral, 341
    5.5 Núcleos talâmicos e suas projeções inespecíficas para o córtex cerebral, 343
    5.6 Regulações *top-down* e *bottom-up*, 344

considerações finais, 367
referências, 373
bibliografia comentada, 399
respostas, 403
sobre o autor, 407

prefácio

A *tarefa de prefaciar* um livro de filosofia da mente já é em si um grande desafio. Quando esse livro foi escrito por um autor com a experiência e o conhecimento do Dr. Mário Negrão, esse desafio fica ainda maior.

Nesta obra, Negrão aborda os problemas da filosofia da mente – área relativamente nova –, marcada, entre outros fatores, pela possibilidade de interfaces com diferentes campos do conhecimento. O autor também ressalta que os avanços no campo das ciências e da própria filosofia, ao mesmo tempo que ampliam nossa compreensão sobre o ser humano e o mundo no qual ele está inserido, também tornam cada vez mais complexas as informações e a própria produção do conhecimento científico.

A afirmação de que à filosofia cabem todos os objetos é um dos argumentos utilizados por Negrão para explicar a diferença entre a filosofia e as demais ciências. Nessa perspectiva, a filosofia abre-se também ao estudo da mente e aos problemas que se apresentam no horizonte filosófico. Perguntas como: "O que é a mente?", "De que substância ela é formada?", "Que relação ela tem com o corpo?" e "O que é a consciência?" são levantadas e trabalhadas pelo autor com muita propriedade e de modo envolvente.

Negrão aborda com competência os principais problemas que incidem sobre o estudo da filosofia da mente. É preciso ressaltar o domínio teórico presente na obra, bem como o profundo conhecimento do autor sobre anatomia cerebral, o que reveste de uma qualidade ímpar as análises apresentadas no livro. Os exercícios e as indicações culturais contemplados são excelentes recursos que favorecem a compreensão e a concretização do aprendizado do conteúdo de cada capítulo.

A obra de Negrão abrange desde a teoria do conhecimento – dos antigos filósofos gregos aos filósofos modernos – até discussões mais atuais sobre o método científico, fundamentando-se em um arcabouço teórico que enseja reflexões e análises sobre os problemas essenciais da filosofia da mente, entre os quais destacamos: as teorias da consciência (como enfoques de natureza filosófica), o dualismo, o behaviorismo (e suas diversas vertentes), os conceitos de *problema fácil* e *problema difícil da consciência*, as teorias materialistas, o funcionalismo, a inteligência artificial e a teoria da identidade.

Como se trata de um campo de conhecimento relativamente novo, a filosofia da mente tem despertado grande interesse, tanto de alunos iniciantes e curiosos quanto de filósofos e cientistas experientes. Nesse sentido, também se sobressai a descrição dos dados empíricos acerca dos estudos sobre a mente que já são conhecidos, bem como dos que estão em fase de desenvolvimento. O autor descreve com propriedade, e muita capacidade de síntese, as pesquisas e os resultados já alcançados no estudo da mente humana.

A filosofia da mente é um campo vasto de pesquisa que está em expansão contínua – o que se deve, entre outros fatores, ao seu já mencionado caráter multidisciplinar. Essa característica lhe confere as mais variadas possibilidades de interface com diferentes campos do conhecimento, tendo em vista o avanço na compreensão da mente humana e o desenvolvimento de pesquisas, cujos resultados oferecem condições de melhorar continuamente a condição humana e o seu estar no mundo em sociedade.

Feitas essas breves considerações, é com satisfação que apresentamos esta obra, com vistas a despertar o interesse, a curiosidade e o fascínio pelo estudo e pela pesquisa da filosofia da mente. Boa leitura!

Luís Fernando Lopes
Coordenador do curso de Filosofia
do Centro Universitário Internacional Uninter

apresentação

O *intuito desta obra* não é estabelecer uma doutrina definitiva ou o método mais adequado para estudar a mente, pois isso, além de ser algo pretensioso, comprometeria nosso propósito, que é o de apenas despertar seu interesse pela grande aventura do estudo da mente.

Nesta obra, partimos da premissa fundamental de que a ciência é movida, na maior parte do tempo, por dúvidas. Dessa maneira, podemos conceber a curiosidade como uma constante, assim como a ideia de que a teoria e a prática precisam de um espaço dialógico permanente.

Tendo isso em vista, delimitamos como nosso objeto de estudo a consciência. Para oferecer uma abordagem mais detalhada, dividimos a obra em duas partes: a primeira dedicada às concepções filosóficas da consciência; e a segunda dedicada à descrição neurobiológica desta. Assim, procuramos articular a filosofia com os aspectos práticos do estudo da mente, ou seja, trata-se um estudo de natureza ontológica, que busca a natureza do ser tanto no campo analítico quanto empírico.

No Capítulo 1, abordaremos diversas teorias do conhecimento, cujo ponto de partida se organiza em torno de dois sistemas básicos (Dilthey, 2003): um referente à concepção de espírito e outro à concepção de universo. O primeiro tem como base as filosofias socrática e platônica, cuja concepção de espírito faz de toda ação humana uma busca consciente do saber concentrada nos aspectos práticos e objetivos da existência humana. O segundo é fundamentado na filosofia aristotélica, que apresenta aspectos concernentes à própria existência do ser e do universo, tratando daquilo que os gregos antigos chamavam de *episteme*. Ambos os sistemas são pautados pela totalidade dos objetos de estudo aliada ao caráter racional próprio da nossa espécie.

Como sabiamente aponta Johannes Hessen (2000), quase todas as escolas filosóficas até o momento descendem desses dois pilares. Durante a leitura da presente obra, você está convidado a identificar entre as diversas teorias da mente quais descendem, mesmo que minimamente, dessas duas fontes. No Capítulo 2, por exemplo, você poderá conferir como as teorias dualistas se aproximam mais da concepção de espírito e, por sua vez, as teorias materialistas parecem se aliar à concepção de universo.

Ainda no Capítulo 2, analisaremos as teorias do conhecimento modernas e pós-modernas que podem ser adotadas para nosso propósito. Para isso, usamos como orientação geral a obra de Alan Chalmers (1996), que examina o conceito de *método científico* e seus desdobramentos históricos. Iniciaremos nossa análise com duas teorias iluministas: o racionalismo e o empirismo, visto que muitas teorias da mente se apoiam nessas duas vertentes. Em seguida, examinaremos os elementos fundamentais do positivismo e do neopositivismo, especialmente naquilo que se refere à linguagem – área escolhida para exemplificar nosso método de estudo. O indutivismo (e seus problemas) será considerado à luz da crítica de Karl Popper (2014), que introduziu a ideia de *falsificacionismo* como método epistemológico por compreender que chegar às certezas é chegar ao fim da própria natureza da investigação científica.

Em seguida, analisaremos a abordagem estrutural de Imre Lakatos (1979), que concebe a teoria científica como algo organizado por meio de um núcleo duro – sua parte mais resistente – defendido por um cinturão protetor de argumentos. Na sequência, trataremos das ideias de Thomas Kuhn (1998), que acrescenta à concepção estrutural de teoria científica elementos como os aspectos históricos e culturais. Depois disso, passaremos às ideias de Paul Thagard (1992), cuja teoria de revolução conceitual está fundamentada nas mais modernas descobertas a respeito dos aspectos cognitivos da mente humana.

Uma vez feito esse preparo conceitual, no Capítulo 2 trataremos das teorias filosóficas da consciência propriamente ditas. O primeiro tópico abordado será o dualismo, que apresenta três variantes: o dualismo de substância, que considera os componentes irredutíveis entre si, oferecendo uma visão espiritual aos estudos da mente ao defender a existência do espírito imortal como componente fundamental da essência humana; o dualismo de propriedades, que concebe a mente como um epifenômeno do cérebro, assim como a música tocada por um aparelho de som é um epifenômeno do engenho; e o dualismo de predicados, uma teoria essencialmente semântica que oferece explicações de natureza linguística para analisar a questão da subjetividade.

Na sequência, discutiremos as teorias materialistas da consciência. Iniciaremos pelo behaviorismo, que considera a influência das motivações externas no comportamento do indivíduo. Em seguida, trataremos do eliminativismo, em que a existência da consciência é negada em prol de uma visão de que até a subjetividade é decorrente de processos derivados de conceitos culturais. Após considerarmos esses dois tópicos, examinaremos a teoria do funcionalismo, caracterizada por uma abordagem essencialmente funcional da gênese da consciência. Nesse tipo de visão, as propriedades mentais são decorrentes de processos semânticos semelhantes àqueles estudados nas ciências computacionais, ou seja, as funções ditas mentais podem ser operadas em qualquer tipo de plataforma – inclusive nas artificiais. Visto isso, investigaremos a teoria da identidade, que correlaciona as estruturas neuronais e químicas e as concebe como propriedades da mente. Como contraponto, incluiremos uma discussão a respeito das teorias de John Searle, que defende a ideia de que as propriedades da mente são decorrentes de processos biológicos – inclusive as subjetivas. Após a apresentação de cada uma das vertentes propostas (dualismo e materialismo), discutiremos os argumentos contrários a essas teorias, encerrando a primeira parte do livro.

Na segunda parte, debateremos os aspectos neurobiológicos fundamentais dos mecanismos responsáveis pela consciência. Inicialmente, para facilitar a leitura aos que não estiverem familiarizados com os aspectos neurobiológicos do sistema nervoso central, apresentaremos, no Capítulo 3, um resumo sobre os aspectos moleculares e celulares pertinentes aos neurônios e suas conexões, incluindo a discussão sobre a importância da citoarquitetura cortical na gênese da consciência.

Posteriormente, discorreremos sobre o que significa estar consciente no campo neurobiológico. De maneira simplificada, o estado de consciência determina que o organismo tem a capacidade de estar ciente de si e do mundo ao seu redor por meio de certas capacidades, como a habilidade para discriminar, categorizar e reagir a estímulos ambientais determinantes para o pensamento e o comportamento sofisticado e integrado. Em outras palavras, em seu estado consciente, o ser humano tem a habilidade de elaborar relatórios dos estados mentais com o uso de uma linguagem tanto interna (pensamentos e sentimentos) quanto externa (fala e linguagem corporal).

No Capítulo 4, trataremos da consciência com base na organização modular do sistema nervoso, que engloba uma série de módulos neurais, como os mecanismos responsáveis pelo estado de vigília. Dedicaremos especial atenção às funções de captação de estímulos vindos tanto do mundo externo quanto do interior do corpo, como é o caso dos sistemas visual, olfativo, auditivo e somatossensitivo. Para complementar isso, explicaremos a articulação entre as estruturas periféricas e centrais responsáveis pela coordenação dessas funções. Ainda no mesmo capítulo, examinaremos sistemas modulares de ordem superior, como algumas funções de áreas corticais específicas, importantes na formação dos pensamentos e da linguagem.

Por fim, no Capítulo 5, analisaremos uma dimensão da consciência que não pode ser atribuída tão facilmente a arcabouços estruturais – pelo menos até o momento atual da investigação neurocientífica. Trata-se da experiência subjetiva, a ser analisada sob um enfoque neurofisiológico, conforme os preceitos do naturalismo biológico proposto por John Searle (1977). No ser humano, a codificação e interpretação de estímulos ocorre sempre na primeira pessoa, de tal forma que as impressões sobre o mundo e a própria existência e identidade são próprias e intransferíveis.

Diante de tudo isso, podemos afirmar que o intuito desta obra é oferecer condições para você efetuar uma análise crítica e comparada das diversas teorias da mente com aquilo que faz parte do conhecimento empírico do sistema nervoso. Dessa maneira, pretendemos que você reflita sobre o que podemos considerar *consciência*, tendo em vista a complexidade da definição nos dois campos teóricos que serão apresentados.

Boa leitura!

organização
didático-pedagógica

Esta seção tem a finalidade de apresentar os recursos de aprendizagem utilizados no decorrer da obra, de modo a evidenciar os aspectos didático-pedagógicos que nortearam o planejamento do material e como o aluno/leitor pode tirar o melhor proveito dos conteúdos para seu aprendizado.

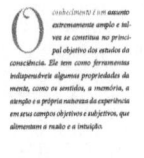

Introdução do capítulo

Logo na abertura do capítulo, você é informado a respeito dos conteúdos que nele serão abordados, bem como dos objetivos que o autor pretende alcançar.

Preste atenção!

Nestes boxes, você confere informações complementares a respeito do assunto que está sendo tratado.

Síntese

Você conta, nesta seção, com um recurso que o instigará a fazer uma reflexão sobre os conteúdos estudados, de modo a contribuir para que as conclusões a que você chegou sejam reafirmadas ou redefinidas.

Indicações culturais

Ao final do capítulo, o autor oferece algumas indicações de livros, filmes ou sites que podem ajudá-lo a refletir sobre os conteúdos estudados e permitir o aprofundamento em seu processo de aprendizagem.

Atividades de autoavaliação

Com estas questões objetivas, você tem a oportunidade de verificar o grau de assimilação dos conceitos examinados, motivando-se a progredir em seus estudos e a se preparar para outras atividades avaliativas.

Atividades de aprendizagem

Aqui você dispõe de questões cujo objetivo é levá-lo a analisar criticamente determinado assunto e aproximar conhecimentos teóricos e práticos.

Importante!

Algumas das informações mais importantes da obra aparecem nestes boxes. Aproveite para fazer sua própria reflexão sobre os conteúdos apresentados.

Bibliografia comentada

Nesta seção, você encontra comentários acerca de algumas obras de referência para o estudo dos temas examinados.

introdução

O que é mente? É o mesmo que cérebro? Como ela se relaciona com o corpo? Como ela pode afetar o mundo físico?
 O que é consciência? Um sistema físico pode ser consciente? A experiência subjetiva pode ser explicada objetivamente?
 O que é representação? Como o mundo é representado na mente? Qual é a relação entre consciência e representação?

O que sabemos sobre a mente dos animais? Existe sentido no termo *inteligência artificial*? O que é *self*? O cérebro é realmente o centro das operações comportamentais? Qual a diferença entre emoção e sentimento? Qual a natureza das crenças e dos desejos? Como se processa a relação entre conexões neuronais e funções emergentes? Qual o papel dos hormônios e dos neurotransmissores em tudo isso?

Tais questionamentos despertam tanto em filósofos quanto em neurocientistas grande curiosidade e reflexão. Afinal, nós, seres humanos, somos criaturas curiosas. Estamos o tempo todo tentando entender o que se passa dentro de nós e ao nosso redor. O resultado dessa investigação constante é uma enxurrada de informações, as quais precisam ser organizadas de alguma forma para que continuemos a conviver com o meio ambiente da maneira mais eficiente e harmoniosa possível. Entre as questões mais complexas está a definição de *mente* e o conceito de *consciência*.

Um dos debates mais acirrados sobre a natureza do ser humano diz respeito à existência da alma, principalmente como algo que habita o corpo vivo e sobrevive em uma existência além da morte. Os materialistas negam veementemente essa hipótese, mas nunca houve um argumento realmente convincente para resolver essa questão. Uma pergunta mais pertinente ainda, possivelmente, indagaria se essas discussões são realmente válidas para uma concepção integrada da neurociência.

No entanto, propriedades mentais, como o pensamento e a linguagem, que descrevem o lugar do ser humano na ordem cósmica, consistem em uma representação fiel da realidade ou estamos aprisionados, como no mito da caverna de Platão, dentro das limitações daquele órgão que tenta nos definir?

Os sofistas da Antiguidade distinguiam *physis*, a natureza das coisas, de *nomos*, as regras que põem ordem no mundo – tanto na esfera natural quanto na sociopolítica. Essa necessidade de criação de regras e leis torna possível definir o ser humano como uma criatura normativa. Entretanto, de onde vêm as regras? Qual seria a verdadeira natureza da razão? Para os sofistas, as regras surgem da razão. O debate entre *nomos* e *physis* ficou famoso por causa do *Grande Discurso* de Protágoras (486 a.C.-411 a.C.), que analisou se a aceitação universal da justiça e a autocontenção são necessárias para a perpetuação da sociedade, ou seja, se a relação entre lei e convenção (*nomos*) e a realidade das coisas (*physis*) é justificável e indispensável para uma sociedade justa. Dito de outra forma, o discurso questionava se as normas estão enraizadas na realidade das coisas ou se são simplesmente o fruto de convenções, crenças e costumes.

Os conservadores, entre os quais se encontrava Protágoras, acreditavam que a moral, fonte de regras para o comportamento, faz parte da natureza, ao passo que os críticos dessa ideia acreditavam que a moralidade é uma invenção humana e, portanto, carece de autoridade. Essa discussão reaparece mais tarde em *Górgias*, de Platão (ca. 428 a.C.-ca. 348 a.C.). No mundo moderno, esse tema ressurge principalmente no campo do direito, por meio da discussão dos termos **jus naturalismo**, que defende o direito como originário da natureza humana, e **jus positivismo**, que acredita apenas na norma positivada (escrita em algum lugar). Atualmente, Robert Alexy (1945-) e outros juristas alemães propõem a ideia da diferenciação entre justificar (provar a existência de algo) e fundamentar (buscar a própria razão de ser das coisas). Essa, inclusive, é a base dos direitos fundamentais modernos.

Nesse sentido, tais reflexões nos incitam à procura de uma explicação que possa colocar o comportamento sociopolítico e jurídico do ser humano em um contexto biológico determinado pela estrutura da mente humana como mais um dos muitos fundamentos propostos nesta obra, que poderiam reforçar a tese de que a consciência humana é fruto de operações neurais que se articulam em uma realidade maior.

Para aqueles que pensam como Protágoras, uma coisa parece certa: a mente humana é parte da natureza, e, por essa razão, tudo o que vem dela deveria pertencer à ordem cósmica. Isso pode fazer sentido, mas nem sempre foi assim para vários pensadores, entre os quais estão alguns behavioristas, como veremos mais adiante. Para eles, o **mundo como é** e o **mundo como o nomeamos** são coisas diferentes.

Os behavioristas pensam dessa forma porque, para eles, a mente simplesmente não existe. Na visão de Daniel Dennett (1942-), por exemplo, o comportamento humano é o resultado apenas da atividade reflexa perante mudanças no meio ambiente. Não há reflexões, só reflexos. Essa seria a única atividade que o cérebro humano seria capaz de exercer. No entanto, também é verdade que elefantes, peixes e outros seres têm cérebros parecidos com o nosso – pelo menos de forma estrutural –, e nem por isso parecem conseguir conceber sua própria existência da maneira como nós podemos. É verdade que todos os animais apresentam mecanismos para se defender e se alimentar – alguns inclusive chegam a certo grau de vida social e apresentam senso de individualidade –, mas apenas os seres humanos são capazes de mostrar sinais de subjetividade.

Isso acontece porque a mente humana tem uma propriedade diferente das outras criaturas, pois nos capacita para estarmos cientes do mundo, assim como de nossas próprias experiências, pensamentos e sentimentos. A nossa dádiva consiste em ter as faculdades da **consciência** e do **pensamento**, ou seja, a habilidade de pensar e usar a razão. Chamamos isso de *intelecto*.

Dessa maneira, temos em comum com os outros animais apenas a ciência do mundo, das próprias experiências e, talvez, de uma maneira restrita, de alguns tipos de sentimentos – denominados *emoções primárias*. Os animais têm ciência do ambiente – algo chamado de *awareness* na língua inglesa –, ou seja, eles reconhecem a própria existência e estão sensíveis àquilo que está em torno deles. A consciência, diferente do *awareness* – que é apenas um nível da consciência –, significa perceber a existência própria de uma maneira subjetiva, sendo isso uma propriedade exclusivamente humana.

Qualquer criatura viva, independentemente da posição que ocupe na natureza, precisa estar em equilíbrio com o ambiente, e isso só é possível graças à informação. Por exemplo, uma lesma precisa saber a temperatura do ambiente, onde encontrar água e os alimentos de que tanto precisa. Um gato procura sempre o lugar mais quente para cochilar no inverno e o mais fresco no verão. A isso chamamos *tropismo/antitropismo*, que corresponde à tendência que os seres da natureza têm de se aproximar de tudo o que interessa a eles e de fugir daquilo que represente uma ameaça.

Por isso afirmamos que *saber* é o mesmo que *viver*. No entanto, pensemos no seguinte: um ipê-roxo parece saber a hora exata de abrir suas flores, assim como um periquito também parece bastante certo do momento de visitá-lo, mas será que eles sabem que sabem? Existe uma grande diferença entre **percepção**, **ciência (*awareness*)** e **consciência**, embora todas sejam categorias do conhecimento, que é a mola mestra do comportamento.

Nesse contexto, procuraremos fornecer ao leitor subsídios para prosseguir suas próprias investigações e reflexões sobre a consciência. Esperamos que isso sirva para o enriquecimento de todos.

Parte 1

Fundamentos filosóficos

1

Estudo da consciência com base nas teorias do conhecimento

O *conhecimento é um assunto extremamente amplo e talvez se constitua no principal objetivo dos estudos da consciência. Ele tem como ferramentas indispensáveis algumas propriedades da mente, como os sentidos, a memória, a atenção e a própria natureza da experiência em seus campos objetivos e subjetivos, que alimentam a razão e a intuição.*

Assim, neste capítulo, pretendemos analisar a questão da consciência com base nas principais teorias do conhecimento que a abordam, desde a Antiguidade Clássica até a contemporaneidade. Inicialmente, apresentaremos o conceito geral de *conhecimento*, seguido das duas concepções que formam os pilares da filosofia ocidental: a de espírito e a de universo. Em seguida, trataremos das principais correntes que se desenvolveram desde o Iluminismo, como o empirismo e o racionalismo, até a contemporaneidade, como a revolução conceitual de Paul Thagard (1950-).

1.1
Teorias do conhecimento na Antiguidade Clássica

No senso comum, existem três tipos de conhecimento. Primeiramente, há o conhecimento **procedimental**, que se refere a quando alguém sabe fazer alguma coisa, como andar de bicicleta ou tocar um instrumento. O segundo saber diz respeito ao conhecimento sobre **alguma pessoa**, como quem é seu melhor amigo. E o último tipo de conhecimento se refere a algum "fato" considerado verdadeiro, é o conhecimento **declarativo** – por exemplo, saber que a força da gravidade pode fazer uma bicicleta cair. O primeiro tipo poderia ser chamado de *saber como*, e o terceiro, de *saber que*. O segundo tipo de conhecimento não será tratado nesta obra, por fugir da alçada deste trabalho.

Essa abordagem para o estudo do conhecimento remontando aos primórdios da civilização, conforme você pode observar a seguir.

> *Preste atenção!*
>
> Os gregos antigos usavam o termo **episteme** para se referir ao conhecimento intelectual e **techné** para definir uma habilidade ou arte (Zalta, 2014). Ainda assim, mesmo entre eles essa distinção nem sempre era clara. Compreender os elementos essenciais na diferenciação entre conhecimento declarativo e procedimental é essencial para acompanhar os argumentos a respeito de teorias materialistas e dualistas quando as concepções de mente e de consciência são consideradas.
>
> Atualmente, essa distinção pode ser detectada pela neurofisiologia à medida que se percebe quais processos mentais são de natureza mais reflexiva (lógicos e semânticos) e quais são dirigidos à execução de tarefas mentais e motoras (função executiva).
>
> Ainda que a descoberta desses centros seja relativamente moderna, a distinção entre esses dois tipos de processamento já havia sido intuída na Antiguidade Clássica, o que revela que, em algumas ocasiões, a reflexão filosófica pode anteceder descobertas de natureza mais empírica.

De acordo com Sócrates (ca. 469 a.C.-399 a.C.), o conhecimento procedimental engloba o questionamento de métodos, procedimentos e habilidades a serem utilizadas na realização de alguma coisa. Nesse sentido, há exemplo dessa categoria de conhecimento em um diálogo da obra *Econômico*, de Xenofonte (s.d.-354 a.C.), em que Sócrates e Critobulo – um jovem e rico proprietário de terras – discutem as virtudes da agricultura.* Nessa passagem, Sócrates tenta convencer seu interlocutor de que a economia é um saber como o de qualquer outra área:

---

* Xenofonte reproduziu os diálogos socráticos de memória e, inevitavelmente, mesclou os conhecimentos do mestre com os próprios pensamentos.

1. *Eu o ouvi, um dia, conversando sobre a economia, a administração do patrimônio familiar, nestes termos:*

— Dize-me, Critobulo, a economia é um saber como o é a medicina, a metalurgia e a carpintaria?

— É o que penso, disse Critobulo.

2. *— E, da mesma forma que poderíamos dizer qual é a tarefa de cada uma dessas artes, poderíamos também dizer qual é a sua tarefa?*

— Penso, disse Critobulo, que do bom administrador é próprio administrar bem o seu patrimônio familiar

3. *— E o patrimônio de outrem, disse Sócrates, se alguém dele o incumbisse, não poderia, se quisesse, administrar bem como o seu? Quem conhece a carpintaria poderia fazer para outrem justamente o que faz para si e o mesmo faria, talvez, o administrador do patrimônio.*

— Penso que sim, Sócrates. (Xenofonte, 1999, p. 3-4)

Esse trecho sugere que a utilidade de uma tarefa pode ser decorrente da compreensão de um objetivo aliado a determinado tipo de conhecimento, como é o caso da prática da agricultura. A passagem também infere que o conhecimento prático é algo que pode – ou até deve – ser compartilhado entre diversas pessoas. Nesse sentido, Sócrates e Critobulo concordam que uma habilidade só pode ser considerada um bem se for proveitosa a alguém e se proporcionar conhecimentos que ajudem essa pessoa a ter sucesso na execução de algo, tanto para benefício próprio quanto de seus semelhantes. Afinal, as propriedades da consciência, em um contexto mais pleno, precisam ser integradas a uma dimensão social para serem consideradas tipicamente humanas.

Outro fator digno de nota aparece de maneira mais sutil e distribuído por todo o diálogo: a inferência de que o saber decorre também da sagacidade, além da experiência. Um exemplo disso é quando Sócrates demonstra que é capaz de entender alguns princípios básicos de agricultura por meio da observação e do uso da razão (Xenofonte, 1999), estabelecendo uma tensão entre conhecimento e prática.

Outro exemplo de conhecimento procedimental pode ser encontrado no diálogo *Teeteto*, de Platão (ca. 428 a.C.-ca. 348 a.C.), em que Sócrates menciona que a deusa Artêmis "recebeu a missão de presidir aos partos" (Platão, 2001b, p. 45), concedendo esse dom apenas às mulheres que, em razão da idade, se tornaram incapazes de procriar – ou seja, às mulheres que se tornaram experientes. Assim, é possível perceber que, no pensamento socrático, a *episteme* e a *techné* estão claramente relacionadas às coisas práticas da vida.

Na mesma obra, Sócrates mostra a Teeteto que quando se pergunta a alguém "O que é lama?", a tendência seria responder qual a sua utilidade (para fazer tijolos ou bonecas, por exemplo), em vez de responder o que ela realmente é (no caso, apenas terra molhada).*

> Sócrates observa que a dificuldade de definir a essência das coisas também ocorre porque a experiência empírica de cada um é diferente. Por exemplo, o mesmo vento pode deixar um indivíduo com frio ou lhe causar arrepios, e outra pessoa pode não ter a mesma sensação. Como definir, então, o vento como algo frio ou não? Isso nos leva a questionar se *sabedoria* e *conhecimento* são a mesma coisa. Será que a cor branca existe realmente ou é apenas uma sensação produzida de maneira única, sendo diferente para cada um? Esse questionamento leva Sócrates a declarar que nenhuma coisa é uma em si mesma. (Platão, 2017b).

---

*   Analisaremos a evolução desse tipo de teoria do conhecimento quando tratarmos das ideias de Kant.

Em *Memoráveis*, Xenofonte (2009) manifesta sua versão do que Sócrates pensava a respeito do conhecimento – objeto das investigações abstratas de muitos filósofos –, principalmente ao se referir ao cosmo ou a qualquer outra coisa em que o homem não se encontra no foco principal. Já em *Teeteto*, Platão (2001b) levanta questões sérias a respeito da ideia (há muito abandonada) de que Sócrates praticava algum tipo de solipsismo*. Acredita-se que esse termo apareceu primeiramente associado ao sofista grego Górgias (483 a.C.-375 a.C.), o qual desenvolveu "três argumentos em torno das seguintes afirmações: Nada existe; mesmo que algo existisse, não poderíamos conhecê-lo; mesmo admitindo que pudéssemos conhecer alguma coisa, não poderíamos comunicar esse conhecimento aos outros" (Silva, 2017)**. Na filosofia moderna, o termo *solipsismo* passou a ser relacionado aos termos *egoísmo* e *egocentrismo*, como nas definições de *egoísmo metafísico* (Kant, 2007) e de *egoísmo teórico*, desenvolvido por Schopenhauer. Tendo em vista essa relação, é possível perceber o quanto Sócrates se afasta do que poderia ser considerada uma visão egoísta:

> *Devemos envidar esforços para que impere a justiça e a temperança, se quisermos ser felizes, não permitindo que os apetites fiquem desenfreados nem procurando satisfazê-los, o que seria um mal imenso, verdadeira vida de bandoleiro.*
>
> *Um indivíduo nessas condições não será nem amigo dos homens nem de Deus, como não conseguirá viver em sociedade; e onde não há sociedade não pode haver amizade.*
>
> *Afirmam os sábios, Cálicles, que o céu e a terra, os deuses e os homens são mantidos em harmonia pela amizade, o decoro, a temperança e a justiça, motivo por que, camarada, o universo é denominado cosmo, ou ordem, não desordem nem intemperança.*
>
> (Platão, 2017b)

---

* De acordo com Abbagnano (1998, p. 918), *solipsismo* é "a tese de que só eu existo e de que todos os outros entes (homens e coisas) são apenas ideias minhas". Em outras palavras, as coisas externas ao eu são apenas impressões que não têm existência própria. Nos exemplos da obra *Teeteto*, essa concepção não está presente.

** Para uma discussão mais aprofundada, consulte Sofistas (2005).

Ao que parece, perante tal declaração, fica difícil afirmar que Sócrates abraçava o solipsismo. Esse é um ponto importante, pois trataremos mais adiante de algumas teorias da mente que adotam, em certa medida, a visão de que o mundo seria uma projeção da mente – principalmente nos estudos de Dennett (1988), que define a *mente* como "um truque de mágica".

Argumentos como esse também levantam questionamentos sobre o conceito de *subjetividade* – que é centro de muitas discussões. Abordaremos isso quando analisarmos temas como a teoria do dualismo de propriedades e a teoria da identidade. Nesse momento, iremos nos restringir ao seguinte questionamento: O que existe além da subjetividade?

Na maioria de seus diálogos, Platão atribui a Sócrates a definição de *episteme* como uma capacidade para compreender (*gnosis*) que precede a habilidade prática (*empeiria*) relacionada a uma função (*ergon*) – como a carpintaria ou a medicina. Ele também atribui ao mestre a definição da relação entre *techné* e *phronesis* – o conhecimento moral é o que dá felicidade ao homem (Dinucci, 2008) –, a qual apresenta uma concepção do espírito – tema central do pensamento de Sócrates, que será discutido a seguir.

1.1.1 Concepção de espírito: a visão socrática*

Filho de um pedreiro com uma parteira, Sócrates nasceu por volta do ano 469 a.C., em Atenas, na Grécia. Viveu no auge da democracia ateniense, época em que os considerados cidadãos comuns** tiveram a

---

*   Nesta seção, analisaremos a concepção de espírito socrática principalmente com base nos diálogos escritos por Platão, visto que a visão socrática é conhecida por meio dos escritos de seus discípulos. Assim, ao abordarmos a visão de Sócrates, tratamos implicitamente também a visão de Platão.

**   Homens atenienses livres, filhos de pais atenienses, com mais de 18 anos.

oportunidade de experimentar uma autonomia social nunca antes vista. Além disso, por viver em uma região portuária, em que representantes de outras civilizações do Mediterrâneo Ocidental aportavam – como mercadores, marinheiros e outros viajantes –, Sócrates estava constantemente exposto a novas ideias, as quais desafiavam a convenção e a concepção de *cosmo* dos atenienses*.

Essas novas ideias vinham dos pré-socráticos, como Tales de Mileto (ca. 624 a.C.-558 a.C.), Anaxímenes (585 a.C.-528 a.C.), Parmênides (495 a.C.-430 a.C.), Heráclito (535 a.C.-475 a.C.), Demócrito (ca. 460 a.C.-370 a.C.) e Pitágoras (ca. 570 a.C.-500 a.C), os quais, sem o benefício das ferramentas de pesquisa atuais e usando a razão e a experimentação como seus únicos instrumentos, mudaram para sempre o pensar humano com suas pesquisas.

Os fenômenos naturais, aos quais muitos atribuíam uma origem mística, eram vistos por esses filósofos como testemunhos da ordem cósmica, o que os incitava a fazer perguntas como: De que é feita a matéria? Qual a diferença entre as coisas permanentes e impermanentes?

Muitos desses questionamentos geravam uma série de indagações – a maioria sem resposta até hoje. Assim, esses pensadores introduziram a ideia da unicidade ancorada no mundo palpável da natureza, e não em conceitos imaginários.

Tudo isso deixou Sócrates muito interessado, embora ele considerasse os afazeres do homem muito mais importantes. Ao dividir o objeto do

---

* Embora os atenienses fossem socialmente livres, espiritualmente seu devir estava nas mãos de quase 2.000 divindades – entre as quais estavam os doze deuses do Olimpo, como Zeus, Hera, Ares e Atena. Essas divindades eram capazes de influenciar o destino e a sorte de cada um. Apesar disso, esse panteão proporcionava às pessoas o senso de pertencimento a uma ordem maior e era uma forma de explicar a causalidade.

conhecimento entre o que se precisava saber para executar tarefas e o que se precisava saber sobre o que era incerto, Sócrates preferiu deixar para os deuses o segundo e concentrar-se no primeiro. Existe uma passagem em *Memoráveis*, de Xenofonte (2009), em que o autor retrata Sócrates tentando provar sua fé no divino, dizendo que seria uma loucura tentar invadir a prerrogativa dos deuses no território das incertezas maiores. Nesse trecho, fica claro em que consistem os verdadeiros interesses filosóficos de Sócrates:

> *Mais até, com os amigos mais chegados, a sua atitude era esta: no que de fato já estava destinado, aconselhava-os a agir do modo que acreditassem ser o melhor; agora, tratando-se de coisas cujo resultado fosse incerto, enviava-os a consultar os oráculos para saberem de que modo agir. E dizia ele que os que pretendiam gerir corretamente casas e cidades necessitavam de adivinhação, porque todos esses saberes, o de ser carpinteiro, ferreiro, agricultor, governante de homens, perito nestes ofícios, contabilista, administrador, estratego, podiam – pensava ele – ser adquiridos pela inteligência humana.*
>
> *[...] porque não está ao alcance de quem com cuidado semeia a sua terra saber quem irá beneficiar dos seus frutos; nem está ao alcance de quem, com precisão, constrói uma casa saber quem nela habitará; nem está ao alcance do estratego saber se terá êxito o modo como conduz o exército; nem está ao alcance do político saber se convém à cidade o modo como a governa; nem está ao alcance daquele que, querendo ser feliz, casa com uma bela mulher saber se, por causa dela, não virá a ter desgostos; nem está ao alcance daquele que, na cidade, se une a homens poderosos saber se, por atuação destes, não se verá privado da cidadania.* (Xenofonte, 2009, p. 61)

Sócrates parece encarregar a inteligência humana apenas das preocupações terrenas. No entanto, é evidente que ele não se contentaria apenas com isso: assim, ele volta os poderes da mente para dentro da própria alma humana, uma ideia impensada até então. Embora o filósofo não se volte para as questões de previsão, exemplificadas no excerto, ele adentra o território das **questões incertas** por meio de questionamentos como: Que tipo de vida devemos levar?, Que espécie de pessoa queremos ser?, Pensar a respeito do que se quer é o mesmo que saber consegui-lo?, O que é piedade?. Eis aqui o surgimento do pensamento filosófico de Sócrates.

Na seguinte passagem, ainda em *Memoráveis*, Xenofonte atribui a Sócrates a ideia de que o estudo do espírito tinha como única utilidade beneficiar o homem com o alcance do bem e, consequentemente, da felicidade:

> *Ainda sobre estas questões, procurava saber também se, tal como aqueles que estudam a natureza humana o fazem pensando que desse estudo pode resultar o seu próprio benefício, ou o de outros, também aqueles que pesquisavam sobre fenômenos divinos acreditavam que, a partir do momento em que conhecessem as leis que os originam, criariam, se quisessem, ventos, águas, estações ou qualquer outra coisa de que necessitassem. E tentava saber, ainda, se os movia alguma outra curiosidade ou se lhes chegava apenas conhecerem o que origina cada um desses fenômenos.*
>
> *Eram estas as suas palavras sobre aqueles que se ocupavam deste tipo de assuntos. Quanto a ele discutia sempre sobre aspectos humanos, examinando o que é **pio** e o que é **ímpio**, o que é **belo** e o que é **feio**, o que é **justo** e o que é **injusto**, o que é **sensatez** e o que é **loucura**, o que é **coragem** e o que é **covardia**, o que é a **cidade** e o que é **participar da gestão da cidade**, o que é **governo** e o que é **ser governante**, e outros assuntos do gênero que – pensava ele – tornavam homens de bem aqueles que os conheciam e justificava que fossem chamados escravos os que os desconheciam.* (Xenofonte, 2009, p. 64-65, grifo do original)

Sócrates, dessa forma, abre terreno para o estudo do conhecimento declarativo, menos direcionado à utilidade prática do conhecimento ao buscar algumas de suas vertentes abstratas (nesse caso, o conceito de *virtude*). É importante lembrar que no período anterior ao de Aristóteles a teoria do conhecimento guardava aspectos antropocêntricos, em que a maior abstração ainda era o conceito de *virtude*.

No entanto, é em *Apologia de Sócrates*, obra em que Platão aborda, de maneira central, o julgamento e a execução de seu mestre[*], que a ideia de *virtude* como conhecimento (e vice-versa) atinge sua maior expressão:

> *Digo que o maior bem para um homem é justamente este, falar todos os dias sobre a virtude e os outros argumentos sobre os quais me ouvistes raciocinar, examinando a mim mesmo e aos outros, e, que uma vida sem esse exame não é digna de ser vivida, ainda menos me acreditaríeis, ouvindo-me dizer tais coisas.*
>
> *Entretanto, é assim, como digo, ó cidadãos, mas não é fácil torná-lo persuasivo.*
> (Platão, 2017a)

É dessa maneira que Sócrates estabelece um ponto de partida para uma de suas maiores ideias ao considerar que todos querem uma vida feliz e produtiva e que isso não seria alcançado, exclusivamente, por meio dos prazeres do mundo material. A plenitude desejada precisa de um cuidado especial para nosso maior tesouro: a alma, que requer proteção constante contra os danos do mal.

De acordo com Platão (2017a), Sócrates declarou que uma de suas maiores conquistas seria ensinar aos atenienses a diferença entre o **bem** e o **mal**, e esta foi alcançada com glória no final de sua vida. Isso porque os gregos tinham, de fato, um sistema ético que se manifestava por meio das cinco virtudes: justiça, temperança, coragem, piedade (tida como fé) e sabedoria. Contudo, esse sistema não era consistente, pois o

---

[*] De acordo com o diálogo escrito por Platão (2017a), Sócrates foi julgado por Ânito, Meleto e Licon sob a acusação de cultuar outros deuses, de desrespeitar os costumes e os deuses gregos e de corromper a juventude com suas ideias – ou seja, não havia uma argumentação palpável para o filósofo ser considerado criminoso.

que era certo para um homem da nobreza, talvez não o fosse para uma mulher escrava. Assim, Sócrates queria proporcionar uma reflexão que ultrapassasse a complexa barreira da ética.

Talvez a origem do problema ético estivesse no fato de que os gregos acreditavam que os deuses não estavam preocupados com o comportamento ético dos homens, apenas queriam ser respeitados e recompensados com ricos presentes quando fossem favorecer alguém. Além disso, as divindades apresentavam um comportamento ora caprichoso e vingativo, ora traidor e violento, ou seja, que não se encaixava exatamente no conceito de virtude. Diferentemente de outros sistemas religiosos que apareceram no decorrer da história, nos quais o divino era o paradigma do comportamento correto (geralmente perfeito e sem falhas; sobre-humano), os gregos, se quisessem uma vida moral, precisavam procurar o caminho correto dentro de si. Daí deriva parte da riqueza do sistema moral de Sócrates, construído com base no questionamento, na razão e, principalmente, na introspecção.

Dessa maneira, podemos concluir que Sócrates foi possivelmente um dos primeiros a ter o pensamento dualista ao acreditar que **alma** e **corpo** (mundo físico e metafísico) são constituídos de maneira independente, antecedendo em alguns séculos a discussão levantada pelo dualismo cartesiano. Ao que parece, Sócrates, em sua eterna busca pela verdade, foi capaz de questionar a dualidade inerente à natureza das coisas, principalmente à natureza humana.

1.1.2 Concepção de universo: a visão aristotélica

Aristóteles (384 a.C-322 a.C)* nasceu em Estagira, na Macedônia, em 384 a.C. Como era filho de Nicômaco, médico do Rei Amintas, teve boas

---

* Biografia elaborada com base em Moura (2017).

oportunidades de estudo. Foi enviado, em 367 a.c., para Atenas, mais precisamente para a Academia de Platão – local no qual entrou como discípulo e saiu como professor. Depois da morte do mestre, decidiu ir embora de Atenas – em parte porque, na época, os macedônios eram hostilizados, em parte porque a Academia voltou-se para tópicos de pouco interesse para ele.

Aristóteles se mudou diversas vezes, inclusive para cidades gregas da Ásia Menor, como Assos – onde se casou com Pítias*, irmã do Rei Hérmias, e dirigiu uma academia platônica. Anos depois, de 343 a.C. a 340 a.C., foi tutor daquele que se tornaria Alexandre, o Grande.

Quando o Rei Filipe II da Macedônia, pai de Alexandre, morreu, Aristóteles voltou para Atenas, onde fundou sua própria escola, o Liceu, centro que atraiu estudiosos dos mais diversos assuntos, como astronomia, música, matemática, medicina e física.

Sua obra, durante os quase 13 anos no Liceu, foi prodigiosa, abrangendo os mais diversos assuntos, desde a retórica até a física. Em 323 a.C., precisou novamente abandonar Atenas, pois depois da morte de Alexandre, o Grande, os sentimentos antimacedônicos ressurgiram na cidade-Estado. Fugiu, dizendo que não permitiria aos atenienses cometer o mesmo erro duas vezes contra a filosofia, referindo-se à morte de Sócrates. Morreu na Macedônia em 322 a.C., aos 62 anos, isolado e amargurado.

Aristóteles foi, acima de tudo, motivado por seu amor ao conhecimento. Era um observador atento e crítico, podendo concentrar seu interesse nos mais diversos assuntos, desde a biologia (que constitui cerca de um quarto de sua obra) até as mais profundas especulações sobre as coisas abstratas do universo – como a essência do ser.

---

* Depois de se tornar viúvo, Aristóteles casou-se novamente e teve um filho ao qual deu o nome de seu pai.

Dessa forma, Aristóteles pode ser descrito tanto como um filósofo quanto como um cientista, pois combinou o interesse profundo pela **mente humana** ao uso constante da **lógica** ao fazer observações detalhadas a respeito do mundo natural, o que o ajudou a fundar as raízes da compreensão da **realidade objetiva**.

Em sua obra, as ciências podem ser divididas em três categorias principais: **prática, produtiva** e **teórica**. A primeira se preocupa com aquilo que deriva da ação humana, como é o caso da ética e da política. A segunda categoria é abordada nas obras *Retórica* e *Poética*, que propiciam os fundamentos para o estudo da linguagem e da teoria literária. A terceira categoria busca entender questões fundamentais, debruçando-se sobre temas como a matemática, a teologia e as ciências naturais, preocupadas em estudar o que está ou não sujeito às leis da natureza ou passível de mudança e locomoção.

Há uma diferença marcante que difere o pensamento de Aristóteles daquilo que foi descrito em relação a seus antecessores. O objeto de seus estudos se desloca do homem para o ser em sua essencialidade, desviando da concepção de espírito e dirigindo-se para uma concepção de universo, hoje chamada de *metafísica*.

É extremamente difícil estabelecer o conceito de metafísica. Expressões hodiernas como *metalinguagem* e *metafilosofia* dão a impressão de que a metafísica é um estudo que vai "além da física", transcendendo as "preocupações mundanas" de Isaac Newton (1643-1727), Albert Einstein (1879-1955) e Werner Heisenberg (1901-1976). Essa impressão é errônea. A palavra *metafísica* deriva de um título coletivo, que compreende 14 livros escritos por Aristóteles, posteriormente compilados por Andrônico de Rodes (ca. 60 a.C.-s.d.) e intitulados *Metafísica*. O próprio Aristóteles desconhecia esse termo. Ele tinha quatro nomes para o ramo da filosofia que corresponde ao campo da metafísica: *primeira filosofia, primeira ciência, sabedoria* e *teologia*. O nome dado por Andrônico, *Ta meta ta phusika* ("após a física"), remete ao fato de esses textos terem sido escritos depois da obra *Física*.

Para Aristóteles, *ser (onta)* significa "aquilo que é". Quando perguntamos "o que está lá?", nos referimos à extensão de algo familiar à nossa experiência, como a Lua, uma pessoa, uma cadeira ou um cérebro, o que nos obriga a elaborar um relatório descritivo do objeto. Por outro lado, quando perguntamos "como é ser?", procuramos uma explicação a respeito da essência daquilo que está à nossa frente. Uma discussão de Politis (1994, p. 4, tradução nossa) coloca essa questão de maneira bastante clara:

> Desde o início da Metafísica *(no livro I, cap. 2)*, Aristóteles caracteriza a metafísica, ou aquilo que nesse ponto ele chama de "sabedoria" (sophia), como a busca por explicações (aitiai, que pode ser traduzido como "causas") e o conhecimento explanatório (episteme), ou seja, o conhecimento do porquê algo é como é. A esse tipo de conhecimento podemos chamar de "conhecimento científico" e "ciência" – e Aristóteles repetidamente se refere à busca por tal conhecimento (episteme). Mais especificamente, ele se refere à metafísica como a ciência mais fundamental (prote episteme), pois se trata da busca pelas explicações mais fundamentais. Ele chama isso de "primeiras explicações" e "primeiros princípios" (protai aitiai, protai archai), afirmando que são explicações de todos os seres (panta) e de tudo que existe. Aos poucos, nos familiarizamos com a questão básica da metafísica: "O que é ser algo ou qualquer coisa?" Mas vale a pena enfatizar que desde o início Aristóteles associa a busca por uma resposta a essa questão como sendo uma busca por conhecimento explanatório (episteme), ou seja, o conhecimento do porquê as coisas são como são. Dessa maneira, a pergunta básica da metafísica pode ser "Por que os seres (ta onta) são o que são?" O que não pode ser confundido com "Por que os seres são da maneira que são?"

Antes de detalharmos o significado do termo *causa* para Aristóteles, é preciso examinar mais de perto o conceito de *episteme* e *techné* para esse autor.

Aristóteles afirma que os homens apresentam capacidade para a experiência, que é o **conhecimento de particulares**, e capacidade para reconhecer conceitos, que é o **conhecimento de universais**. Nesse sentido, seria possível afirmar que experiência equivale a *techné*, e *episteme* equivale ao entendimento teórico a respeito das coisas que existem. É comum, por exemplo, que um técnico de televisão tenha mais sucesso em seu ofício do que um físico que sabe muito a respeito de transmissão de ondas eletromagnéticas, mas que não tem a experiência prática. Quando o técnico se dirige a um aparelho defeituoso em particular, e não ao conhecimento de universais a respeito de como uma televisão funciona, isso mostra que saber fazer não é o mesmo que entender ou conhecer. Assim, apenas aqueles que têm o conhecimento de universais têm **sapiência**, pois têm o **conhecimento da causa**, que é o porquê das coisas.

> A teoria do conhecimento de Aristóteles apresenta a seguinte estrutura hierárquica:
> 1. **Materialismo**: o conhecimento é adquirido apenas por meio dos sentidos.
> 2. **Conhecimento de particulares**: sabe-se que algo existe, mas não o porquê.
> 3. **Conhecimento dos universais**: princípios que permitem entender o porquê das coisas.

Por meio do conhecimento dos universais, pode-se conhecer os **princípios** ou **causas primeiras**. Aristóteles (1995) esboça em *Física* suas primeiras considerações sobre a causa primeira, algo que será mais bem elaborado em outras obras, como *Metafísica* (2002) e *Ética a Nicômaco* (1991).

No terceiro capítulo da obra *Física* (1995), Aristóteles apresenta as famosas **quatro causas**, que são causas de mudança e movimento categorizadas em quatro tipos de resposta ao questionamento "Por quê?". São elas:

1. **Causa material**: é o aspecto de mudança ou movimento determinado pelo material de que são feitos a mudança ou o movimento. No caso de uma mesa, o material é a madeira; para uma estátua, bronze ou mármore.
2. **Causa formal**: é o arranjo, a forma ou a aparência daquilo que se muda ou move. Trata-se da essência de algo, de sua configuração entitativa (metafísica) e de seu arquétipo, razão pela qual algo é o que é ou pode vir a ser.
3. **Causa eficiente**: é responsável pela mudança ou permanência de algo. Para a construção de uma mesa, o responsável por transformar a madeira seria o carpinteiro; para uma estátua, seria o escultor.
4. **Causa final**: é o fim ao qual um movimento ou mudança é dirigido. É a razão da existência de algo. A finalidade da dieta, por exemplo, pode ser o emagrecimento; a de se tomar remédios, a cura de determinada doença.

As quatro causas também podem apresentar diferentes maneiras de atuação. Elas podem ser interdependentes, como no caso de a força ser a finalidade do trabalho, ao mesmo tempo que o trabalho é a causa da força – no sentido de ser uma fonte para a mudança. Causas também podem ser dependentes de coisas tanto ausentes quanto presentes, como ocorre quando a ausência do comandante é a causa do naufrágio do navio.

Outro ponto importante no estudo da causa primeira é a relação entre **particularidade** e **gênero** – quando essas causas se tornam concorrentes. Algumas causas podem ser posteriores a outras, como no caso de o médico ser a causa da saúde. É preciso ressaltar, entretanto, que esse indivíduo é, antes de médico, um homem. Em outras palavras, esse médico tem um nome próprio que deve anteceder o fato de ele ser médico, pois se não exercesse essa profissão, continuaria sendo quem é, apenas não seria capaz de realizar a mesma atividade. É dessa forma que, quando a saúde é examinada no contexto de sua eficiência como resultado de uma mudança, ela é causada pelo médico. Causas, portanto, podem ser particulares ou gerais, podem ter gêneros diferentes em uma concorrência e podem ocorrer tanto de maneira isolada quanto combinada.

Assim, é possível afirmar que a ideia de Aristóteles a respeito das quatro causas é basicamente uma teoria sobre o conceito de *mudança*. Ele sentiu-se compelido a elaborar essa teoria, em parte, por conta das ideias de filósofos mais antigos, como Parmênides, que desacreditavam que a mudança existisse ao propor que a transformação das coisas era mera ilusão. Para Aristóteles, a metafísica é a explicação para todas as coisas.

Além de ter elaborado os primeiros conceitos da chamada *ontologia*, Aristóteles debruçou-se também sobre o estudo da mente humana, mais especificamente no que diz respeito às propriedades intrínsecas do intelecto e do comportamento ético.

As considerações de Aristóteles a respeito das diferenças e semelhanças entre o **intelecto** e a **moral** servem de fundamento para os conceitos modernos de *ética* e *epistemologia*. Para esse filósofo, o intelecto e a moral constituem dois tipos diferentes de virtudes: uma acarreta o raciocínio correto; a outra resulta em habilidades práticas e em um comportamento apropriado. Para examinarmos a maneira pela qual o filósofo concebe a diferença entre o certo e errado, precisamos entender seu conceito de *virtude*.

> *Dividimos as virtudes da alma, dizendo que algumas são virtudes do caráter e outras do intelecto. Agora que acabamos de discutir em detalhe as virtudes morais, exponhamos nosso ponto de vista relativo às outras da maneira que segue, começando por fazer algumas observações a respeito da alma.*
>
> *Dissemos anteriormente que esta tem duas partes: a que concebe uma regra ou princípio racional, e a privada de razão. Façamos uma distinção simples no interior da primeira, admitindo que sejam duas as partes que conceberam um princípio racional: uma pela qual contemplamos as coisas cujas causas determinantes são invariáveis, e outra pela qual contemplamos as coisas variáveis; porque, quando dois objetos diferem em espécie, as partes da alma que correspondem a cada um deles também diferem em espécie, visto ser por certa semelhança e afinidade com os seus objetos que elas os conhecem. Chamemos científica a uma dessas partes e calculativa à outra, pois o mesmo são deliberar e calcular, mas ninguém delibera sobre o invariável. Por conseguinte, a calculativa é uma parte da faculdade que concebe um princípio racional. Devemos, assim, investigar qual seja o melhor estado de cada uma dessas duas partes, pois nele reside a virtude de cada uma.* (Aristóteles, Livro VI, 1991)

De maneira geral, a alma aristotélica tem um componente irracional, constituído por uma parte **vegetativa**, pertencente a todos os seres vivos, que determina o próprio fato de estar vivo; por uma parte **sensível**, de natureza especificamente humana, que procura direcionar o desejo; e por uma parte **racional**, conhecida também por *virtude dianoética*, que constitui o componente essencial para uma vida racional. A função da alma humana é, portanto, atingir a vida em sua maior plenitude.

> *É nessa perspectiva que Aristóteles se pergunta a respeito de qual é a melhor vida, qual o bem supremo da vida, o que é a virtude* (arete), *como vamos encontrar felicidade e satisfação na vida. A finalidade* (télos) *de nossa vida é alcançar a felicidade*

(eudaimonía). *Para alcançarmos a* eudaimonía, *precisamos viver racionalmente, e viver racionalmente significa viver segundo a virtude. A virtude irá depender de um julgamento, por força da reta norma da sabedoria prática, ou reta razão (*prthòs lógos*), para repudiar os extremos e alcançar o meio termo (*mesótês*).* (Silveira, 2000, p. 42)

À primeira vista, uma busca pela verdade envolveria a experiência através dos sentidos. Assim, um carpinteiro pode aprender como fazer uma cadeira manuseando seus componentes até achar a combinação certa das partes para atingir a forma final. Para Sócrates, como visto anteriormente, isso pertence ao terreno da *techné*. Para Aristóteles, essa forma de compreender algo é decorrente de uma **virtude da alma*** do tipo calculativa, pois envolve uma deliberação sobre variáveis pertencentes à contingência, envolvendo aquilo que Aristóteles chama de *desejo correto*. O conhecimento empírico que deriva da experiência decorrente da atividade motora e dos sentidos não envolve necessariamente o conhecimento de uma lei invariável da natureza, pois não existe uma lei universal que determine a montagem de uma cadeira. Esse tipo de conhecimento é empregado no estudo das atividades humanas resultantes de um desejo de atingir determinado fim.

A **virtude moral**, da mesma forma, depende da decisão tomada perante uma série de alternativas resultantes da deliberação, em que o desejo de comportar-se de maneira justa acaba sendo o árbitro final. Quando se delibera a respeito de habilidades técnicas e comportamentos pessoal e social, o resultado mais justo se encontra naquele ponto entre extremos que melhor se adéqua ao indivíduo em determinada circunstância. Não é possível afirmar, por exemplo, que só existe uma maneira

---

* Para Aristóteles, a expressão *virtude da alma* significa "faculdade da inteligência".

de construir uma cadeira, pois cada carpinteiro escolhe a maneira que é melhor para si.

A **virtude intelectual**, por outro lado, se fundamenta em proposições invariáveis, como as leis da natureza (chamadas por Aristóteles também de *princípios primeiros*), que não dependem de um desejo, bom ou mau, para existirem. Em sua obra *Ética a Nicômaco* (1991), quando se consideram premissas invariáveis, como no caso da soma de três ângulos que compõem um triângulo sempre resultar em 180°, qualquer raciocínio a respeito que permita outro resultado será errado. Premissas assim concebidas são chamadas, de acordo com os princípios aristotélicos, de *proposições necessárias*. Conclusões desse tipo resultam sempre de deduções que partem de uma verdade absoluta, independentemente da vontade de alguém. Premissas invariáveis servem de fundamento para disciplinas como a matemática, a astronomia e a geometria, mas falham em outras situações em que o fim de um ato pode resultar da escolha entre múltiplas alternativas, sempre ditadas pela circunstância.

Para Aristóteles, argumentos como esses demonstram que uma verdade, tanto intelectual quanto moral, sempre está direcionada a determinado fim, apresentando, assim, uma **natureza teleológica** que é ditada pela sua função.

Uma vez estabelecidos alguns princípios gerais a respeito de seu conceito de virtude da alma, Aristóteles (1991) passa a descrever como os diversos componentes de cada virtude operam para garantir um bom funcionamento de cada parte.

A virtude intelectual se divide em dois componentes: um de natureza contemplativa ou científica, que se fundamenta nas proposições invariáveis que tem a função de produzir premissas igualmente invariáveis, sendo, dessa maneira, verdadeiras ou falsas; e outro de natureza prática ou calculativa, que procura os meios em que o estado apropriado está em concordância com o melhor desejo, seguindo princípios morais – que são hábitos fundamentados em costumes. Assim, a conduta apropriada requer desejos fundamentados em princípios morais, e o raciocínio correto independe da moralidade.

Aristóteles identifica três **componentes da virtude contemplativa**. Primeiramente existe a capacidade para demonstrar as premissas invariáveis, uma das pedras fundamentais do pensamento científico. Isso é conseguido ao se montar silogismos que chegam, com base em proposições fundamentadas em premissas necessariamente verdadeiras e autoevidentes, a uma conclusão igualmente verdadeira. Por exemplo, no caso da matemática, as definições e os axiomas, premissas necessariamente verdadeiras, conduzem a conclusões conhecidas como *teoremas*. Esse componente das virtudes intelectuais é conhecido como *episteme* (ciência ou conhecimento). Uma característica dessas virtudes é que elas não derivam de alguma outra fonte, sendo dadas na forma de premissas imutáveis.

O filósofo afirma que tomamos conhecimento desses princípios primeiros por meio do *nous* (bom senso), o segundo componente da racionalidade equivalente ao que denominamos hoje de *insight a priori*, a capacidade de conhecer imediatamente aquelas premissas que não podem ser provadas. Essa ideia sofreu muitos ataques ao longo do tempo. No mundo moderno, ela foi substituída por outros conceitos que veremos mais adiante nesta obra. No entanto, para muitos, ainda persiste a ideia de que algumas premissas são eternas, como é o caso dos dualistas de substância, que acreditam em Deus como princípio imutável, como a origem de tudo.

O terceiro componente é a sabedoria filosófica, conhecida como *sophia*, uma combinação de *episteme* e *nous*, a capacidade de tomar conhecimento dos princípios primeiros e deduzir as premissas decorrentes.

Contrastando com as características epistêmicas das virtudes intelectuais científicas, as **virtudes calculativas** produzem premissas variáveis, tanto no que diz respeito às habilidades práticas quanto em relação à condução do comportamento humano.

Quando um músico toca um instrumento, um arquiteto constrói um edifício ou um médico trata de seu paciente, é necessário que cada um tenha uma habilidade para tal, em parte inata, adquirida por meio da experiência. De certa forma, podemos dizer que eles **sabem** tocar uma música, erguer uma construção e melhorar a saúde de seus pacientes. No entanto, isso não quer dizer que obrigatoriamente consigam fazer isso de uma maneira bem-sucedida. Para tal, é preciso que tenham um **desejo** apropriado, associado a certo tipo de raciocínio capaz de conduzi-los, o qual pode ter uma natureza correta, incorreta ou até mesmo ausente. Dessa maneira, para que a *techné* (perícia) seja realmente eficiente, é preciso associar a habilidade ao desejo e à capacidade de formular estratégias que possam levar ao fim esperado. Em síntese, a parte calculativa das virtudes intelectuais deverá ter a capacidade para produzir premissas contingentes, ao contrário das virtudes científicas, que produzem premissas invariáveis.

O outro tipo de proposição calculativa produz premissas contingentes no campo do comportamento, sendo chamada por Aristóteles de *phronesis*, ou sensatez. Essa proposição é referente à capacidade para agir de maneira compatível com a vida boa. Tal pessoa delibera bem, julga bem e percebe o mundo e as situações como elas realmente são, sabendo inclusive qual a melhor maneira de enfrentar um problema ou uma dificuldade. Para tal, é preciso que a *phronesis* seja acompanhada por desejos moralmente virtuosos.

Para Aristóteles (2009b), a ciência é um sistema axiomático no qual, com base em um primeiro princípio, são feitas inferências a respeito do objeto em estudo. Alguns desses princípios têm relação específica com o objeto, como é o caso de uma linha reta no estudo da geometria, por exemplo. Outros são de natureza mais universal, podendo ser aplicados em quase qualquer objeto de estudo, como é o caso do princípio da não contradição. Em suma, isso quer dizer que, para o filósofo, a ciência decorre de demonstrações. Tais sistemas têm uma estrutura capaz de gerar conclusões por meio de premissas que geram axiomas verdadeiros ou falsos.

> Aristóteles foi conhecido pincipalmente por ter sido o fundador de um sistema de lógica baseado em categorias que tratam os objetos de estudo em relação às suas características gerais. Isso é muito diferente dos sistemas lógicos mais modernos, que podem analisar proposições com maior especificidade, como é o caso da lógica proposicional.
>
> Tanto nos sistemas atuais quanto na lógica clássica, dois componentes se destacam:
> - um sistema dedutivo para codificar argumentos que podem ser válidos ou não;
> - um sistema semântico para codificar o significado das proposições.

A lógica é um instrumento para se alcançar um raciocínio (uma atividade mental de natureza epistêmica), com clareza e sem ambiguidades, com o intuito de preservar a verdade. Com base nos componentes mencionados, a lógica clássica se propõe a fornecer conhecimentos novos. O instrumento usado para tal envolve a consideração de argumentos, que são construídos por meio de premissas que levam a uma conclusão. Se ambas as premissas são verdadeiras, então a conclusão deverá ser verdadeira também. Essa lógica é conhecida como **dedutiva**, pois lida com certezas absolutas. No entanto, quando uma das premissas é verdadeira e a outra é apenas possivelmente verdadeira, a lógica é chamada de *lógica indutiva*.

Vejamos um exemplo de dedução:

> **Proposição 1**: Mamíferos são vertebrados.
> **Proposição 2**: Baleias são mamíferos.
> **Conclusão**: Baleias são vertebradas.

Nesse caso, ambas as proposições são verdadeiras, logo, a conclusão só poderia ser igualmente verdadeira. Argumentos dedutivos sempre terminam com uma conclusão correta, mas como saber o que é correto? Quando consideramos exemplos no campo da matemática, como $2 \times 3 = 6$, não temos dificuldade em afirmar que isso é verdadeiro. Mas como chegamos a essa conclusão? De acordo com Aristóteles, basta acreditar nessa verdade como um princípio imutável. No entanto, isso não é suficiente para o pensamento moderno, pois a fé não parece ser uma abordagem apropriada para os estudos matemáticos.

Pesquisadores modernos, como Noam Chomsky, até se aproximam desses argumentos dedutivos. Por exemplo, quando reconhecemos a frase "Isto é uma cadeira" como uma expressão gramatical e "Uma cadeira a i" como não gramatical, usamos algumas regras embutidas na mente, provindas do processo evolutivo, sendo o conhecimento dessas normas inerentes ao ser humano. Da mesma maneira, poderíamos inferir que a aritmética também está inclusa nesse caso. Contudo, seria mais fácil dizer que a habilidade do cálculo matemático, aparentemente instintiva, é simplesmente resultante do processo de aprendizagem, que envolve observações repetidas de que isso é verdade.

Isso se torna mais complexo ao consideramos o seguinte: se observássemos 10 mil cisnes e todos fossem brancos, poderíamos concluir que todos os cisnes são brancos. No entanto, na Austrália existem cisnes negros e a observação de pesquisadores de lá provaria que nossa conclusão a respeito dos cisnes está errada. Logo, os argumentos dedutivos parecem mais adequados para operações aritméticas.

Agora, consideremos o seguinte exemplo:

> **Proposição 1**: Todas as pessoas que usam óculos têm problemas visuais.
> **Proposição 2**: Alice usa óculos.
> **Conclusão**: Alice tem problemas visuais.

Analisando esse argumento de uma maneira muito superficial, parece correto concluir dessa forma, mas alguém pode colocar um par de óculos por brincadeira ou como acessório de moda. Argumentos desse tipo não resultam em certezas, e sim em possibilidades. Na lógica clássica, esses argumentos pertencem ao tipo indutivo.

Uma característica dos argumentos indutivos é que o acúmulo de evidências eventualmente leva a conclusões expressas como premissas universais, que servem como ponto de partida para deduções. Foi dessa maneira que Aristóteles iniciou o método epistemológico fundante da ciência moderna. Na verdade, a maior parte de sua obra é dedicada a observações sobre a natureza, fundamentada em uma coleta de dados feita de maneira extremamente meticulosa – método que mudou pouco até os dias de hoje.

De acordo com o exposto, podemos afirmar que a essência do homem, para Aristóteles, surge da **unidade entre alma e corpo**. A alma constitui o intelecto, denominado *parte científica*. O corpo é a parte sensível, chamada de *parte calculativa*. O conhecimento nasce do questionamento que provém dessas duas partes. Dessa forma, o intelecto e o corpo são inseparáveis, sendo o primeiro "a causa e princípio do corpo vivo" (Aristóteles, 2006, p. 221).

Como veremos no Capítulo 2, essa posição ontológica se aproxima do naturalismo biológico de John Searle, em que a experiência humana é decorrente da biologia. É por isso que Aristóteles não se enquadra naquilo que hoje consiste o pensamento dualista, que concebe a alma e o corpo como entidades distintas.

1.1.3 Divergências entre Platão e Aristóteles a respeito da natureza do ser

Platão apresentou uma nova concepção, por meio de sua teoria das formas, ao dizer que apenas a essência das coisas poderia ser real – e que isso era imutável. Para ele, real é apenas aquilo que não muda. No entanto, essas formas não pertencem ao mundo dos sentidos ao qual estamos acostumados, mas se encontram em um mundo ideal, do qual se tem apenas vagas indicações. Para Sócrates, esse mundo cheio de transformações é um reflexo de outro mundo ideal, do qual se origina o espírito humano – nele tudo é perfeito e permanente, servindo de referência para a existência terrena, imperfeita e em constante transformação. De acordo com essa vertente, é possível alcançar uma versão diluída desse mundo por meio dos estudos filosóficos, a fim de informar os sentidos sobre o que se vê e se entende.

Platão acreditava que todas as coisas têm uma essência verdadeira, originária de um **mundo ideal** e eterno que representa a realidade. O **mundo material** de Aristóteles, por outro lado, está em mudança constante, sendo necessário usar os sentidos para saber o que está se passando ao redor.

Para ilustrar a diferença entre as duas teorias, podemos pensar na seguinte situação: se pegarmos uma maçã, esta pode ser percebida de diversas maneiras pelos nossos cinco sentidos – ela pode estar com aspecto maduro, verde ou apodrecido (visão), pode ser doce ou azeda (paladar) etc. Essas características da maçã dizem respeito à experiência sensível defendida por Aristóteles, chamada de **materialismo**. No entanto, sempre reconheceremos uma maçã como maçã porque ela também guarda certas características que são perenes. Em outras palavras, a maçã pode mudar de aparência, de volume, de cor ou de lugar, mas há algo superior que é comum a todas as maçãs: a sua essência, que nunca sofre mudança. Se isso pode ser verdade para uma maçã, também pode ser verdade para outros objetos e até para conceitos, como a amizade e o amor. A corrente filosófica que se preocupa com essa essência é chamada de **idealismo** (platônico).

> Platão acreditava que todas as coisas têm uma essência verdadeira, originária de um **mundo ideal** e eterno que representa a realidade.

A visão de Aristóteles é diferente da de seu mestre, principalmente porque ele estava mais interessado no mundo dos fenômenos do que no império das ideias. Para ele, os objetos do mundo têm uma realidade objetiva, são substantivos, como ele dizia, ao contrário do que admitia Platão, que considerava apenas as ideias como reais. Para Aristóteles, são as ideias que não têm uma realidade objetiva. Ele ilustrava esse conceito com o argumento do terceiro homem, que dizia: "Se um homem é um homem porque ele parece com um homem ideal, deveria haver um homem ainda mais ideal que parecesse com os dois" (Aristóteles, 2002). Essa corrente admite o conhecimento por meio da experiência (no caso, dos sentidos) e nega o conhecimento oriundo de supostas ideias inatas, pertencentes ao mundo das ideias.

O objeto principal de Sócrates é a busca do conhecimento para alcançar algum objetivo, como tocar uma harpa, curar uma doença ou transformar-se em uma pessoa moral. Aristóteles, por outro lado, se interessa pela questão da essência das coisas. Quando ele pergunta: "Como é ser alguma coisa?", está implícito que quem faz a pergunta já tem essa experiência, pois "existe", além do fato de que tanto objetos quanto seres vivos fazem parte do ambiente vital. O termo *ser* refere-se, portanto, à própria existência do universo e a tudo que nele está contido (as plantas, os humanos, o Sol, a Lua etc.). Nesse sentido, o homem já não é mais a medida de todas as coisas.

Temos aí duas versões de mundo: uma em que ele é visível e pode ser percebido pelos sentidos; e outra em que ele é inteligível (espiritual), podendo ser entendido apenas por meio da razão, formando a base verdadeira para o conhecimento, exclusivo do mundo das ideias.

Essas duas correntes servirão de base para as correntes **racionalista** e **empirista**, que surgirão na Idade Moderna, conforme apresentaremos a seguir.

1.2
Teorias do conhecimento nos mundos moderno e pós-moderno

Até agora descrevemos as duas correntes filosóficas que mais influenciaram o pensamento moderno: a **filosofia socrático-platônica**, cujo foco está na concepção de espírito, fundamentada no idealismo; e a **filosofia aristotélica**, cuja concepção de universo se fundamenta no materialismo.

São muitos os descendentes dessas duas teorias, mas aqui optamos por não estudar as ideias de cada filósofo em específico. Acreditamos ser mais útil para o propósito desta obra analisar o recorte dos tópicos relevantes para a compreensão das ideias dos autores que abordaremos mais adiante.

Retomaremos alguns conceitos básicos, como *indução* e *dedução* e também trataremos de outros conceitos que surgiram ao longo de outros períodos, como o *racionalismo*, o *empirismo*, o *positivismo* e o *neopositivismo*. Por fim, apresentaremos algumas críticas ao processo indutivo nas ideias que constituem a metodologia adotada nesta obra.

1.2.1 Racionalismo

A palavra *análise* é originária do grego *análysis*, que significa afrouxar, separar, dissolver. Esse sentido apareceu primeiramente na geometria grega antiga, com a obra *Teeteto*, de Platão. No entanto, a inspiração para a geometria como a conhecemos hoje é a obra *Elementos*, de Euclides (435 a.C.-365 a.C.), escrita por volta do ano 300 a.C. A sua famosa Proposição 47 ilustra bem aquilo que séculos mais tarde a *Lógica de Port-Royal* chamou de **método de descoberta** (a busca pela verdade por meio do pensamento livre) e de **método de instrução** (a maneira com que essa verdade pode ser demonstrada para os outros).

Na Proposição 47, o que Euclides faz é demonstrar o famoso **Teorema de Pitágoras**. Observe a Figura 1.1. Considerando o triângulo retângulo dado (ABC), três quadrados são projetados a partir de cada aresta. Pitágoras provou seu teorema por meio do **raciocínio puro**, que revelou como dois paralelogramos adjacentes (BALD), criados pela relação entre triângulos retos, representam o dobro da área de outro paralelogramo (ALEC). Toda a lógica da teoria repousa em uma relação estabelecida entre figuras projetadas a partir de uma figura dada, o triângulo retângulo.

Figura 1.1 – **Proposição 47 de Euclides**

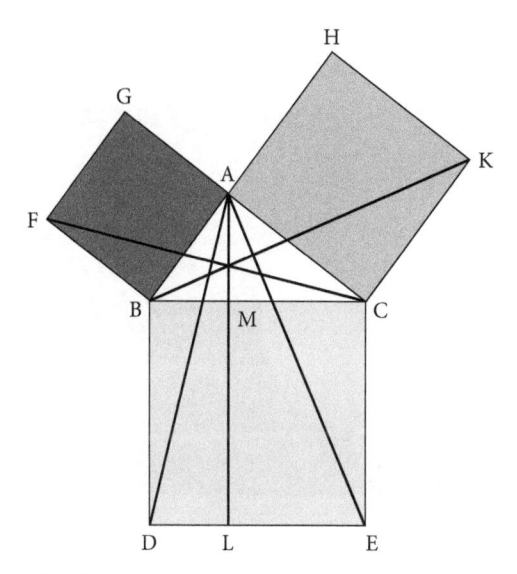

Fonte: Adaptado de Kilhian, 2011.

Perceba que a Proposição 47 não precisa de dados experimentais, como medidas, para ser comprovada. Chegou-se a ela apenas com uma régua e muita imaginação. A partir dessa descoberta, um feito intelectual que repercute até hoje, surgiram implicações práticas que ilustram o conceito de *método de instrução*. Para colocar em prática o teorema de que a soma das áreas dos quadrados construídos sobre os catetos (**a** e **b**) e (**a** e **c**) é igual à área da hipotenusa (**b** e **c**), basta aplicar os valores na fórmula correspondente, como demonstrado na Figura 1.2.

Figura 1.2 – **Aplicação do Teorema de Pitágoras**

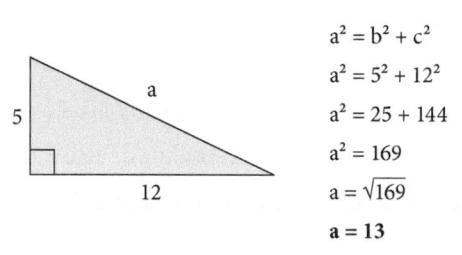

$$a^2 = b^2 + c^2$$
$$a^2 = 5^2 + 12^2$$
$$a^2 = 25 + 144$$
$$a^2 = 169$$
$$a = \sqrt{169}$$
$$\mathbf{a = 13}$$

Preste atenção!

Figura 1.3 – *Espaçonave perto de Marte*

O teorema de Pitágoras é considerado uma das mais importantes descobertas da matemática. Com essa fórmula, é possível calcular a altura exata de uma montanha ou se chegar a valores para cálculos mais complexos, como os necessários para se aterrissar com extraordinária precisão uma espaçonave em Marte. Mais recentemente, o físico russo Lev Okun (2008) demonstrou como a teoria de Pitágoras é perfeitamente compatível com a teoria da relatividade.

Esse método de análise, contudo, pode gerar dúvidas, principalmente quando aplicado em outros campos de conhecimento. Quando se toma como base uma informação considerada absoluta (os cálculos partiram de um triângulo dado, ou seja, de uma informação *a priori*), uma série de outros fatores é excluída do contexto.

Em outras palavras, aquilo que se propõe com informações absolutas não indica necessariamente que o método é infalível e muito menos verdadeiro. Aliás, em ciência, ter certeza absoluta de algo é contraproducente, pois quando certeza e conhecimento coincidem, a pesquisa pode parar.

Outra forma de análise é a que tem função **interpretativa** ou **transformativa**. Por exemplo, a expressão *a2* pode tanto expressar o quadrado de um número, ou seja, a multiplicação de um número por ele mesmo, quanto um quadrado no sentido geométrico. Um exemplo interessante das propriedades interpretativas de um quadrado é o quadrado mágico, que consiste em uma série de números dispostos de tal forma que a soma de uma coluna, reta ou diagonal sempre gera o mesmo resultado.

Figura 1.4 – *Propriedades de um quadrado mágico*

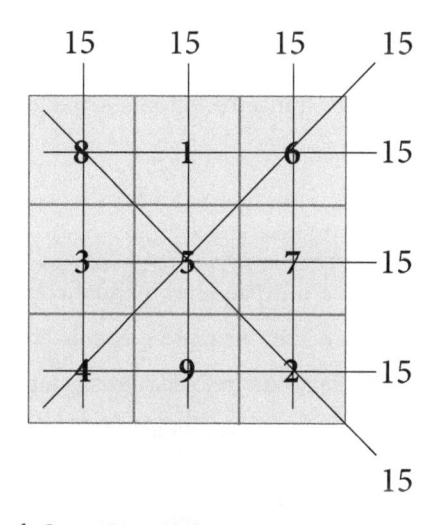

	15	15	15	15
	8	1	6	15
	3	5	7	15
	4	9	2	15
				15

Fonte: Adaptado de O que são..., 2015.

Não é nova a ideia de conduzir uma análise com base em determinados significados. Sócrates já se preocupava com a definição das coisas, e suas ideias embasaram os conceitos mais modernos de análise conceitual. O pensamento grego é, portanto, uma teia complexa de metodologias, na qual se inclui a definição socrática (elaborada por Platão) dos métodos de divisão e de hipótese, influenciados pela análise geométrica, e ainda o método descrito por Aristóteles em sua *Analítica*.

No entanto, foi a análise geométrica que predominou até o período moderno, sobretudo a da tradição aristotélica, baseada em um processo regressivo que partia dos **teoremas** aos **axiomas**, dos efeitos em direção às causas. Dessa forma, a análise era um método de descoberta, que caminhava de trás para a frente, do conhecido às razões subjacentes (demonstração do fato), até chegar à síntese como prova e tomar o caminho inverso, no sentido daquilo que precisava de uma explicação (a razão do porquê). Análise e síntese eram, portanto, complementares.

Galileu Galilei (1564-1642) e Thomas Hobbes (1588-1679) também se preocuparam com o **método da análise regressiva**, porém, o trabalho mais influente da época foi a *Lógica ou a arte de pensar*, ou Lógica de Port-Royal, dos teólogos franceses Antoine Arnauld (1612-1694) e Pierre Nicole (1625-1695).

Preste atenção!

A Lógica de Port-Royal é um pequeno manual composto pelos teólogos jansenistas franceses Arnauld e Nicole com fins pedagógicos. Escrita no contexto da Reforma Protestante e inspirada em manuais antigos, como o *Órganon* aristotélico, essa obra foi um dos primeiros manuais desse tipo escrito em língua vernácula em vez de latim, desafiando os preceitos educacionais da época. Sua importância atravessou os séculos e serviu de ponto de partida para pelo menos duas grandes obras do século XX: *Linguística cartesiana*, do linguista norte-americano Noam Chomsky (1928-), e *As palavras e as coisas*, do filósofo francês Michel Foucault (1926-1984).

Outro método importante foi desenvolvido por René Descartes (1596-1650) na famosa obra *Discurso sobre o método*, na qual foi lançado o influente **método cartesiano** e fundado o racionalismo da Idade

Moderna (que apresenta semelhanças com o idealismo), inspiração para diversos filósofos de gerações posteriores.

Em 1628, quando foram publicadas as *Regras para a direção do espírito*, Descartes estava inclinado ao uso da dúvida como um método de investigação, algo que é claramente expresso na Regra 13*: "Se compreendermos perfeitamente uma questão, devemos abstraí-la de todo o conceito supérfluo, reduzi-la à maior simplicidade e dividi-la em partes tão pequenas quanto possível, enumerando-as." (Descartes, 2002, p. 28). Como é possível perceber nesse excerto, a dúvida como método investigativo propõe o uso do raciocínio e da lógica na filosofia, ou seja, utiliza a razão para se chegar na verdade.

Assim, o racionalismo é uma corrente fundamentada no uso da razão pura, ou seja, do intelecto, que oferece as ferramentas necessárias para a investigação científica. Isso pode ser visto de maneira mais clara em um trecho da obra *Discurso do método*, no qual Descartes reviu as regras expostas no livro de 1628, reduzindo-as a apenas quatro:

> *O primeiro era de nunca aceitar coisa alguma como verdadeira sem que a conhecesse evidentemente como tal; ou seja, evitar cuidadosamente a precipitação e a prevenção, e não incluir em meus juízos nada além daquilo que se apresentasse tão clara e distintamente a meu espírito, que eu não tivesse nenhuma ocasião de pô-lo em dúvida.*
>
> *O segundo, dividir cada uma das dificuldades que examinasse em tantas parcelas quantas fosse possível e necessário para melhor resolvê-las.*
>
> *O terceiro, conduzir por ordem meus pensamentos, começando pelos objetos mais simples e mais fáceis de conhecer, para subir pouco a pouco, como por degraus, até o*

---

* A partir desse ponto, é possível perceber como surgiu o positivismo, que encontra suas raízes nessa maneira de pensar. Muito tempo depois, isso foi criticado pelo falsificacionismo e outras teorias. Por exemplo: Como decidir o que é realmente supérfluo? Como garantir que outras premissas não sejam perdidas?

conhecimento dos mais compostos; e supondo certa ordem mesmo entre aqueles que não se precedem naturalmente uns aos outros.

E, o último, fazer em tudo enumerações tão completas, e revisões tão gerais, que eu tivesse certeza de nada omitir. (Descartes, 2001, p. 23)

As duas primeiras regras são claramente de natureza regressiva, pois apresentam decomposição de fatos, e a terceira mostra uma clara tendência de síntese. Essas etapas remetem a uma maneira lógica, racional, de se analisar os fatos.

> O racionalismo é uma corrente fundamentada no uso da razão pura, ou seja, do intelecto, que oferece as ferramentas necessárias para a investigação científica.

Tendo isso em vista, apresentaremos a seguir as três teses que conduzem o racionalismo.

Tese da intuição e dedução

Algumas proposições são originárias da **intuição pura** (*insight*); outras são adquiridas por meio de uma **dedução** oriunda de determinada **intuição**, geralmente tida como um fato. É válido ressaltar que, nesse contexto, *intuição* significa apreender intelectualmente uma proposição que acreditamos ser verdadeira, muitas vezes advinda de proposições previamente conhecidas (Pust, 2017). Nesse sentido, uma intuição pode ser uma opinião ou crença. Observe as proposições a seguir:

> *S* considera *P* verdadeiro apenas se *S* acredita que *P*:
> P1. acha errado torturar um gato por divertimento.
> P2. acha impossível um quadrado ter cinco lados.

Como é possível perceber, P1 apresenta um entendimento subjetivo, e P2 será verdadeira em qualquer situação.

O primeiro caso pode variar de uma pessoa para outra, pois pode haver alguém que simplesmente acredita que torturar um gato por divertimento não é algo tão absurdo assim. Já premissas como P2 estão sujeitas **ao princípio da não contradição**, segundo o qual afirmações contraditórias não podem ser verdadeiras ao mesmo tempo sob o mesmo aspecto. Por exemplo: uma figura de cinco lados é um pentágono, não um quadrado; portanto, os termos *quadrado* e *pentágono* não podem ser utilizados para explicar a mesma situação geométrica*.

Dito de outra forma, P2 é uma declaração *a posteriori*, dependendo de sua apreensão pelos sentidos ou pela experiência. P1, no entanto, é uma declaração *a priori*, pois pode ser simplesmente imaginada ou ser uma hipótese à espera de uma prova. Dito de outra forma ainda, P1 pode ser uma crença, e P2 é uma declaração científica.

Ambas podem servir de fonte para futuras deduções. A existência de Deus, por exemplo, pode ser algo muito difícil de ser provado pela ciência, mas nem por isso é menos verdadeira para quem tem fé. Aliás, a maioria dos fatos científicos começaram com uma intuição posteriormente confirmada por experimentos. Dessa forma, separar a fé da ciência não é tão fácil assim.

Em síntese, intuições costumam parecer verdadeiras porque geralmente temos uma tendência a acreditar nelas, o que não significa necessariamente que elas sejam proposições verdadeiras, pois mesmo quando usamos a razão para provar que uma proposição não é verdadeira, ainda podemos continuar acreditando em sua veracidade. Intuições podem, portanto, ser crenças temporárias, à espera de uma comprovação, ou suposições sem fundamento lógico. Seguindo os princípios da lógica clássica, apenas a razão pode distinguir entre um mero palpite e uma hipótese.

---

* O princípio da não contradição pertence às três leis clássicas do pensamento.

Considerando o uso da intuição, quanto mais competente alguém é em determinada questão, melhores e mais fáceis serão suas intuições. Nesse caso, um piloto experiente terá melhores intuições sobre como pousar uma aeronave durante uma tempestade do que um novato. Da mesma forma, um *chef* de cozinha saberá a quantidade de tempero que deve usar sem recorrer a receitas ou medidas. Tudo isso depende da linguagem interna usada; os conceitos, no sentido cognitivo, dependem da precisão da linguagem usada; que precisa estar semanticamente completa e consistente.

Quando utilizamos expressões semanticamente incorretas, não temos acesso às informações expressas pelo conceito propriamente dito, pois elas não existem. Todavia, temos acesso ao significado das práticas relacionadas à sua utilização. Isso quer dizer que, às vezes, pensamos que sabemos algo sem conseguir explicar o porquê graças à experiência que temos no assunto.

> *Em nome da clareza terminológica, usarei o termo "intuição" para definir o julgamento formado exclusivamente com base na competência de conceitos envolvidos, em resposta a uma pergunta sobre determinado cenário [...]. Intuição, nesse sentido, é aquilo que procuramos evocar ao responder perguntas sobre cenários em experimentos de pensamento.* (Ludwig, 2007, p. 136, tradução nossa)

Nesse excerto de Ludwig (2007), a intuição apresenta certa semelhança com a memória, na qual apenas trazer algo à consciência é o suficiente, não havendo necessidade de comprovação no sentido lógico da proposição, como se fosse um argumento válido. *Lembrar* e *intuir* apresentam a semelhança de representar um conhecimento antecedente. Por outro lado, *deduzir* significa chegar a conclusões por meio de argumentos válidos, ou seja, de argumentos cujas premissas sejam comprovadamente verdadeiras.

Tese do conhecimento inato

A segunda tese do racionalismo é a do conhecimento inato. Nesse caso, o conhecimento também está internalizado, porém ele não advém da intuição confirmada pela dedução, pois simplesmente faz parte da nossa natureza. Aqui existe um papel secundário para a contribuição da experiência, que pode desencadear um processo que traz o conhecimento inerente à consciência – embora o *experimentar* não nos ensine nada de maneira direta. O saber está lá, esperando para ser despertado.

Platão (2001a) apresentou uma das primeiras versões da tese do conhecimento inato em *Mênon*. Nessa obra, o conceito é exposto como uma doutrina de conhecimento que deriva da recordação, sendo apresentado na forma de um paradoxo: Quando alguém que não conhece geometria tenta aprender um teorema, acontece uma entre duas coisas: ou ele já sabia – e, nesse caso, não há motivo para inquerir; ou ele não sabia – e isso torna inútil inquerir, pois a pessoa não sabe o que está procurando. Uma aparente solução é dizer que já sabíamos a resposta, adquirida em vidas passadas, e que o questionamento apenas provoca a recordação dessa resposta. Na obra, Sócrates tenta provar isso provocando o escravo de Mênon por meio de perguntas, tentando descobrir a relação entre um triângulo equilátero e um quadrado.

Atualmente, algumas pessoas podem achar difícil acreditar em tais argumentos, porém, eles podem reaparecer de outras maneiras, como em algumas teorias da linguagem – especialmente a de Chomsky, que acredita na capacidade inata de se aprender a estrutura de uma língua (para algumas pessoas). Isso pode ser diferente da ideia do conhecimento inato, mas é possível aventar que é de lá que veio essa ideia. Em um sentido mais prático, podemos citar o exemplo do conceito de *talento*. Por exemplo, todo músico sabe que é possível que alguém aprenda a tocar um instrumento, mas que tocá-lo com arte é privilégio apenas daqueles que têm um "talento", que seria uma forma de expressar a capacidade inata para a música – muito diferente do que apenas saber tocar um instrumento. Esse conceito pode ser estendido a outras atividades, como pintar, jogar futebol ou representar um papel no palco com uma proficiência que é, às vezes, espantosa.

Tese do conceito inato

A tese do conceito inato, na verdade, é muito parecida com a do conhecimento inato, mas se concentra naquilo que Descartes chama de *conceitos*. Nos dois casos, a experiência tem um papel secundário.

Nessa perspectiva, Descartes (1983) analisa a distinção entre determinadas categorias: a sensação de calor, por exemplo, é adquirida pela experiência; já o triângulo perfeito ou a ideia de Deus são conhecimentos inatos. Para ele, os pensamentos derivados do inatismo foram colocados em nossas mentes por Deus.

1.3.2 Empirismo

Na direção oposta ao racionalismo está o empirismo, teoria que postula a experiência como fonte de conhecimento. Podemos considerar o racionalismo e o empirismo como **doutrinas antagônicas** ou **complementares**. Ambas fazem parte do campo da epistemologia, que se preocupa com os estudos da natureza, das fontes e dos limites do conhecimento.

A epistemologia postula as seguintes questões fundamentais:

1. **Qual é a natureza do conhecimento proposicional ao inferir que determinada proposição sobre o mundo é verdadeira?**
Para se conhecer uma proposição, primeiramente precisamos acreditar que ela é verdadeira. No entanto, como saber se não estamos apenas adivinhando ou se não estamos diante de uma ilusão? Um processo analítico precisa ter uma garantia contra a imaginação e o senso comum.

2. **Como adquirir conhecimento?**
Para buscar essa garantia, precisamos pensar na proposição. No entanto, que caminho tomaremos? Seguiremos a razão ou a experiência? De uma maneira mais ampla, os racionalistas declaram que adquirir conhecimento depende, acima de tudo, da razão, que pode advir de algum conhecimento deduzido da intuição, ou pode ser originário de algum conhecimento inerente. Os empiristas, no entanto, acreditam que é só pela experiência que aprendemos. Nessa perspectiva, também é importante saber se a maneira como dividimos as coisas corresponde à realidade.

3. **Quais são os limites do nosso conhecimento?**
Alguns aspectos das proposições sobre o mundo podem se encontrar dentro dos limites de nosso pensamento, mas fora dos limites da experiência. Outros podem ser aceitos por pertencer ao cotidiano, mas ainda assim ser extremamente difíceis de explicar (Markie, 2004, tradução nossa).

Como é possível perceber pelas questões supracitadas, o empirismo e o racionalismo se ocupam do mesmo campo de conhecimento, mas responderão de maneira diferente a seus questionamentos.

O empirismo é uma teoria que enfatiza a **evidência**, especialmente quando esta é demonstrada por meio de experimentos. A partir da Idade Moderna, surgiram diversas correntes empiristas, como o empirismo britânico, o empirismo lógico, o fenomenalismo e o pragmatismo.

Há dois grandes representantes do empirismo britânico: John Locke (1632-1704) e David Hume (1711-1776). Locke, considerado o fundador dessa vertente, foi um severo crítico do racionalismo. O primeiro conceito que ele ataca é o do **consentimento universal** ou **princípio da não contradição**. Em seu contra-argumento, Locke citava como exemplo o seguinte axioma: "É impossível que algo seja e não seja ao mesmo tempo". Talvez a capacidade de saber algumas premissas seja inata, mas não as premissas em si mesmas. Em seguida, ele ataca a ideia de que é a razão que nos leva a essas premissas inerentes, dizendo que se a razão os descobriu, então elas não eram inerentes. O caso do escravo de Mênon, citado anteriormente, é um bom exemplo disso, pois, apesar de Sócrates tomar imenso cuidado em dizer que não estava ensinando nada, apenas perguntando, é difícil não considerar que ele estava ensinando por meio de perguntas. Logo, a razão é a ferramenta essencial para descortinar tanto conceitos não inatos, como a sensação de calor, quanto os inatos, como a relação entre o triângulo equilátero e o quadrado, que o escravo de Mênon descobriu.

> O empirismo é uma teoria que enfatiza a **evidência**, especialmente quando esta é demonstrada por meio de experimentos.

Preste atenção!

Figura 1.5 – **Tábulas**

Na Roma Antiga, era comum o uso de um suporte para exercícios de escrita chamado *tábula*, uma pequena placa encerada que, posteriormente, era raspada e reutilizada em novas práticas. A expressão *tábula rasa* deriva dessa tábula raspada e significa "vazia de qualquer informação", como uma página em branco. John Locke usou essa expressão como metáfora para falar da mente humana, que estaria completamente vazia ao nascer, indo de encontro, portanto, às teorias que acreditavam no conhecimento inato.

Locke tinha grande confiança nos sentidos humanos, pois acreditava que eles informavam as propriedades dos objetos que nos cercam. Perceba que, nessa perspectiva, é necessário conceber um **mundo externo** ao indivíduo, concreto, real, e que dessa realidade só se aprende as representações mentais. Por isso, é possível afirmar que Locke é um **pensador realista**.

Contrário à visão lockiana a respeito da natureza dos objetos externos, George Berkeley (1685-1753) considerava que a mente humana não tinha métodos confiáveis para checar a veracidade daquilo que pensamos que observamos. Berkeley acreditava que as ideias impressas nos sentidos, assim como "nas paixões e operações da mente" (Berkeley, 2010, p. 57), e as impressões formadas com a ajuda da memória e da imaginação eram representações originárias do espírito humano, recebidas de Deus. Por isso, Berkeley é considerado um **idealista material** e, para ele, o mundo é composto pelas ideias de sensações, causadas por uma substância espiritual.

Por fim, Immanuel Kant (1724-1804), grande filósofo da teoria do conhecimento, inovou as maneiras de pensar ao argumentar que a velha divisão entre premissas *a priori* e *a posteriori*, comum ao racionalismo e ao empirismo, eram metafisicamente insuficientes para explicar as questões em disputa. Ao inaugurar uma terceira via na discussão entre empirismo e racionalismo, Kant postulou que uma análise do conhecimento precisa de uma distinção entre premissas analíticas e sintéticas. Considere a seguinte sentença:

A atmosfera contém gases.

Nesse caso, a própria definição de atmosfera está contida no predicado, pois não há atmosfera que não tenha alguma combinação de gases. Esse é um caso de declaração **analítica**, em que o predicado está contido no sujeito.

Agora compare-a a esta outra frase:

A atmosfera contém oxigênio.

No segundo caso, temos um exemplo de declaração **sintética**, pois pode haver em outros cantos do universo planetas cuja atmosfera não tenha oxigênio, tornando essa uma verdade apenas na Terra.

Dada essa breve explicação sobre as teorias do conhecimento do início da Idade Moderna, trataremos a seguir do positivismo e do neopositivismo.

1.2.3 Positivismo e neopositivismo

Iniciaremos um dos movimentos que descendeu da análise regressiva, conhecido como *positivismo*.

Auguste Comte (1798-1857) foi o fundador do **positivismo clássico**, teoria que teve grande aceitação na segunda metade do século XIX, mas que foi severamente questionada a partir do século XX. Para Comte (1978, p. 16), a razão humana passa por três estágios sucessivos, conhecidos como **progresso do espírito**:

- **Fase teológica** – Nessa primeira fase, os fenômenos naturais e sociais são explicados por forças espirituais.
- **Fase metafísica** – Composta pelos princípios fundamentais, de natureza essencialmente abstrata, que procuram apreender as causas iniciais e finais e ainda a essência dos fenômenos.
- **Fase científica** – Também conhecida como *positiva*, essa fase procurava correlações entre os fenômenos, submetidos às leis invariáveis e gerais da natureza, que pertenceriam a disciplinas como matemática, astronomia, física, química, biologia e ciências sociais. Para Comte, esse processo de buscar leis imutáveis da natureza iniciou com a geometria dos antigos gregos. Na época moderna, essa concepção de ciência ressurge com Francis Bacon (1561-1626), Galileu, Newton e Descartes, pensadores considerados por Comte como os verdadeiros fundadores da filosofia positiva.

É importante lembrar que, para Comte, o termo *positivismo* refere-se a um projeto baseado na noção de que **filosofia política** e **filosofia da ciência** são disciplinas correlatas:

> *Auguste Comte, como a maior parte dos teóricos sociais que procuraram interpretar a sociedade moderna, tomou como ponto de partida de suas reflexões a realidade histórica de sua época. Nessa, ele percebia uma situação de crise emergente, resultado do confronto entre duas formas de organização social. Uma que lentamente desaparecia e baseava-se em ordenações feudais de fundo teológico e militar. A outra, nascente, era marcada pelo advento da indústria e da ciência.* (Superti, 2003)

Ciente de que a sociedade precisava atualizar suas instituições por intermédio de uma completa reforma intelectual, Comte queria incutir novos hábitos de pensar, influenciado, em parte, por sua educação politécnica, oriunda do pragmatismo napoleônico da época. Em 1817, ele aceitou o posto de secretário particular de Claude-Henri de Saint-Simon, diretor da Escola Politécnica de Paris, onde ingressara como aluno em 1814. Foi a partir desse período que surgiram suas maiores ideias.

Talvez o legado mais importante deixado por Comte tenha sido o conceito de **pensamento positivo**, que significa colocar a observação acima da imaginação e da argumentação. Proposições positivas devem corresponder a um fato, tanto no sentido particular quanto universal.

> *O núcleo da filosofia de Comte radica na ideia de que a sociedade só pode ser convenientemente reorganizada através de uma completa reforma intelectual do homem. Com isso, distingue-se de outros filósofos de sua época, como Saint-Simon e Fourier, preocupados também com a reforma das instituições, mas que prescreviam modos mais diretos para efetivá-la. Enquanto esses pensadores pregavam a ação prática imediata, Comte achava que antes disso seria necessário fornecer aos homens novos hábitos de pensar de acordo com o estado das ciências de seu tempo.* (Giannotti, 1978, p. 15)

Por exemplo, quando um juiz, instruído pelo direito positivo, analisa um caso que envolve a violação de um direito civil, como a igualdade racial, sua síntese parte de um desmembramento e de uma análise cuidadosa dos fatos para determinar se alguma norma foi violada. Fatores sociais, morais, religiosos etc. não serão incluídos em seu raciocínio. Nas palavras de Hans Kelsen, um conhecido doutrinador do direito positivo, "Lei é apenas lei":

> Na verdade, o Direito, que constitui o objeto deste conhecimento, é uma ordem normativa de conduta humana, ou seja, um sistema de normas que regulam o comportamento humano. Com o termo "norma" se quer significar que algo deve ser ou acontecer, especialmente que um homem se deve conduzir de determinada maneira.
> (Kelsen, 2011, p. 5)

Nesse caso, as questões são resolvidas por meio da instrução de que uma norma supera e anula outra. Vamos pensar em um exemplo mais prático. Observe as regras a seguir:

a. É vedado aos alunos saírem da sala de aula durante a aula.
b. Se soar o alarme do incêndio, todos os alunos são obrigados a deixar o prédio da escola.

A regra (b) tem precedência sobre a (a); logo, quando soar o alarme de incêndio, os alunos devem sair da sala, mesmo durante a aula.

Por outro lado, para um juiz instruído pelo jus naturalismo, princípios morais e éticos serão importantes em seu processo decisório. Por exemplo, quando alguém escreve uma biografia não autorizada de outro indivíduo, o juiz precisa considerar que:

a. O direito à privacidade é inviolável.
b. O direito à livre expressão é inviolável.

Para o direito não positivo, pode haver hierarquia entre as regras, mas não entre princípios; portanto, a decisão vem de um processo de análise que envolve ponderação, e não de uma simples redução. Para o direito positivo, o segundo caso só pode ser resolvido por meio de uma lei que defina qual dos dois princípios tem precedência.

Assim, o positivismo, em geral, oferece pouca margem para interpretação fora de seu contexto instituído, ditado pelo estado das ciências de seu tempo. O reducionismo intenso – manifestado pela vontade de buscar explicações para os fenômenos da natureza, por meio de grandes sínteses –, encontra-se até hoje nas tentativas de alguns físicos modernos de descobrir a "teoria de tudo".

Outros positivistas proeminentes da época foram Cesare Lombroso (1835-1909), criminologista e psiquiatra italiano; Émile Littré (1801-1881), lexicógrafo francês; e, talvez o mais conhecido de todos, John Stuart Mill (1806-1873), filósofo de Cambridge. Em sua obra mais famosa, *Sistema de lógica dedutiva e indutiva*, Mill (1979) desenvolveu uma teoria empírica do conhecimento, declarando inclusive que a lógica e a matemática eram ciências empíricas.

Outro teórico importante no desenvolvimento do positivismo clássico foi o físico austríaco Ernst Mach (1838-1916), que acreditava na veracidade de uma proposição científica apenas se esta estivesse fundamentada por observações cuidadosas. Tendo isso em vista, é possível afirmar que o positivismo foi o responsável pela expressão **método científico**, isto é, a observação – tanto de fenômenos naturais quanto daqueles gerados por experimentos –, cujo fim é chegar à evidência. Muito da literatura filosófica que trata dessa questão vem dos positivistas lógicos e empiristas do século XX, assim como de seus seguidores e críticos. Suas discussões a respeito da evidência encontrada pela observação tendem a se concentrar em questões epistemológicas referentes ao seu papel na checagem de teorias. Como veremos no segundo capítulo, as escolas behavioristas seguem uma tendência positivista, acreditando apenas no comportamento humano observável por terceiros.

Na virada do século XX, surgiu a chamada *filosofia analítica*, depois que filósofos como George Edward Moore (1873-1958), Gottlob Frege (1848-1925)

> É possível afirmar que o positivismo foi o responsável pela expressão *método científico*.

e Bertrand Russell (1872-1970) se afastaram do idealismo absoluto, até então dominante na Grã-Bretanha. A mudança radical proposta por essa escola consistia no uso de argumentos baseados nos **significados de termos e proposições**. Para Russell (2008), por exemplo, a gramática da linguagem cotidiana é filosoficamente imprecisa, sendo necessário, para se atingir maior precisão, recorrer à linguagem mais formal da lógica simbólica, de maneira que todas as premissas matemáticas (e não apenas da aritmética, como pensava Frege) poderiam ser deduzidas com base em algumas premissas lógicas, criando a ideia de que conceitos amplos podem ser reduzidos a conceitos lógicos primitivos. Essa forma de *logicismo*, como ficou conhecida essa tendência, levou Russell a concepções fora da matemática formal, incorporadas na sua **teoria do realismo** e nascidas do racionalismo e do empirismo.

O realismo se preocupa com a relação entre universais e objetos materiais. Nessa perspectiva, uma mesa, por exemplo, existe independentemente do observador. Dessa maneira, o pensamento russeliano se alinha ao conhecimento *a priori*, e o empirismo contribui para o conhecimento experimental.

A filosofia analítica deriva, em essência, da lógica formal. Seu ponto forte é estar afastada de sistemas grandiosos de pensamento ou de sínteses abrangentes. Ela prioriza as discussões que visam examinar questões específicas e isoladas de maneira detalhada, o que também é conhecido como *atomismo lógico*, porque é baseado no conceito clássico de átomo. Foi a partir dela que surgiu o positivismo lógico, ou **neopositivismo**, desenvolvido pelos membros do **Círculo de Viena** entre 1930 e 1945 – popularizado pelo filósofo britânico Alfred Jules Ayer (1910-1989).

A fase seguinte da filosofia analítica surgiu entre 1945 e 1965, quando se passou da análise da linguagem ideal de Russell à análise da linguagem comum, desenvolvida por filósofos de Cambridge como Ludwig Wittgenstein (1889-1951) e John Wisdom (1904-1993), bem como por seus colegas de Oxford, Gilbert Ryle (1900-1976) e Peter Strawson (1919-2006). Foi na década de 1960 que a filosofia analítica finalmente cedeu lugar à **filosofia da linguagem**, tão resistida por seus primeiros proponentes, como Russell, por exemplo.

A filosofia analítica encontra-se em uma fase de ecletismo, ou pluralismo, e está retomando sua forma não linguística, sendo difícil encaixá-la em uma linha específica. No entanto, ela ainda mantém sua ênfase na precisão e determinação de tópicos bem delimitados. É por isso que essa corrente filosófica se caracteriza mais por aquilo a que se opõe do que ao que se propõe.

No início, a filosofia analítica se opunha ao idealismo britânico, para em seguida "levantar armas" contra a filosofia tradicional como um todo. Também apresentava diferenças em relação à fenomenologia de Edmund Husserl (1859-1938) e ao existencialismo de Jean-Paul Sartre (1905-1980) e Albert Camus (1913-1960). Atualmente, a filosofia analítica é representada por autores como Charles Sanders Peirce (1839-1914) e Clarence Irving Lewis (1883-1964).*

Reiteramos que o termo *análise* pode ser empregado em um sentido mais estrito, como na filosofia analítica, ao envolver o uso de linguagem;

---

* Nos próximos capítulos, ainda falaremos de Peirce e Lewis, assim como de Saul Kripke e de sua conferência *Naming and Necessity* (*O nomear e a necessidade*).

ou em um sentido mais amplo, como no positivismo, que engloba a ciência derivada dos dados da experiência.

A seguir, trataremos dos conceitos de *indução* e *dedução* e, posteriormente, apresentaremos uma crítica desse método. Ainda neste capítulo, trataremos de ideias alternativas, como o **falsificacionismo** de Karl Popper (1902-1994) e, por fim, de teorias como estruturas, segundo os paradigmas de Thomas Kuhn (1922-1996) e, mais recentemente, Paul Thagard.

1.2.4 Indutivismo

Para os pensadores positivistas, a ciência deriva do conhecimento provado. Assim, devem ser consideradas as condições iniciais, isto é, de dados provindos da experiência, de acordo com três máximas:

1. O número de dados deve ser o suficiente para se passar do fato singular a uma generalização universal.
2. Essas observações devem ser repetidas em diversas condições e confirmada por diferentes autores.
3. Nenhuma proposição deve confrontar uma lei universal derivada dessa generalização.

Tendo isso em vista, analisemos o raciocínio a seguir:

- O carteiro sempre vem às terças-feiras.
- Na maioria das vezes que chove na terça, o carteiro atrasa.
- A chuva pode ser um fator de atraso para o carteiro.

Não é preciso pensar muito para perceber que há um problema nesse raciocínio. Primeiramente, para se afirmar que o carteiro vem às terças, é necessário um enorme número de observações consistentes e, mesmo assim, um feriado que o faça vir na quarta, por exemplo, pode derrubar a afirmação.

Digamos, entretanto, que o carteiro de fato apareça atrasado em uma terça chuvosa. Como saber se ele não perdeu a hora porque discutiu com a esposa, por exemplo? Perceba como, nesse caso, é difícil satisfazer os dois primeiros critérios – que seriam os de observação e de entrevista. Para satisfazer o primeiro, é preciso observar carteiros às terças por um período muito longo de tempo. Para satisfazer o segundo, é necessário entrevistar um número grande de observadores. No caso supracitado, não há evidências de que esses dois critérios foram cumpridos.

Há ainda o terceiro critério, que é mais complicado, pois ainda que a chuva seja uma universal (pode haver um predicado), seria difícil derivar uma lei universal envolvendo chuva e carteiros.

O tipo de raciocínio que apoia a indução é conhecido por alguns teóricos como **lógica indutiva**. Para que ela seja uma ferramenta útil para a ciência, é necessário que a lei universal derivada dela explique ou preveja um fato, de modo a aumentar sua credibilidade – passando, assim, para o campo dedutivo. Vejamos outro exemplo:

- De acordo com as leis da mecânica celeste de Kepler, ocorrerão dois eclipses lunares em 2015 com um intervalo de 175 dias.
- O primeiro eclipse ocorreu em 4 de abril de 2015.
- O próximo deve ocorrer em 27 de setembro de 2015.

Considerando o número acumulado de observações desse fenômeno – que têm sido feitas há milhares de anos e nas mais diversas condições – e que houve um eclipse lunar na data prevista, é possível propor uma lei universal (no caso, as leis da mecânica celeste) que possibilite a explicação e a previsão de eclipses lunares. A fórmula geral para a lógica dedutiva seria:

> 1. Leis e teorias conseguidas pela indução.
> 2. Condições iniciais nascidas de observações.
> 3. Previsões e explicações.

Como vimos anteriormente, esse é o esteio do positivismo e aquilo que é comumente conhecido como *método científico*. Em síntese, a posição indutivista pode ser resumida no chamado **princípio indutivista**: "Se um grande número de As foi observado sob uma ampla condição de variedade de condições, e se todos esses As observados possuíam sem exceção a propriedade B, então todos os As têm a propriedade B." (Chalmers, 1993, p. 27)

Alan Chalmers* (1939-) chama isso de **indutivismo ingênuo**, pois, ao contrário da lógica dedutiva, a indução só produz, em maior ou menor grau, incertezas, e por isso é um método questionável. Uma saída para isso (não a melhor delas) seria desistir das certezas dos princípios universais e se ater ao cálculo de probabilidades de casos individuais. Desse modo, não é mais necessário saber se pontos, retas e ângulos refletem algum princípio geral da natureza ou se são simplesmente invenções humanas úteis para aplicar o teorema de Pitágoras e calcular a altura de uma montanha, por exemplo.

Tendo isso em vista, podemos levantar os seguintes questionamentos: Como justificar o princípio da indução? A observação é realmente o melhor método para assegurar o conhecimento de alguma coisa? A lógica indutiva é realmente lógica?

---

* É importante não confundir David Chalmers, do dualismo de propriedade, com Alan Chalmers, autor da obra citada aqui.

A principal característica dos argumentos lógicos válidos é: se as premissas são verdadeiras, então a conclusão deve ser igualmente verdadeira. Argumentos dedutíveis realmente satisfazem essas condições. Observe:

> - A memória é uma propriedade da consciência.
> - Eu consigo me lembrar da premissa anterior.
> - Estou consciente.

O princípio da dedução é, portanto, justificável. No entanto, o mesmo não pode ser dito do princípio da indução, pois um número grande de observações feitas em diferentes condições não nos leva necessariamente a uma conclusão logicamente válida. Se observarmos muitos tigres e constatarmos que todos têm pelo amarelo com listras pretas, poderíamos concluir que todos os tigres têm pelo amarelo com listras pretas. Contudo, a descoberta de um tigre-de-bengala branco* invalidaria essa conclusão. Assim, é possível concluir que algumas premissas colhidas pela observação podem ser válidas sem que, contudo, a conclusão seja válida. Observe outro exemplo:

> - Três mil pessoas examinadas apresentavam a memória intacta.
> - A memória é uma propriedade da consciência.
> - Todo ser consciente tem memória intacta.

Nesse caso, a primeira premissa pode estar correta, pois todas as pessoas examinadas tinham realmente a memória intacta. Também podemos presumir que a memória é, de fato, um componente indispensável da consciência. No entanto, uma pessoa com amnésia, mesmo que

---

* Não se trata de tigres albinos, pois apresentam listras pretas. Trata-se de um gene recessivo.

esteja consciente, invalida a conclusão. Edmund Gettier (1927-), em um curtíssimo artigo publicado em 1963, provou isso com brilhantismo:

> Suponha que Smith e Jones tenham se candidatado a certo emprego. Suponha também que Smith tem forte evidência para a seguinte proposição conjuntiva:
> (d) Jones é o homem que ganhará o emprego e Jones tem dez moedas em seu bolso.
> A evidência de Smith para (d) pode ser a de que o presidente da companhia lhe garantiu que, no final, seria Jones o selecionado e que ele, Smith, contou as moedas no bolso de Jones há dez minutos atrás. A proposição (d) implica:
> (e) O homem que ganhará o emprego tem dez moedas em seu bolso.
> Suponhamos agora que Smith percebe a relação de implicação de (d) para (e) e aceita (e) com base em (d), para a qual ele tem forte evidência. Nesse caso, Smith está claramente justificado a crer que (e) é verdadeira.
> Mas imagine, além disso, que Smith não sabe que ele próprio ganhará o emprego; e não Jones. Imagine também que Smith não sabe que ele próprio tem dez moedas em seu bolso. A proposição (e) é então verdadeira, embora a proposição (d), a partir da qual Smith inferiu (e), seja falsa. Portanto, em nosso exemplo, todas as seguintes afirmações são verdadeiras: (i) (e) é verdadeira, (ii) Smith crê que (e) é verdadeira e (iii) Smith está justificado a crer que (e) é verdadeira. Contudo, é igualmente claro que Smith não sabe que (e) é verdadeira; pois (e) é verdadeira em virtude do número de moedas no bolso de Smith, ao passo que Smith não sabe quantas moedas há em seu bolso e sua crença em (e) se baseia na contagem do número de moedas no bolso de Jones, que ele falsamente acredita ser o homem que ganhará o emprego.
> (Gettier, 2013, p. 126)

Apesar da força desses argumentos, questionar a validade da lógica indutiva ainda não é o suficiente, pois existem outras questões importantes a serem vistas: a quantidade e a qualidade das observações que apoiam as premissas, o problema da imparcialidade das observações e a circularidade dos argumentos indutivos. Em relação à quantidade das observações, fica a pergunta: Quantas observações constituem um grande número? Claro que existem cálculos estatísticos que podem nos orientar, por exemplo, a estabelecer a quantidade de casos de câncer de pulmão associados ao tabagismo, mas, ainda assim, por melhor que sejam os métodos, nenhum trabalho científico pode ser considerado absoluto. Há pouco tempo, por exemplo, a relação entre úlcera péptica e estresse era praticamente inquestionável. Essa relação passou a ser contestada quando foi descoberto que a bactéria *H. Pylori* é a causa dessa doença. Mesmo assim, ninguém ficaria surpreso se aparecesse outro agente etiológico para a úlcera péptica em algum trabalho futuro. Ao que parece, **a única certeza da indução é a incerteza**.

Paradoxalmente, há casos em que apenas um exemplo basta para convencer alguém da verdade de uma proposição, como o lançamento da bomba nuclear em Hiroshima, que não deixou dúvida sobre o poder destrutivo desse engenho. Contudo, não podemos esquecer que o objetivo da indução não é fornecer provas inquestionáveis e definitivas, mas efetuar um cálculo de probabilidades para validar hipóteses. Caso contrário, a ciência seria totalmente inútil. Quando muito, a indução poderá ter valor utilitário, mas isso não basta para uma teoria do conhecimento ser elaborada.

Outro argumento importante sobre a validade das conclusões obtidas pelo indutivismo está relacionado à imparcialidade do observador. Afinal, é muito difícil nos desvencilharmos de todas as nossas teorias prévias diante de um fenômeno ou de uma imagem. Um observador sonolento vê um avião cruzar o céu. Ele pode interpretar essa cena como um exemplo de voo tranquilo. Outro observador, no entanto, que sofra de algum transtorno de ansiedade, talvez acredite que o voo parece estranho e que o piloto esteja tentando fazer um pouso forçado. Eles viram a mesma cena, mas cada um fundamentou sua versão com base em seu conhecimento empírico, e provavelmente ambos confiam na veracidade de suas respectivas interpretações. Outro exemplo seria averiguar como nos sentimos diante de uma imagem com que estamos acostumados ao lado de outra, que desafia nossa compreensão. Observe a seguir a Figura 1.6.

> O objetivo da indução não é fornecer provas inquestionáveis e definitivas, mas efetuar um cálculo de probabilidades para validar hipóteses.

Figura 1.6 – *Quantas patas tem cada elefante nessa ilustração?*

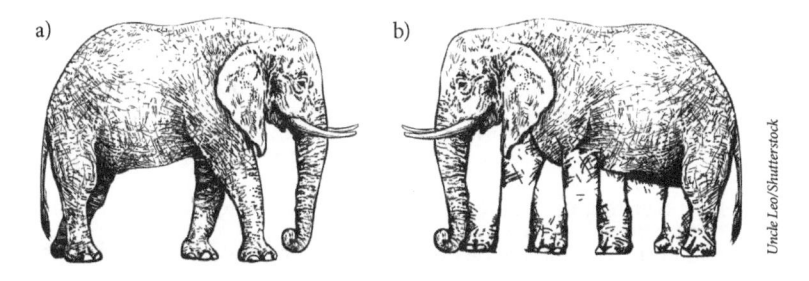

Fonte (b): Adaptado de Shepard, 1990.

Perceba que a ilustração do elefante da esquerda (a) pouco nos afeta, mas a da direita (b) causa certa aflição, pois sabemos que elefantes têm quatro patas e estamos convictos da aparência delas.

Mesmo se todas as experiências perceptivas fossem idênticas, a criação de uma teoria científica fundamentada nos princípios da indução ainda seria questionável, pois a indução trata as experiências individuais como se fossem públicas. Por exemplo: um cientista como Galileu contribuiu muito para o conhecimento geral quando colocou suas observações privadas à disposição de outros cientistas, para que todos tentassem formular uma teoria mais generalizada. Por outro lado,

A explicação indutivista requer a derivação de **afirmações** *universais a partir de* **afirmações** *singulares, por indução. O raciocínio indutivo, bem como o dedutivo, envolve o relacionamento entre vários conjuntos de afirmações, e não relacionamentos entre afirmações por um lado e experiências perceptivas por outro.* (Chalmers, 1993, p. 45, grifo do original)

Finalmente, temos a hipótese do **argumento circular**. De acordo com Hume (2009), o argumento proposto para justificar a indução é circular, pois emprega o próprio argumento indutivo, cuja validade supostamente precisa de justificação. Observe o exemplo a seguir.

- O princípio da indução foi bem-sucedido na ocasião x1.
- O princípio da indução foi bem-sucedido na ocasião x2.
- O princípio da indução é sempre bem-sucedido.

Como visto anteriormente, o princípio da indução – embora muito popular entre os cientistas de hoje e entre os teóricos da mente das linhas materialistas, como o behaviorismo e o funcionalismo – é fraco como teoria do conhecimento, pois ignora que explicações também dependem de fatores sociais, psicológicos, biológicos e até mesmo quânticos. Por essa razão, nos próximos capítulos, examinaremos outras teorias do conhecimento, que são mais úteis para validar as teorias sobre a mente e o consciente.

1.2.5 Falsificacionismo

O falsificacionismo foi uma resposta crítica feita por Karl Popper (2013) ao critério, proposto pelos pensadores do Círculo de Viena, de que o conhecimento científico é aquilo que pode ser verificado de maneira empírica. Para esses pensadores, que também ficaram conhecidos como *empiristas lógicos*, existem apenas duas variedades de conhecimento:

o **analítico**, que é justificado por provas formais; e o **científico**, verificado empiricamente. O falsificacionismo, contudo, não admite a observação imparcial proposta por Galileu, Descartes e outros positivistas. Segundo os falsificacionistas, essas teorias que apoiam as observações são úteis, mas não necessariamente verdadeiras, e devem ser aperfeiçoadas ou substituídas por novas teorias à medida que a pesquisa prossegue. Elas seriam teorias especulativas criadas especificamente para ser rigorosamente testadas por observação e experimento, a fim de adquirir uma forma *ad hoc*. Dessa maneira, o conhecimento seria criado, construído, e não descoberto em conjuntos de dados empíricos.

Popper (2013) chamou sua teoria de **racionalismo crítico**, uma vez que ela cria, por intermédio da dedução lógica, uma conclusão (*explicandum*) com base em um conjunto de premissas (*explicans*). Visto dessa forma, aquilo que está sendo explicado parte de uma lei universal, que se associa a uma condição específica para se chegar a uma explicação. Por exemplo, podemos considerar a lei universal de que a resistência elétrica varia com a temperatura. Uma condição específica seria constatar que, em dado momento, a temperatura de um fio de cobre variou de 20 °C para 6 °C. Para se chegar a um *explicandum* cada vez mais sofisticado, são conduzidos experimentos envolvendo outros fatores, como o tipo de material usado – etapa em que se constatará que a natureza do material determina o grau de sensibilidade à variação da resistência elétrica. No entanto, se a temperatura for abaixada para o zero absoluto, por meio do uso de mercúrio, de cádmio, de estanho ou de chumbo, a resistência elétrica desaparecerá. Isso não quer dizer que a lei tenha sido derrubada, pois a resistência elétrica variou até determinado ponto. O que ocorre é que ela sofreu uma drástica modificação, pois a lei original não previa o desaparecimento da resistência, ou seja, que ela parasse de variar. Essa descoberta abriu campo para uma nova concepção de condução elétrica, proporcionando a criação de uma nova teoria: a teoria dos supercondutores, que no momento está na sua fase inicial, gerando *explicandums* cada vez mais surpreendentes.

Segundo Popper (2013), a lógica dedutiva desempenha um papel específico no progresso do conhecimento científico. Observe os itens a seguir.

- A dedução transmite a verdade do *explicans* para o *explicandum*, ou seja, sendo verdadeiras as leis e as condições específicas, a conclusão será necessariamente verdadeira.

> Primeira premissa: Todos os metais são condutores elétricos.
> Segunda premissa: O cobre é metal.
> Conclusão: O cobre é condutor elétrico.

- A dedução retransmite a falsidade do *explicandum* para o *explicans*; ou seja, se a conclusão é falsa, então uma das premissas é falsa.

> Primeira premissa: Todos os metais são condutores elétricos.
> Segunda premissa: O vidro é metal.
> Conclusão: O vidro é condutor elétrico.

- A dedução retransmite a verdade do *explicandum* para o *explicans*. Assim, sendo a conclusão verdadeira, o *explicans* poderá ser parcialmente ou totalmente falso. Em outras palavras, é possível se chegar a conclusões verdadeiras por meio de premissas falsas (Popper, 2013).

> Primeira premissa: Todos os metais são condutores elétricos.
> Segunda premissa: O carvão é metal.
> Conclusão: O carvão é condutor elétrico.

Tendo em vista o que foi abordado até aqui sobre a lógica dedutiva de Popper, podemos sintetizar os aspectos de sua epistemologia nas seguintes proposições:

- O conhecimento científico é descoberto em conjuntos de dados empíricos (observações e experimentações neutras, livres de pressupostos) – método indutivo é falso.
- Não existe observação neutra, livre de pressupostos. Todo conhecimento está impregnado de teoria.
- O conhecimento científico é criado, inventado, construído com objetivo de descrever, compreender e agir sobre a realidade.
- As teorias científicas não podem ser demonstradas como verdadeiras. São conjecturas, virtualmente provisórias, sujeitas a reformulações e reconstruções.
- Todo conhecimento é modificação de algum conhecimento anterior.

Uma das maiores dificuldades do falsificacionismo é: "se são dadas proposições de observações verdadeiras, então é possível deduzir logicamente a falsidade de certas proposições, mas não é possível deduzir a veracidade de qualquer proposição de observação" (Chalmers, 1993, p. 91). Isso pressupõe observações infalíveis, o que nem sempre acontece. Portanto, falsificações conclusivas não são possíveis. Um bom exemplo de observação infalível seria submeter um pedaço de carvão à análise química e constatar que não existem critérios suficientes para provar que o carvão seja um metal. Por outro lado, a observação de que a Lua parece maior quando está no horizonte é falível, pois medidas precisas mostram que a Lua só aumenta de tamanho quando está mais próxima da Terra.

Uma defesa de Popper (2013) é que a falsificação ou a confirmação de uma teoria não precisa ser imediata, podendo ocorrer ao longo do tempo. Por exemplo, quando Galileu observou que Júpiter tinha duas Luas, seus críticos argumentaram que isso não passava de uma aberração óptica do seu telescópio. Hoje em dia, os telescópios são bons o suficiente não só para confirmar as observações de Galileu, mas também para descobrir mais Luas em torno desse e de outros planetas.

O falsificacionismo também pode ser refutado em bases históricas. Muitas teorias, como as de Newton, Niels Bohr (1885-1962) e outros, poderiam ter sido, de início, falsificadas por observação, mas sobreviveram pela persistência dos seus propositores. Um bom exemplo disso é a contestação de Tycho Brahe (1546-1601) da tese copernicana. Segundo ele, se a Terra girasse em torno do Sol, então a direção na qual uma estrela fixa é observada da Terra deveria variar durante o curso do ano. Hoje em dia, sabemos que esse fenômeno de paralaxe é demasiadamente pequeno para ter sido detectado pelos instrumentos de Brahe. Em suma, o falsificacionismo, tão atraente no começo, está sujeito a severas críticas em outras linhas de pensamento. É uma teoria que pode ser derrotada pelos próprios princípios.

1.2.6 Teorias como estruturas: Lakatos e Kuhn

Como até aqui exposto, as proposições devem ser apresentadas com base em alguma teoria. Consequentemente, quanto mais precisa for a linguagem teórica, mais claras serão as proposições. Também foi possível constatar que tanto o indutivismo quanto o falsificacionismo apresentam inconsistências teóricas, não oferecendo a estrutura necessária para o estudo de assuntos mais complexos, como a questão da mente e da consciência. Quadros mais adequados, capazes de apontar o caminho para a formulação de programas de pesquisa – dignos da abrangência que assuntos como o estudo da mente necessitam – teriam de incluir um espectro mais amplo, que englobasse fatores como o histórico, o social, o psicológico e o metafísico. A capacidade humana de compreensão é tão limitada que nossa visão do mundo sempre será incompleta, como se enxergássemos tudo através de um buraco de fechadura – ou, para usar um exemplo mais famoso, como se estivéssemos na caverna de Platão.

Estabelecer um conceito é importante, mas, se ele não for articulado a outros conceitos, pode ser difícil compreendê-lo em uma escala maior, pois a mente humana tende a ver o mundo de maneira fragmentada, embora a realidade seja um todo estruturado. Generalizações na ciência resultam da análise de fatos isolados que ganham relevância quando se repetem ou são confirmados por diversas observações independentes, sendo isso conhecido como raciocínio indutivo. Da mesma forma, as generalizações alcançadas em um campo da ciência podem ser úteis para tirar conclusões em outras áreas. Um bom exemplo disso ocorre no campo do direito positivo, em que os métodos usados para estabelecer leis jurídicas podem ser os mesmos das leis químicas, que não se baseiam em princípios morais, mas na rigorosa metodologia positivista.

Imre Lakatos (1922-1974) desenvolveu sua descrição da ciência como uma "tentativa de melhorar o falsificacionismo popperiano e superar as objeções a ele" (Chalmers, 1993, p. 101). Essa descrição parte de uma estrutura* com, pelo menos, dois componentes básicos. Primeiramente, existe aquilo que Lakatos chama de **núcleo irredutível** (*hard core*) (Silveira, 1996). O conceito de núcleo irredutível propõe que certos conceitos básicos de uma teoria não podem ser mudados sem que a teoria inteira se desestruture. Assim, o núcleo irredutível assume a forma de uma hipótese teórica, expressa em termos gerais, que constitui

---

* Diferentemente do sistema popperiano, que não apresenta estrutura definida.

a base em que o programa deve se desenvolver. No caso do sistema copernicano, por exemplo, o núcleo irredutível seria a suposição de que a Terra realiza uma órbita em torno do Sol com duração de um ano, ao mesmo tempo que gira ao redor de seu próprio eixo a cada 24 horas. Quando Tycho Brahe erroneamente afirmou que a Terra era fixa e que era o Sol que girava ao redor dela, a teoria copernicana foi completamente abandonada, pois aparentemente seu núcleo irredutível foi atingido. Era nesse ponto que Lakatos discordava de Popper: para ele, existia uma parte infalsificável nas teorias científicas.

> O conceito de núcleo irredutível propõe que certos conceitos básicos de uma teoria não podem ser mudados sem que a teoria inteira se desestruture.

O que torna esse núcleo infalsificável é aquilo que Lakatos (1979) chama de **cinturão protetor**, uma maneira de proteger uma ideia central de tal forma que alterações subsequentes não modifiquem seu conteúdo empírico. Esse cinturão é formado tanto pelas hipóteses auxiliares explícitas, que suplementam o núcleo irredutível, como pelas eventuais modificações de condições iniciais e dados de observações. Por exemplo, Nicolau Copérnico (1473-1543) considerava a existência de planetas girando em torno do Sol de maneira circular; Johannes Kepler (1571-1630) descobriu que as órbitas são elípticas. Dessa forma, o núcleo irredutível de Copérnico foi protegido com a modificação dos epiciclos, sem prejudicar a ideia inicial. Da mesma maneira, tanto a linguagem de observação foi melhorando, em virtude da criação de novos telescópios, quanto as condições iniciais, tendo em vista a adição de novos planetas. Para Lakatos, essa estrutura deflete as críticas feitas ao núcleo irredutível para o cinturão protetor.

No programa de Newton, por exemplo, esse papel foi exercido, entre outros, pela geometria óptica e pela teoria da refração na atmosfera.

Se os movimentos de corpos celestes observados não estavam de acordo com a teoria central de Newton, então essas observações deveriam ter sido distorcidas pela atmosfera ou por uma teoria óptica que precisava de melhorias (Larvor, 1998).

O cinturão protetor muda o tempo todo, em parte por causa dos desenvolvimentos empíricos, em parte pela condução de programas de pesquisa baseados em um conceito heurístico*. A ideia central da solução de Lakatos é entender a história da ciência como a história dos atritos entre programas de pesquisa: alguns progridem; outros se degeneram. Portanto, uma disciplina é científica quando programas progressivos triunfam sobre programas degenerescentes.

As abordagens de Lakatos (1979) e Kuhn (1998) apresentam algumas características semelhantes, mas diferem em outros aspectos, principalmente no que diz respeito às estruturas que propõem. Os dois autores adotam uma abordagem estruturada: ambos fogem do ceticismo de Popper, que enfatiza mais a falsidade de uma teoria do que seus aspectos evolutivos. No entanto, a diferença principal entre esses autores é a ênfase dada por Kuhn (1998) aos aspectos funcionais dos vários componentes de sua estrutura.

> No início do primeiro capítulo de seu trabalho mais importante, *A estrutura das revoluções científicas*, Kuhn (1998, p. 19) declara que: "Se a história fosse vista como um repositório para algo mais do que anedotas ou cronologias, poderia produzir uma transformação decisiva na imagem de ciência que atualmente nos domina".

---

* Aqui, o termo *heurístico* quer dizer "coleção de técnicas para a resolução de problemas". Para Lakatos, isso significa uma teoria geral para mudanças racionais de um estado de conjectura ao outro (Larvor, 1998, p. 523).

O principal elemento da teoria de Kuhn é o caráter revolucionário do progresso científico. Segundo ele, em um processo histórico, certas teorias científicas são substituídas por outras, de modo que a anterior se torna incompatível com sua sucessora (Kuhn, 1998). Nessa mesma perspectiva, a ciência constitui uma constelação de fatos, teorias e métodos, e os cientistas são aqueles que se esforçam para acrescentar mais elementos nessa constelação. Às vezes eles são bem-sucedidos, às vezes, não. O desenvolvimento científico passa a ser, então, um acúmulo gradativo de fatos, de observação, de ideias, enfim, de quaisquer obstáculos que possam inibir esse acúmulo.

De acordo com o autor, preocupado com o desenvolvimento científico, o historiador assume duas tarefas principais: de um lado, ele precisa determinar qual pesquisador realizou a descoberta ou a invenção, em que período ocorreu cada fato, lei e teoria; do outro, precisa descrever e explicar erros, mitos e superstições que possam ter atrapalhado o conhecimento (Kuhn, 1998).

Observe agora o esquema a seguir.

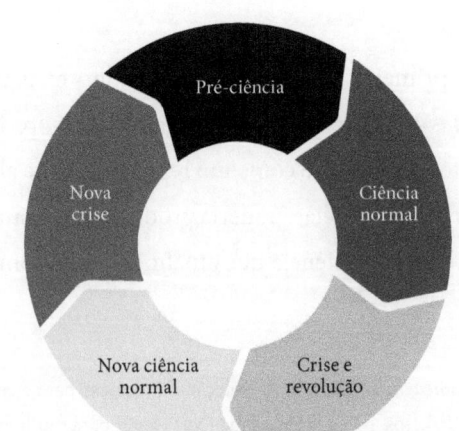

Figura 1.7 – Ciclo de Kuhn

Fonte: Elaborado com base em Kuhn, 1998.

No período chamado *pré-ciência*, todas as atividades científicas estavam desorganizadas. Tendo em vista que a ciência, em geral, se assemelha a uma "resolução de quebra-cabeças", era necessário que esse trabalho heurístico fosse orientado por leis explicitamente declaradas e suposições teóricas comparáveis ao núcleo irredutível de um programa de pesquisa lakatosiano. Assim, surge a chamada *ciência normal*, que é a pesquisa firmemente baseada em uma ou mais conquistas reconhecidas – por alguma comunidade científica – como suficientes para determinar sua continuidade. Hoje em dia, esses feitos são contados e recontados nos livros-texto científicos. Nesses textos, encontramos o corpo da teoria aceita, assim como suas aplicações úteis e as observações e os experimentos que a caracterizam. Por isso, esses textos puderam, durante algum tempo, definir para gerações futuras os legítimos problemas e métodos pertencentes a um campo de pesquisa.

Isso se deve a duas características essenciais: (1) proposta atraente da comunidade científica –que provocou novas adesões e, consequentemente, o abandono das teorias competidoras; (2) novas teorias abertas o bastante para deixar aos novos pesquisadores o material adequado para que o programa científico fosse adiante. Os elementos que preenchem essas duas características são os **paradigmas**.

Ao escolher esse termo, queremos sugerir que alguns exemplos aceitos da prática científica atual – leis, teorias, aplicações e instrumentações em conjunto – fornecem modelos por meio dos quais podem surgir tradições coerentes particulares de pesquisa científica. O estudo dos paradigmas, incluindo alguns mais especializados que os descritos anteriormente, é o que prepara o estudioso para pertencer a determinada comunidade científica. Assim, ele se junta a homens cuja base científica se sustenta nos mesmos modelos, de modo que suas pesquisas futuras dificilmente vão se desviar daquilo que é fundamental. Aqueles que compartilham paradigmas obedecem às mesmas regras e padrões. Esse tipo de consenso é pré-requisito para a ciência normal, isto é, para a gênese e a continuidade de uma tradição de pesquisa em particular (Kuhn, 1998).

Visto assim, um paradigma sustenta uma ciência normal, orientada por normas, que procura uma articulação com a natureza ao fornecer regras teóricas e experimentais. Um paradigma sempre será suficientemente **impreciso** e **aberto** a melhorias – realizadas por meio de novos experimentos e dados de observação –, contanto que não se ataque o núcleo irredutível da teoria em questão.

> O relativismo é uma corrente proposta por Kuhn (1998). De acordo com essa teoria, não há como comparar teorias rivais por meio de um padrão universal e não histórico. Pelo contrário, aquilo que é considerado melhor ou pior em relação às teorias científicas varia conforme fatores mais amplos, como o pensamento individual, a situação econômico-social do cientista e, principalmente, o contexto histórico da teoria.

Para Kuhn (1998), a resolução de problemas na ciência normal, que pode ser de natureza tanto teórica quanto experimental, é orientada pelo paradigma. Os cientistas orientados por normas paradigmáticas confiam no paradigma para a resolução de problemas. Por exemplo, o paradigma da teoria cartesiana da mente, denominado *dualismo de substância*, pressupõe que mente e cérebro têm existências distintas e podem interagir livremente entre si. No dualismo de propriedades, por outro lado, a mente não tem uma existência própria, sendo apenas uma propriedade do cérebro. Agora, se formos tratar do problema da existência da alma, um desses paradigmas poderia argumentar a seu favor, e o outro, contra. A existência de uma alma que pode sobreviver ao corpo é um componente do núcleo irredutível do paradigma cartesiano da mente.

É importante para a ciência normal que o cientista acredite no paradigma de maneira tácita. Quando seu paradigma for ameaçado por um rival, o cientista normal irá à defesa, sendo preciso que ele detalhe as leis gerais, os princípios metafísicos e metodológicos etc. Quando isso não for possível, seu paradigma entra em crise e ele passa para a outra fase.

A **ciência normal** é um empreendimento altamente cumulativo e, na maioria das vezes, muito bem-sucedido e produtivo – haja vista os grandes avanços tecnológicos da neurociência moderna, por exemplo. No entanto, não é objetivo da ciência normal encontrar novidades; pelo contrário, ela considera uma teoria de sucesso aquela que não encontra novidades, ou prova que as novidades não são tão novas assim. Suas deduções são precisas e cristalinas. Quando se diz que os homens são mortais e que Sócrates é um homem, não há contradição aparente em dizer que Sócrates é mortal. No entanto, é preciso acreditar que a mortalidade seja um fato sólido a ponto de constituir um paradigma.

Fenômenos novos e inusitados não param de aparecer no cenário científico, resultando em uma sucessão de novos paradigmas.

O exame histórico nos sugere que o empreendimento científico desenvolveu uma técnica particularmente eficiente na produção de surpresas dessa natureza. [...] Produzidas inadvertidamente por um jogo realizado segundo um conjunto de regras, sua assimilação requer a elaboração de um novo conjunto. (Kuhn, 1998, p. 78)

É desta maneira que o início de uma descoberta ocorre: com a percepção de uma anomalia, frustrando as expectativas geradas pela velha teoria. Descobertas são, portanto, a maior causa de mudanças de paradigmas, mas não as únicas. Formulações de novas teorias também são poderosos transformadores de paradigmas. São as falhas das regras atuais que incentivam a procura de novas regras.

No entanto, uma das ideias mais interessantes de Kuhn (1998) é a de que a mera existência de uma anomalia não é suficiente para criar uma crise que mude um paradigma. É somente sob conjuntos especiais de condições que as anomalias podem se desenvolver de maneira a solapar um paradigma: "Uma anomalia será considerada particularmente séria se for vista atacando os próprios fundamentos de um paradigma e resistindo, entretanto, persistentemente, às tentativas dos membros de uma comunidade científica normal para removê-la" (Chalmers, 1993, p. 129). Isso é tão verídico que uma crise suficientemente séria para abalar um paradigma traz consigo problemas não apenas de ordem científica e histórica, mas também de ordem psicológica:

> *Além disso, [...] a consciência da anomalia persistirá por tanto tempo e penetrara tão profundamente na comunidade científica que é possível descrever os campos por ela afetados como em estado de crise crescente. A emergência de novas teorias é geralmente precedida por um período de insegurança profissional pronunciada, pois exige a destruição em larga escala de paradigmas e grandes alterações nos problemas e técnicas da ciência normal. Como seria de esperar, essa insegurança é gerada pelo fracasso constante dos quebra-cabeças da ciência normal em produzir os resultados esperados.* (Kuhn, 1998, p. 95)

Para Kuhn (1998), a transformação de paradigmas científicos sempre ocorre de maneira traumática, provavelmente em razão da própria natureza humana, tão resistente a mudanças. Outro fator importante é que os avanços da ciência quase sempre são acompanhados por alterações sociais que contribuem para a sensação de instabilidade das pessoas, aumentando sua resistência ao progresso – tanto científico quanto social.

A seriedade de uma crise se aprofunda quando aparece um paradigma rival: "o novo paradigma, ou uma indicação suficiente para permitir uma posterior articulação, emerge repentinamente, algumas vezes no meio da noite, na mente de um homem profundamente em crise." (Kuhn, 1998, p. 121).

A história está repleta de exemplos dessa natureza: quando Newton, supostamente portador de transtorno bipolar, intuiu os princípios que o levou a elaborar sua teoria da gravidade, estava em um conflito intenso com Leibniz sobre quem descobrira o cálculo. Ambos estavam envolvidos na grande revolução científica de sua época, em que os paradigmas religiosos vigentes entraram em sério conflito com uma nova visão de mundo. Da mesma maneira, Darwin, portador de agorafobia, uma variante da síndrome do pânico, chocou a sociedade a tal ponto com sua teoria da evolução que teve medo de publicar seus achados, o que o levou a adiar a revelação de seu livro por muitos anos.

Uma nova teoria parece ser uma resposta direta a uma crise de paradigmas. No entanto, isso nem sempre ocorre de maneira típica, e o desmantelamento da teoria antiga, por vezes, deve-se a características que já vinham sido notadas há muito tempo. Falhar na resolução de um novo problema, muitas vezes, é decepcionante, mas nem sempre surpreende. Em geral, os problemas não cedem ao primeiro ataque. Outras vezes, a solução já estava disponível há algum tempo, mas por alguma razão foi deixada de lado, tanto antes da crise quanto no período em que a crise foi ignorada.

Como é possível notar, as crises antecedem o aparecimento de um novo paradigma. Tendo isso em vista, é importante analisar como os cientistas, de maneira geral, reagem às crises e em que condições essa reação possibilita uma mudança de paradigma. Na grande maioria das vezes, quando confrontados por novos dados de observação e experimentos, ou mesmo quando a percepção de novas premissas surge como uma epifania que os leva à crise, a reação mais comum dos cientistas é não renunciar ao seu núcleo irredutível, pois eles "não tratam as anomalias como contra-exemplos do paradigma, embora, segundo o vocabulário da Filosofia da Ciência, estas sejam precisamente isso" (Kuhn, 1998, p. 107). Mesmo quando uma teoria atinge o *status* de novo paradigma, a teoria científica anterior só é declarada inválida quando um candidato alternativo ocupa seu lugar.

Nenhum processo ainda revelado pelo estudo histórico do desenvolvimento científico se assemelha ao estereótipo metodológico da falsificação por comparação direta com a natureza. Isso não quer dizer que os cientistas não rejeitem as teorias científicas – ou que a experiência e o experimento não sejam essenciais –, e sim que o ato do julgamento que os leva a rejeitar uma teoria anterior está sempre fundamentado em mais do que uma comparação daquela teoria com o mundo. A decisão de rejeitar um paradigma é quase simultânea ao processo de aceitar outro, e o juízo que leva a essa decisão envolve a comparação dos paradigmas entre si e com a natureza.

Talvez um dos pontos mais importantes da visão kuhniana acerca das revoluções científicas seja que o mundo também muda à medida que os paradigmas se transformam. Guiados por esses novos paradigmas, os cientistas adotam outros instrumentos e procuram informação em novos lugares. Na neurociência, por exemplo, as novas descobertas no campo da biologia molecular, da genética e das técnicas de imagem – como a ressonância magnética –, simultâneas aos fenômenos sociais – como a globalização e o impacto da informática –, têm colocado em crise alguns paradigmas (como o dualismo) e criado novos (como o funcionalismo).

Para Kuhn (1998), mudanças de paradigmas fazem os cientistas adquirir um novo olhar sobre seu ambiente de pesquisa porque o mundo em torno deles mudou também. O novo olhar é fruto de uma nova forma de perceber as coisas: "Somos levados a suspeitar de que alguma coisa semelhante a um paradigma é um pré-requisito para a própria percepção" (Kuhn, 1998, p. 148). Para o autor, o recém-convertido ao copernicanismo, por exemplo, é alguém que, ao contemplar a Lua, não diria "Eu antes via um planeta, mas agora vejo um satélite", pois apenas essa afirmação não contradiz o sistema ptolemaico, uma vez que não se pode inferir que a Terra gira em torno do Sol apenas com base nela. Em vez disso, talvez ele possa dizer: "Eu antes via a Lua como um planeta, mas agora percebo que estava errado".

A própria vida de Copérnico é um bom exemplo de como a mudança de ambiente, o pertencimento a determinada época e a detenção de conhecimentos incomuns entre seus pares (no caso dele, a língua grega) são importantes na formulação de um paradigma.

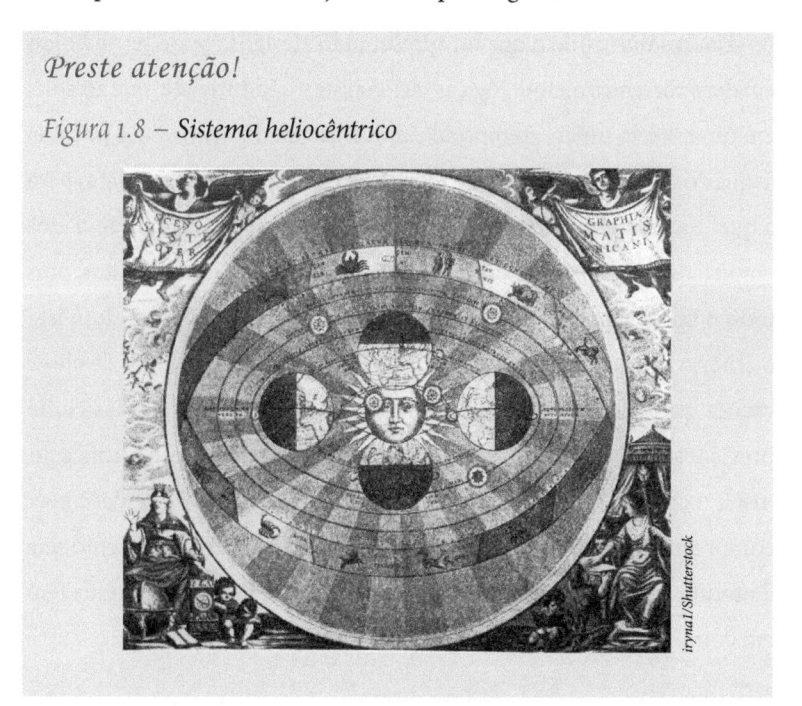

Preste atenção!

Figura 1.8 – **Sistema heliocêntrico**

Nicolau Copérnico nasceu em Torun, na Polônia. Foi criado pelo tio Lucas Watzenrode, pois perdeu o pai, um bem-sucedido comerciante cracoviano, aos 10 anos. Pertencente ao clero, Lucas direcionou a educação do jovem Nicolau até que este ingressasse na Universidade de Cracóvia, em 1491, época em que desenvolveu interesse pela matemática, pela astronomia e pela astrologia. Em 1497, Copérnico foi para a Universidade de Bolonha para estudar direito canônico, e lá conheceu Antonio Cortesi Urceo, também chamado de Codro. Com Codro, Copérnico se familiarizou com a língua grega, pouco conhecida naquela época, o que lhe permitiu conhecer a obra de Ptolomeu (100-168), que ainda não tinha sido traduzida para o latim. Provavelmente, a combinação de todos esses fatores lhe propiciaram a criação de seu famoso paradigma.

Em resumo, tudo o que foi apresentado até agora pode ser dividido em duas correntes metodológicas racionalistas: a **indutivista**, que acredita em um critério único, atemporal e universal, mediante o qual é possível avaliar os méritos relativos de teorias rivais; e a **falsificacionista**, para a qual o conhecimento científico é descoberto em conjuntos de dados empíricos, não existindo observação neutra, livre de pressupostos, pois todo o conhecimento está impregnado de teoria. Para um indutivista, o critério universal é composto por condições iniciais nascidas de observações que, por meio da indução, levam a leis e teorias usadas como previsões e explicações dos fenômenos estudados. Para um falsificacionista, o conhecimento científico é criado com o objetivo de descrever, compreender e agir sobre a realidade, embora todo conhecimento seja a modificação de algum conhecimento anterior. Os dois métodos têm em comum o caráter universal, e não histórico.

1.2.7 A revolução conceitual de Thagard

Na década de 1990, o filósofo canadense Paul Thagard (1950-) apresentou uma teoria baseada na de Kuhn, mas com algumas modificações, e transformou o conceito *revoluções estruturais científicas* em *revoluções conceituais*. Nessa perspectiva, a ciência teria características tanto estruturais quanto dinâmicas. Assim, além dos componentes comuns a todas as disciplinas, como linguagem, conhecimento e método, a ciência também apresentaria fatores **conceituais** (internos), representados por questões teóricas, empíricas e heurísticas; e fatores **contextuais** (externos), como questões sociais, econômicas, políticas e históricas, refletidas, em última análise, nos valores das instituições científicas em que as pesquisas são realizadas (Thagard, 1992).

Thagard difere de Kuhn ao rejeitar a explicação puramente subjetiva da mudança conceitual, referente à opção sociológica relativística e à interpretação de que mudanças conceituais são apenas de natureza linguística. Para Thagard, o que realmente importa na visão de Kuhn é a ideia das **revoluções na ciência**.

Por meio do estudo de dinâmica teórica, racionalidade e explicação, Thagard (1992) estabelece três pontos básicos de sua teoria:

1. As novas mudanças científicas diferem das mais antigas na medida em que as incorporam. Não há a ruptura sugerida por Kuhn. Mesmo assim, as teorias não são cumulativas, pois algumas proposições teóricas são rejeitadas, e outras não.
2. Existe certa continuidade nas revoluções científicas que as justifica como racionais. Isso distancia Thagard do relativismo de Kuhn.
3. A explicação tem muitos desdobramentos: dedutivo, estatístico, esquemático, analógico, causal e linguístico.

Em outras palavras, há uma **base racional** nas revoluções científicas, de modo que os mecanismos de mudança são pertencentes à ciência – a qual tem a capacidade de se autocorrigir. Isso é muito diferente da incomensurabilidade das teorias competitivas e do relativismo propostos por Kuhn. Assim, tem-se uma noção de universalidade, como é sugerido no núcleo irredutível de Lakatos. Podemos esperar, portanto, que as teorias da mente tenham algo em comum, por mais diferentes que pareçam, e que os fatores externos à ciência sempre mantenham uma importância decisiva, embora a ênfase maior esteja na unidade da ciência.

Talvez o ponto mais importante que Thagard defende seja a racionalidade como elemento insubstituível nas revoluções científicas. Em uma comparação com Kuhn, constatamos algumas diferenças.

Considera-se que a ideia kuhniana de que o elemento psicológico é decisivo para a conversão de teorias antigas em novas pouco tem a ver com a mudança científica:

- É fácil ver as limitações dos modelos dos sociólogos da ciência quando estes tentam explicar o desenvolvimento científico sem o racionalismo*.
- É limitada a analogia que Kuhn (em seu terceiro período)** faz dos sistemas conceituais e da linguagem.

É por esses motivos que escolhemos a linha de Thagard como orientação metodológica para esse trabalho. O primeiro capítulo do artigo de Marcus Jacobsen ilustra bem os argumentos que fundamentam nossa escolha:

---

* *Racionalismo* é compreendido aqui como uma corrente metodológica, não como uma crítica da razão em si.

** O foco linguístico é o terceiro período teórico-metodológico de Kuhn.

As teorias de neurociência são modelos mentais construídos para explicar os significados das nossas observações do sistema nervoso. A neurociência se fundamenta na crença de que nossos modelos são representações verdadeiras de alguma forma de realidade objetiva. Os modelos teóricos do sistema nervoso têm sua própria estrutura interna, assim como sua dinâmica de reestruturação. No entanto, os modelos teóricos não são autônomos. Eles fazem parte de estruturas mais amplas de base social, cultural e antropológica. Num nível ainda mais profundo, nossos modelos teóricos estão incluídos no processo evolucionário que se expressa em nossos processos neurais e mentais. [...] considerando que uma teoria neurobiológica nada mais é que uma representação mental da realidade, temos de nos perguntar o quão aproximadas essas representações estão da realidade e como podemos saber se um modelo teórico é verdadeiro ou falso. O realista acredita que uma explicação científica é possível apenas porque a inteligência humana, assim como a linguagem, tem evoluído ao mesmo tempo que a realidade. O progresso da ciência pode ser mensurado pela crescente coerência entre aquilo que é observado e o que os modelos teóricos sugerem, assim como a precisão das previsões feitas a partir deles. (Jacobsen, 1993, p. 1, tradução nossa)

Há diferenças entre os modelos porque os pesquisadores fundamentam-se nas próprias interpretações dos fenômenos observados. Um dos maiores problemas é compreender como modelos diferentes que representam aspectos distintos do mesmo fenômeno podem ser unificados em outro modelo que represente um consenso dessas concepções. Essa não equivalência é muito importante, visto que nenhuma ideia isolada tem uma boa chance de estar correta. Dessa forma, modelos alternativos convergem e divergem na medida que alguns de seus componentes são transferidos de um modelo para outro. É nesse sentido que pedimos para você considerar a enorme diversidade de modelos apresentados, pois isso despertará novas ideias para novos caminhos.

Síntese

Explicamos, neste primeiro capítulo, que qualquer teoria do conhecimento deve considerar algumas marcas essenciais da filosofia, que são representadas primeiramente pela busca do conhecimento por meio da racionalidade humana. Para isso, abordamos a concepção filosófica de diversos filósofos – desde a Grécia Antiga até a atualidade.

Inicialmente, destacamos o conhecimento procedimental – também conhecido como o *saber como fazer* –, que se refere ao conhecimento necessário para executar uma tarefa ou alcançar algum objetivo. Na sequência, estabelecemos sua comparação em relação ao conhecimento declarativo – também conhecido como *saber que* –, que diz respeito ao conhecimento a respeito de algum fato. Alguns teóricos não consideram necessário distinguir esses dois tipos de conhecimento, pois ambos agiriam de maneira interdependente. Mesmo assim, é difícil negar que o conhecimento tenha duas partes: uma de natureza intelectual, chamada pelos gregos antigos de *episteme*, e outra prática, chamada de *techné*.

Em seguida, tratamos das diferenças entre as concepções de espírito (Sócrates e Platão) e de universo (Aristóteles). Em termos de teoria do conhecimento, Sócrates e Platão concebem que a essência de todas as coisas pertence a um mundo metafísico, espiritual, no qual tudo o que está ao alcance do homem é uma espécie de cópia imperfeita. A perfeição se encontra no dito *mundo das ideias*. Já Aristóteles, contrapondo-se a seus antecessores, analisa o universo para refletir sobre a essência do ser.

Além disso, Aristóteles considera a ciência um sistema axiomático em que, com base em um primeiro princípio, são feitas inferências a respeito do objeto estudado. Os princípios são criados por meio da lógica indutiva. Como contribuinte da teoria do conhecimento, Aristóteles discordou da teoria das formas de Platão, colocando todos os objetos e ideias no mundo real, a fim de descobrir a essência de cada coisa e de criar tipos explanatórios básicos para a causa de cada uma, fundamentado em conceito de mudança. Dessa forma, Aristóteles consagrou-se por estar mais interessado no mundo dos fenômenos do que no mundo das ideias.

As concepções de espírito e de universo serviram de base para outras correntes filosóficas, como o racionalismo e o empirismo, que surgiram por volta do século XVI, na Europa renascentista. O racionalismo, cujo maior representante é René Descartes, fundamenta-se no inatismo e no uso do raciocínio e da lógica, tanto na investigação científica quanto na reflexão filosófica. Já o empirismo se opõe ao pensamento racionalista de que o ser humano tem ideias inatas ao conceber a mente como uma tábula rasa, ou seja, como uma espécie de papel em branco que só é preenchido por meio das experiências sensitivas. Um de seus maiores representantes foi John Locke.

Já no século XIX, surge um movimento analítico descendente da análise regressiva, conhecido como *positivismo*. Essa corrente coloca a observação acima da imaginação e da argumentação e introduz o conceito do *método científico*, tendo Auguste Comte como seu fundador. Em contraposição a esse movimento, a escola de Moore, Frege e Russell introduziu o uso de argumentos baseados nos significados dos termos e nas proposições como método analítico, algo que ficou conhecido como filosofia analítica, derivada da lógica formal. Atualmente, a filosofia analítica é representada por autores como C. S. Peirce e C. I. Lewis.

Na sequência, examinamos o conceito de *indutivismo*, um dos esteios principais do método científico, formado por dados provindos da experiência que obedecem a certas máximas, como a passagem do fato singular para uma generalização universal, algo que exige a confirmação de outros observadores. Nessa análise, não pode haver contradição dos termos assim formados. Em seguida, apresentamos uma crítica do indutivismo, cujos fatores – como o número e a qualidade das observações – podem alterar os resultados por não serem inteiramente confiáveis.

Em seguida, tratamos do falsificacionismo, que constitui uma resposta crítica feita por Popper ao indutivismo. Segundo os falsificacionistas, observações são úteis, mas não necessariamente verdadeiras, e devem ser aperfeiçoadas ou substituídas por novas teorias à medida que a pesquisa prossegue. Em razão de algumas inconsistências, o falsificacionismo, principalmente no campo da neurociência, vem sendo desafiado por outras teorias, que incluem fatores históricos, sociais, psicológicos, metafísicos e outros, capazes de apontar um caminho para a formulação de programas de pesquisa dignos da abrangência que assuntos como o estudo da mente necessitam.

Imre Lakatos desenvolveu sua descrição da ciência como uma tentativa de melhorar o falsificacionismo popperiano e superar suas objeções por intermédio de uma teoria fundamentada em uma estrutura formada por certos conceitos básicos, que não podem ser mudados, chamados de *núcleos irredutíveis*. Esse núcleo é cercado de outros conceitos que o protegem, os quais formam o cinturão protetor, capaz de mudar o tempo todo, em parte por causa dos desenvolvimentos empíricos, em parte pela condução de programas de pesquisa baseados em um conceito heurístico.

Kuhn formulou outra teoria estrutural, constituída de maneira diferente: certas teorias científicas são substituídas por outras, de modo que a anterior se torna incompatível com sua sucessora. Em seu modo de pensar, a ciência constitui uma constelação de fatos, teorias e métodos, e os cientistas são aqueles que se esforçam para acrescentar mais elementos nessa constelação.

Após os anos 1990, o filósofo Paul Thagard desenvolveu um método de pesquisa científica baseado em revoluções conceituais em vez de revoluções estruturais, fixadas na ideia das revoluções científicas, em que os mecanismos de mudança são internos à ciência, ou seja, a ciência tem a capacidade de se autocorrigir. Esta última foi a teoria escolhida para embasar a presente obra.

Indicações culturais

Livros

CATHCART, T.; KLEIN, D. **Platão e um ornitorrinco entram num bar...**: a filosofia explicada com bom humor. Tradução de José Rubens Siqueira. Rio de Janeiro: Objetiva, 2011.
Sugerimos a leitura dessa obra – especialmente das piadas referentes à filosofia da linguagem – por se tratar de um relato bem-humorado da filosofia de Platão.

PEIXOTO, K. R. **Subjetividade, ideias e coisas**: estudo crítico e tradução da primeira parte da Lógica de Port-Royal, I-VIII. 251 f. Tese (Doutorado em Filosofia) – Universidade Federal do Rio Grande do Sul, Porto Alegre, 2012. Disponível em: <https://www.lume.ufrgs.br/bitstream/handle/10183/61737/000865801.pdf?sequence=1>. Acesso em: 28 nov. 2017.
Para saber mais sobre a Lógica de Port-Royal, sugerimos a leitura dessa tese, que oferece uma análise mais aprofundada dos capítulos I a VIII da primeira parte da obra.

Filme

O SHOW de Truman: o show da vida. Direção: Peter Weir. EUA: Paramount Pictures, 1998. 103 min.
Truman Burbank (Jim Carrey) é um vendedor de seguros que, sem saber, é o protagonista de um programa de televisão transmitido

24 horas por dia. Alguns eventos de seu dia a dia o fazem começar a desconfiar e a questionar o que está acontecendo. Trata-se de uma alegoria do mito da caverna.

Site

BATISTELA, R. de F. et al. **Euclides de Alexandria**. 2 nov. 2011. Disponível em: <http://euclidesbiografia.blogspot.com.br/?view=classic>. Acesso em: 26 out. 2017.
Para quem quiser saber mais sobre as teorias matemáticas abordadas neste capítulo e a história da matemática, sugerimos os materiais disponibilizados nesse blog, desenvolvido pela professora Rosemeire de Fátima Batistela, da Universidade do Estado da Bahia (Uneb), para a disciplina de História da Matemática.

Atividades de autoavaliação

1. Assinale a alternativa que corresponde ao entendimento do conhecimento procedimental:
    a) Conhecer alguém é o mesmo que saber fazer alguma coisa.
    b) Trata-se do conhecimento adquirido exclusivamente pela razão.
    c) É aquele tipo de conhecimento que alguns gregos antigos chamavam de *techné*.
    d) Todas as alternativas estão corretas.

2. Em relação a Aristóteles, assinale a opção correta:
    a) Na obra aristotélica, as ciências podem ser divididas em três categorias principais: prática, política e mitológica.
    b) A palavra *metafísica* deriva de conversas entre Aristóteles e seu aluno Parmênides de Eleia.

- c) A ciência é um sistema axiomático cujo primeiro princípio auxilia na dedução das inferências a respeito do objeto de estudo.
- d) O objetivo principal de Aristóteles era alcançar coisas por meio do conhecimento, como tocar uma harpa ou curar uma doença.

3. A Lógica de Port-Royal é inspirada na obra de:
   - a) Sócrates
   - b) Meno
   - c) Parmênides
   - d) Aristóteles

4. Assinale a alternativa que corresponde às teses que **não** podem ser ligadas ao racionalismo:
   - a) Indução/dedução
   - b) Metafísica/matemática
   - c) Conhecimento inato
   - d) Conceito inato

5. Assinale a alternativa que corresponde ao falsificacionismo:
   - a) O conhecimento científico é descoberto em conjuntos de dados empíricos (observações e experimentações neutras e livres de pressupostos). O método indutivo é falso.
   - b) O conhecimento científico é descoberto em conjuntos de dados empíricos (observações e experimentações neutras e livres de pressupostos). O método indutivo é verdadeiro.
   - c) O conhecimento científico é descoberto em conjuntos de dados metafísicos (observações e experimentações neutras e livres de pressupostos). O método indutivo é verdadeiro.
   - d) O conhecimento científico é descoberto em conjuntos de dados inatos (observações e experimentações neutras e livres de pressupostos). O método indutivo é falso.

Atividades de aprendizagem

Questões para reflexão

1. Consulte os trabalhos indicados a seguir:

    CASTAÑON, G. A. John Searle e o cognitivismo. **Ciências & Cognição**, Rio de Janeiro, v. 8, p. 96-109, 2006. Disponível em: <http://www.cienciasecognicao.org/pdf/v08/cec_vol_8_m326104.pdf>. Acesso em: 26 out. 2017.

    OLIVEIRA, M. B. de. Cognitivismo e ciência cognitiva. **Trans/Form/Ação**, Marília, v. 13, p. 85-93, 1990. Disponível em: <http://www.scielo.br/pdf/trans/v13/v13a06.pdf>. Acesso em: 26 out. 2017.

    Em seguida, faça uma breve descrição de seu entendimento sobre o termo *cognitivismo* e procure escrever, com suas palavras, a respeito da postura ontológica e metodológica do cognitivismo.

2. Existe uma diferença entre conhecimento e sabedoria? Procure essa resposta na obra *Teeteto*, de Platão.

    NUNES, C. A. (Trad.). **Teeteto**. Disponível em: <http://100medo.com.br/documents/LIVROS/Teeteto.pdf>. Acesso em: 26 fev. 2017.

Atividade aplicada: prática

Leia o artigo de Castagñon (2006), indicado na Questão 1 das "Questões para reflexão" e assista ao filme *O homem bicentenário*.

O HOMEM bicentenário. Direção: Chris Columbus. EUA: Columbia TriStar Film,1999. 130 min.

Em seguida, dialogue com um colega sobre a importância das implicações éticas da inteligência artificial e responda aos seguintes questionamentos:

1. Que possibilidades futuras o conceito de Searle de *inteligência artificial forte* terá?

2. Será possível que artefatos humanos, por mais sofisticados que sejam, guardem nossas características (boas e más)?

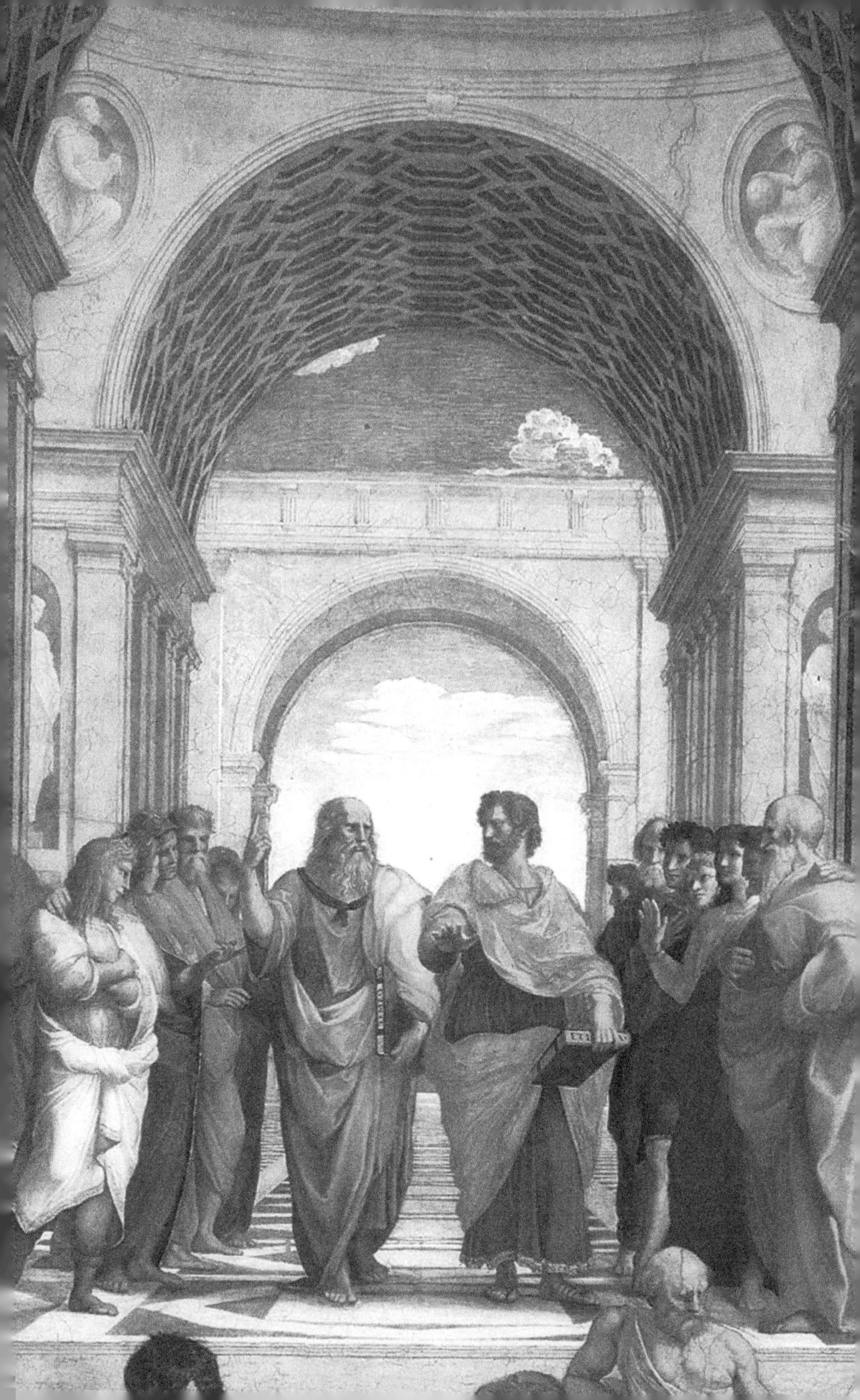

2

*Enfoques
filosóficos
do estudo da
consciência*

O *ser humano apresenta algumas propriedades físicas que atestam suas características como espécie, tanto em âmbito macroscópico quanto microscópico. Ao mesmo tempo, há características que compõem a individualidade de cada pessoa, como a altura, a cor dos olhos, o timbre da voz e a maneira de responder aos estímulos do ambiente. Essas propriedades, por sua vez, são determinadas pelo aparelho genético, que contém algumas características comuns a todo e qualquer ser vivo, e outras próprias de cada indivíduo. Todas são de natureza pública, podendo ser percebidas e medidas por qualquer observador. Nenhuma delas é subjetiva, ou seja, percebida diferentemente de pessoa para pessoa. Se não fosse assim, as ciências biológicas seriam ainda mais difíceis de ser compreendidas e transmitidas.*

O sistema nervoso humano, da mesma forma, contém componentes igualmente mensuráveis, como suas características anatômicas fisiológicas e bioquímicas. No entanto, além dessas características objetivas, também existem outras que fazem parte do mundo subjetivo, intransferíveis como experiência. É por isso que, para alguns, o cheiro de uma flor pode evocar pensamentos sobre a primavera, e, para outros, traz memórias de luto.

O sistema nervoso é capaz de gerar um produto de natureza fisiológica, motora e mental que reage ao ambiente, tanto interno quanto externo, determinando seu equilíbrio homeostático – com o meio e consigo mesmo – mediante estados que mudam constantemente. Entre esses estados estão os mentais, compostos por componentes objetivos, dos quais se destacam os fatores anatômicos, que embasam a percepção, a memória, a atenção, a linguagem e as emoções. Ao mesmo tempo, existem outros estados que fundamentam determinadas propriedades, como os desejos, as intenções e as crenças, que pertencem mais ao mundo subjetivo, definindo a experiência individual conhecida como *self*. No conjunto, todos fazem parte da formação do comportamento.

Tendo em vista o que foi exposto, o objetivo desse capítulo é apresentar as teorias que tentam explicar a mente por meio de sistemas filosóficos de pensamento. Tradicionalmente, essas teorias podem ser divididas em duas classes: dualista e materialista.

As **teorias dualistas** defendem a ideia de que a mente é algo diferente do corpo, ou seja, sua separação é total, embora mente e corpo se influenciem mutuamente. Nessa perspectiva, a mente equivale ao espírito, que persiste mesmo depois da morte física. As **teorias materialistas**, por outro lado, propõem que os estados mentais são apenas produtos das estruturas materiais do cérebro, como a pressão arterial é produto do sistema circulatório. Nessa perspectiva, a mente carece de independência do corpo.

2.1
Dualismo

No *dualismo, mente e corpo* são considerados entidades distintas e independentes, apesar de estarem ligadas de maneira causal. A interação entre a mente e o corpo, nesses casos, pode acontecer em uma troca livre de informação entre os dois ou em uma troca unidirecional, na qual o corpo influi sobre a mente, mas a mente não é capaz de mudar o corpo.

O dualismo apresenta duas vertentes interacionistas: a **material**, de natureza pública; e a **imaterial**, que pode ser percebida apenas pelo sujeito que a retém. O proponente mais conhecido dessa segunda teoria é René Descartes (1596-1650), que concebe a mente como uma entidade distinta do corpo, embora admita uma interação fundamental entre essas duas entidades. De acordo com o autor, mentes e corpos existem de maneira paralela, mas com a possibilidade de trocas bidirecionais. Esse tipo de dualismo é conhecido como ***dualismo de substância***.

Outra vertente é o **epifenomenalismo**, que considera a mente como uma propriedade do cérebro, sem características materiais. Nessa perspectiva, defendida principalmente por David Chalmers (1966-), a consciência é uma propriedade emergente* do cérebro, assim como a música é uma propriedade emergente do aparelho de som. Esse é o chamado ***dualismo de propriedade***.

Em ambos os casos, a mente não é composta por matéria. No dualismo de substância, ela é uma entidade à parte,

> O dualismo apresenta duas vertentes interacionistas: a **material**, de natureza pública; e a **imaterial**, que pode ser percebida apenas pelo sujeito que a retém.

---

* Propriedade emergente é aquela que pertence a um sistema complexo, mas que não é atribuída a qualquer um de seus componentes. Por exemplo, a consciência é uma propriedade emergente do cérebro, mas neurônios individuais não são conscientes.

como a alma; no dualismo de propriedade, a mente é apenas uma propriedade da ação combinada dos variados componentes que compõem o cérebro.

Outra maneira de entender o dualismo é pensar que os estados mentais e os estados corporais são definidos de acordo com seus predicados, que é tudo aquilo que se diz ou o que se declara sobre o sujeito. Um predicado verdadeiramente redutível seria, por exemplo, dizer que o vocábulo água pode ser reduzido ao termo H_2O, sem alterar o sentido. Um exemplo de irredutibilidade seria falar de uma nuvem, que poderia ser composta por água, fumaça ou até por dúvidas (em um sentido metafórico).

Tendo isso em vista, trataremos nas próximas seções de cada tipo de dualismo.

2.1.1 Dualismo de substância

Em sua sexta meditação, Descartes (2004) mostra o quanto o dualismo de substância é similar àquilo que os religiosos entendem como "distinção entre corpo físico e alma imortal": corpos e mentes interagem de maneira paralela, um podendo afetar o outro, mas quando o corpo morre, a alma continua a existir. Essa alma imaterial não é idêntica a nenhuma parte do corpo, pois não apresenta a consistência de uma substância física.

Para esclarecer o dualismo de substância, vamos reconstruir o principal argumento cartesiano (formalmente válido), encontrado na sexta meditação (Descartes, 2004):

- Se eu, de maneira clara, distinta e completa, concebo ou compreendo que a é distinto de b, então a é uma substância e é possível que a exista sem b.
- Se for possível que a exista sem b, então a e b são numericamente distintos.

Um exemplo de reconstrução desse argumento, em que *a* é mente e *b* é corpo, poderia ser o seguinte:

> - A mente (qualquer mente) é uma substância que possivelmente existirá sem o corpo (qualquer corpo) e vice-versa.
> - Portanto, corpo e mente são substâncias numericamente distintas.

Tanto as premissas quanto suas conclusões geram estas três teses dualistas:

> 1. Qualquer substância com propriedades mentais carece de propriedades materiais e vice-versa.
> 2. Propriedade materiais e propriedades mentais são propriedades diferentes.*
> 3. Mente e corpo são substâncias numericamente distintas.**

Perceba como a terceira tese acarreta as anteriores, pois se mente e corpo têm propriedades diferentes e representam substâncias distintas, isso corresponde ao dualismo de substância – a mente é uma substância com propriedades mentais, e o corpo é uma substância com propriedades físicas, uma diferindo da outra. Portanto, se a mente carece de propriedades físicas e o corpo carece de propriedades mentais, então mente e corpo não podem ser constituídos da mesma substância (assim, 2 e 3 concordam com 1). Isso constitui um argumento válido, mas não necessariamente correto, tendo em vista que a premissa de que *a* é distinto de *b* é dada

---

* O conceito de *dualismo de propriedade* mencionado aqui é diferente daquele que será abordado em seção própria e fundamentado em Chalmers. Descartes postula o interacionismo entre mente e corpo; Chalmers postula o epifenomenalismo.

** O argumento citado é uma reconstrução daquilo que se encontra em Rocha (2006).

como uma invariável, seguindo as regras dos argumentos dedutivos da lógica clássica aristotélica. Ao aplicar os princípios da lógica indutiva, a premissa de que *a* é distinto de *b* é apenas uma possibilidade, negada pela neurociência atual, em que *a* é uma propriedade fisiológica de *b*, como proposto pela teoria de Searle, que será abordada mais adiante.

No entanto, a verdadeira distinção entre mente e corpo não acarreta necessariamente dualismo de substância. Duas substâncias podem ser distintas (mente e corpo) e ter propriedades mentais e materiais (assim, 1 e 2 não concordam com 3). A conclusão é que se pode ter dualismo de substância sem que mente e corpo sejam realmente substancialmente distintos. Para que fique mais clara a separação entre mente e corpo, outros argumentos precisam entrar em jogo, como a definição de *substância*.

No dualismo de substância, as propriedades de mente e corpo são diferentes – se uma substância com propriedades mentais carece de propriedades materiais, então propriedades mentais e propriedades materiais são distintas. Do contrário, uma substância com propriedades mentais seria também uma substância com propriedades materiais (é o caso do materialismo). Contudo, o dualismo de propriedade não acarreta dualismo de substância, pois ainda que propriedades materiais e propriedades mentais sejam distintas entre si, uma substância com propriedades mentais também seria uma substância com propriedades materiais. No entanto, a distinção entre mente e corpo não acarreta necessariamente dualismo de propriedade e vice-versa. Mente e corpo podem ser numericamente distintos, mas suas propriedades materiais e mentais serão as mesmas. Vale a pena analisar a seguir as palavras de Descartes sobre esse assunto. Seu argumento mais famoso é conhecido como **argumento da separabilidade**:

17. *Em primeiro lugar, como sei que todas as coisas que entendo clara e distintamente podem ser feitas por Deus, **tal como as entendo**, basta que possa entender clara e distintamente uma coisa sem outra, para ficar certo de que uma é diversa da outra, podendo ser postas, ao menos por Deus, separadamente. E não importa a potência exigida para que tal ocorra e sejam consideradas diversas.*

*Por conseguinte, a partir disso, mesmo que eu saiba que existo e, ao mesmo tempo, não note que totalmente nada pertence à minha natureza ou essência senão que sou coisa pensante **ou uma substância cuja essência ou natureza inteira não é senão pensar**, concluo retamente que minha essência consiste em que sou somente coisa pensante.*

*E, embora talvez (ou melhor, certamente, como logo direi) eu tenha um corpo a que estou ligado de modo muito estreito, tenho, porém, de uma parte, a ideia clara e distinta de mim mesmo como coisa pensante inextensa e, de outra parte, tenho a ideia distinta do corpo, como coisa apenas extensa não pensante, sendo certo que eu, **isto é, minha alma, pela qual sou o que sou**, eu sou deveras distinto do corpo e posso existir sem ele.* (Descartes, 2004, p. 78, grifo nosso)

À primeira vista, o argumento parece simples. Considerando que uma coisa é clara e distintamente concebível como à parte de outra, é evidente que elas vivam em separado. Afinal, coisas que existem separadamente são numericamente distintas. Se mente e corpo são concebidos como coisas distintas, então eles são numericamente distintos. Em segundo lugar, se considerarmos o argumento de Descartes de que mente e corpo são numericamente distintos, e que um pode existir sem o outro, então mente e o corpo são substâncias numericamente distintas.

Historicamente, tem sido comum comparar a alma platônica à alma cartesiana, tanto por suas semelhanças, como o dualismo, quanto por suas diferenças sistêmicas. Uma dessas divergências diz respeito à possibilidade de a alma animar o corpo – Platão (ca. 428 a.C.-ca. 348 a.C.) aceita a hipótese, Descartes, não.

Em *Fédon*, obra em que Platão argumenta que a morte é a separação do corpo e da mente, são dadas duas justificativas. A primeira aponta que as **almas não podem ser destruídas**. De acordo com essa premissa, todas as coisas que não podem ser vistas são imutáveis e simples, isto é, não podem ser divididas. Considerando que destruir é quebrar em partes menores, algo que não tem partes menores não pode ser destruído. A segunda justificativa postula que as **coisas surgem de seus opostos** (por exemplo, a vida surge depois da morte segundo a filosofia platônica). Um possível contra-argumento é que a vida pode surgir da não vida e vice-versa. Tudo depende do que você acredita – embora seja válido ressaltar que acreditar não é prova, mas apenas uma premissa.

A diferença entre a doutrina cristã da alma e o dualismo cartesiano consiste primeiramente no fato de que, na segunda, toda experiência é vivida pela alma. Por exemplo, quando dirigimos um carro, falamos ao telefone ou pensamos em um amigo distante, essas experiências estão sendo vividas pela nossa mente imaterial (para os antigos, *mente* e *alma* eram praticamente termos sinônimos). Assim, Descartes afirma que mentes são substâncias, isto é, algo que apresenta propriedades essenciais e acidentais. Argumentos dessa espécie são conhecidos como ***argumentos modais***.

A distinção entre propriedades acidentais e propriedades essenciais pode ser mais bem compreendida quando usamos termos modais: uma propriedade essencial de um objeto é o que ele **deve ter**, tanto que a negação do fenômeno é impossível; já uma propriedade acidental **pode** pertencer ao objeto apenas em determinado momento. Dessa maneira, um argumento modal se estrutura em torno da existência da necessidade ou possibilidade do fenômeno em relação ao objeto.

As **propriedades essenciais** de uma substância são as que definem a existência de algo. Por exemplo, Descartes afirma que uma das propriedades essenciais é a extensão (forma e tamanho). De fato, é difícil imaginar qualquer coisa que pertença ao mundo material que não tenha forma nem tamanho. Já as **propriedades secundárias,** ou possíveis, são aquelas que podem mudar conforme as circunstâncias. Por exemplo, mesmo que você pinte uma cadeira de amarelo (propriedade acidental), ela continuará sendo uma cadeira (propriedade essencial). Outra característica das substâncias com propriedades essenciais é que elas podem ter uma existência independente de qualquer outro fator. Uma cadeira pode existir sem que seja amarela, mas é difícil imaginar a cor amarela existir por conta própria, pois a cor de qualquer objeto é uma propriedade acidental.

Assim, para Descartes, uma propriedade essencial da substância mental é que ela pensa; logo, não é possível conceber uma mente que não pense.

Para Aristóteles, matéria não é o mesmo que substância. A matéria tem paralelos com a substância à medida que a matéria primária serve como substrato para a formação de corpos simples (por exemplo, areia, sal e água formam o mar). Em síntese, indivíduos são constituídos por substâncias primárias e seus artefatos, que são as substâncias secundárias.

Há também a diferença entre o dualismo de substância cartesiano e o dualismo cristão, que se faz presente nas respostas às perguntas: Como se define substância? Quais as diferenças entre substância física e substância imaterial?

Para compreender esse tema, examinaremos alguns conceitos mais modernos de *substância*.

Substância e matéria na física moderna

Todo objeto com que entramos em contato é composto por átomos. Essa matéria atômica é constituída, por sua vez, de partículas subatômicas – geralmente um núcleo de prótons e nêutrons cercado por uma nuvem de elétrons. De maneira geral, a ciência considera essas partículas como matéria porque elas apresentam massa em repouso e volume (o volume é uma maneira de expressar a extensão). Partículas como fótons, *quarks* e léptons (que não têm massa nem volume) não eram consideradas matéria até o advento da física quântica. Mesmo assim, é preciso lembrar que essas partículas, quando consideradas como um todo, recebem o *status* de matéria.

Na física moderna, matéria não deve ser confundida com massa. Massa é uma quantidade conservada em um sistema fechado, com um valor imutável pelo tempo. A matéria, no entanto, não é conservada em sistemas fechados, ainda que isso não seja tão óbvio aqui na Terra, onde ela é praticamente conservada.* Mesmo assim, a relatividade especial mostra que em sistemas fechados a matéria pode desaparecer quando transformada em energia, assim como pode ser criada a partir da energia. No entanto, como nem a energia nem a massa podem ser destruídas ou criadas, a quantidade de massa e a quantidade de energia permanece a mesma durante a transformação da matéria em energia (não matéria).

---

* Dito de outra forma, a massa, algo que representa a quantidade de matéria em determinado espaço, partícula ou objeto, pode ser determinada ao se aferir o peso de um objeto, resultado do produto de sua massa vezes a aceleração da gravidade ($p = m \times 9,8$ m/s^2), ou ainda pela computação da força necessária para deslocá-la dividida pela aceleração ($m = f/a$).

Isso também é verdade no sentido inverso. Por esse raciocínio, massa, matéria e energia seriam, de fato, redutíveis umas às outras. Quando se examina a famosa equação $E = mc^2$ (energia é massa vezes a aceleração da luz ao quadrado) ao lado da igualmente famosa equação newtoniana $F = ma$ (força é massa vezes a quantidade de aceleração), fica evidente que a massa precisa de alguma aceleração – no primeiro caso, da velocidade da luz; e no segundo, de qualquer aceleração dada. Isso nos leva a questões fundamentais da teoria cartesiana: A massa é propriedade da matéria? Como fica a questão da irredutibilidade?

Além dessas questões, existem ainda alguns complicadores: Como se explica a tese cartesiana de que os objetos têm uma parte essencial (como extensão), que determina a existência daquele objeto, e outra acidental (a cor, por exemplo), que não é essencial à sua existência?

Na Antiguidade Clássica, a resposta era simples porque tudo no mundo era composto por pelo menos um dos quatro elementos: terra, água, ar e fogo. Embora isso tenha se desenvolvido ao longo da história, até o século XIX, acreditava-se que tudo era feito de átomos, que pareciam estruturas densas e impenetráveis. No entanto, há quase 100 anos descobriu-se que tudo era muito mais complicado do que parecia.

Quando Ernest Rutherford (1871-1937) bombardeou lâminas finas de ouro com partículas, ele descobriu que apenas algumas dessas partículas ricocheteavam, não a maioria. Isso mostrou que a lâmina de ouro era feita de átomos de ouro compostos por partículas ainda menores em meio a um grande vazio, o que revelou que átomos tinham mais espaço vazio que partes sólidas – havia no centro do átomo um núcleo de alta densidade 100 mil vezes menor que o raio do átomo inteiro, indicando que a maior parte desse átomo era feita de nada. Eventualmente, outros cientistas pesquisaram mais a fundo os átomos e viram que eles eram compostos por três partes: prótons e nêutrons, que constituíam o núcleo, e uma membrana delimitante com elétrons, formando um sistema complexo composto por uma pequena quantidade de matéria em meio ao nada predominante. De estrutura sólida, o átomo passou a se parecer mais com um minúsculo universo. Quando, há pouco mais de 50 anos, os físicos passaram a colidir os átomos em aceleradores de partículas cada vez mais sofisticados, eles demonstraram que os prótons e os nêutrons que compunham os núcleos eram feitos de partículas ainda menores: os *up quarks* e os *down quarks*. No entanto, quando *quarks* foram colididos uns com os outros, nada apareceu, pois essas partículas tinham raio zero. Isso revelou que os *quarks* não têm extensão, embora exibam propriedade.

O mais impressionante, contudo, foi quando, durante a colisão de um próton contra outros, descobriram-se antiprótons e antinêutrons, que passaram a sugerir a existência da **antimatéria**. O mais assustador foi que quando matéria e antimatéria colidiram, uma anulou a outra. Isso levou os cientistas a observarem que, se logo depois do Big Bang tivessem sido criadas as mesmas quantidades de matéria e antimatéria, teria havido uma redutibilidade que levaria ao nada. Felizmente, a quantidade de antimatéria gerada é pouca para causar algum mal. Essas descobertas são interessantes, pois sugerem que existe um mundo paralelo, constituído por antimatéria, idêntico ao mundo material, que fica logo ao lado do nosso, como uma imagem espelhada.

Em síntese, somos feitos de energia condensada em *quarks*, que formam prótons e nêutrons, que, por sua vez, formam o núcleo do átomo, cercado por elétrons. Há também a quantidade de espaço vazio, dentro e fora dos átomos, o que revela que nossa parte realmente material é muito pequena.

A matéria existe em quatro fases: sólida, líquida, gasosa ou plasmática. Mais recentemente, têm sido descritas outras fases, como: condensados bose-einsteinianos ou BEC (um estado da matéria resfriada quase ao zero absoluto, constituída por um gás diluído de bósons); condensados fermiônicos (um estado superfluido constituído por férmions próximo do zero absoluto); e plasma *quark*-glúon, que supostamente existe sob temperatura e pressão altíssimas. São glúons e *quarks* em estado livre os constituintes mais fundamentais da matéria (pertencentes ao momento do Big Bang).

> É isso que nos mantêm intactos? A verdade, como compreendida até agora, indica que os espaços interparticulares não estão vazios, mas cheios de forças fundamentais que dão forma à matéria, que une os pontos de matéria nesse oceano de vazios. O que causa a solidez? Por que esses pontos têm massa? A única explicação disso é a troca de forças. Uma das conquistas fundamentais da física atual foi a descoberta de que as novas partículas são carreadoras dessas forças fundamentais. Todas as forças têm esses carreadores. Tudo isso criou uma das teorias mais sólidas da física moderna: o modelo-padrão da física de partículas.

Até o século XX, *matéria* era algo composto por átomos, e a participação de outros fenômenos, como luz e energia, era desconhecida. Além disso, o fato de a massa ser uma propriedade da matéria ainda não era bem compreendido. Hoje se sabe que, além de átomos, a matéria também é constituída por energia condensada mediada pelas forças de interação que compõem a matéria.

Colisões produzidas em aceleradores de partículas revelaram que entre *quarks* e elétrons há uma enorme quantidade de outras partículas que costumavam desafiar a classificação e a compreensão. Essas partículas são formas da manifestação de energia e têm capacidade de interação. São carreadores das quatro grandes forças da natureza: a eletromagnética (responsável pelo eletromagnetismo), a força forte G (que mantém o núcleo intacto), a força fraca W (responsável pela radioatividade) e a gravidade (pedra fundamental da física newtoniana).

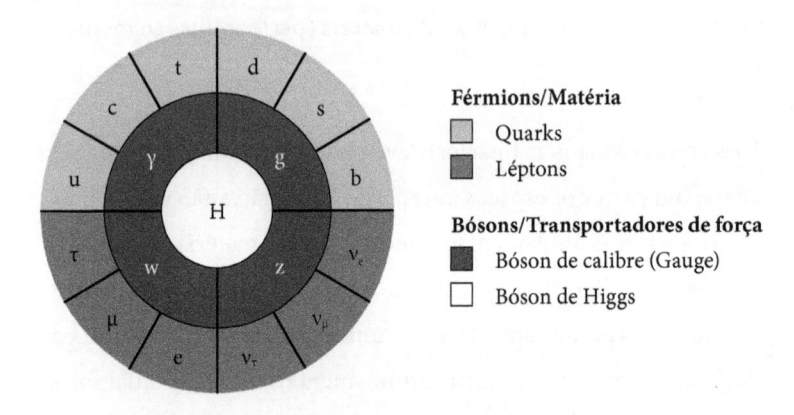

Figura 2.1 – *Partículas do modelo-padrão*

Férmions/Matéria
☐ Quarks
■ Léptons

Bósons/Transportadores de força
■ Bóson de calibre (Gauge)
☐ Bóson de Higgs

Fonte: Adaptado de Cranmer, 2017, tradução nossa.

No entanto, um dos grandes problemas dessas teorias é a enorme quantidade de partículas descobertas. Também é difícil explicar a gama imensa de massas ou se de fato existe massa. O caminho mais aceito para a resolução desse problema foi oferecido por Peter Higgs (1929-), cuja teoria propõe que existe um campo vasto que corre por tudo, e, quando certos tipos de partícula colidem com esse campo, a interação decorrente disso cria a massa. A partícula que intermedeia essa interação passou a ser chamada de ***bóson de Higgs***.

Em 2013, a Academia Real das Ciências da Suécia concedeu o Prêmio Nobel de Física a François Englert (1932-) e Peter Higgs pela teoria que previu a existência do bóson de Higgs, formulada em 1964.

Depois de décadas de pesquisa e com as novas possibilidades tecnológicas, a equipe de pesquisadores do Centro Europeu de Pesquisas Nucleares (CERN) anunciou ter encontrado a partícula. Segundo Ronald Shellard (citado pela SBF, 2012), pesquisador e diretor do Centro Brasileiro de Pesquisas Físicas, "A descoberta de Higgs coroa um dos maiores feitos da humanidade, desde sua concepção intelectual, baseada em noções de beleza e simetria, até os incríveis avanços tecnológicos necessários para materializar esta descoberta".

Quando se fala em *substância* no sentido moderno, temos um conceito bastante diferente daquele concebido por Descartes, cuja alma, hoje entendida como consciência, é algo irredutível ao corpo, mais especificamente ao cérebro. Se considerarmos a parte imaterial como energia, de acordo com as teorias da relatividade e da física quântica, e que essa parte pode ser transformada em massa e vice-versa, coloca-se em questão o problema da irredutibilidade da consciência à matéria, a não ser que possamos reputar que o mundo imaterial seja constituído apenas por forças. Mesmo assim, constatamos forças, por sua vez, são mediadas por partículas. No entanto, a ideia do dualismo encontra novas concepções que serão tratadas na sequência.

2.1.2 *Dualismo de propriedade*

O dualismo de substância se assemelha ao dualismo de propriedade ao considerar o mundo fenomênico (aqui representado pela consciência) irredutível ao mundo material (o cérebro). A diferença reside no pressuposto de que, no dualismo de substância, o mundo fenomênico e o mundo material são irredutíveis um ao outro, e que ambos interagem livremente, em uma concepção diversa: o **interacionismo**. Assim, no dualismo de substância, o mundo mental e o cérebro têm, cada qual, propriedades distintas. No dualismo de propriedade, por outro lado, o mundo material é redutível ao mundo fenomênico, mas a recíproca não é verdadeira, ou seja, o mundo fenomênico não é redutível ao material.

Afirmar que a mente é redutível ao cérebro significa dizer que o mundo fenomênico é uma propriedade do mundo material, uma condição chamada de ***epifenomenalismo***. Em outras palavras, mente e cérebro são substâncias distintas no dualismo de substância, mas interagem entre si de maneira independente, ao passo que no dualismo de propriedade, a mente emerge do cérebro, mas não pode retroagir sobre ele (o cérebro muda o pensamento, mas o pensamento não muda o cérebro).

Nessa discussão também entram as concepções do filósofo americano Daniel Dennett (1942-), que nega completamente o dualismo, considerando-o uma ilusão, e cria a oposição fisicalismo *versus* dualismo (Dennettt, 1988). Para pensar nessa questão, considere o seguinte problema:

João sente dor no polegar da mão esquerda.

Primeira situação
- João está sentindo dor, e isso corresponde a uma realidade.
- Ao mesmo tempo que João sente a dor, as fibras dolorosas, principalmente do tipo C, disparam.
- Conclusão 1 – Disparos de fibras dolorosas são consequências de um estímulo doloroso (argumento fisicalista).

Segunda situação
- João imagina que está sentindo dor.
- Ao mesmo tempo que João sente essa dor, as fibras dolorosas, principalmente do tipo C, não disparam.
- Conclusão 2 – A subjetividade de uma experiência não é acompanhada por uma alteração do estado físico do sistema nervoso de João (explicação dualista de propriedade).

A pergunta agora é: A segunda situação é um argumento racional para o dualismo de propriedade? Se fosse mostrada, em imagens de ressonância magnética funcional, qual área do cérebro é ativada no exato momento em que João imagina sentir a dor, e esta fosse comparada a imagens produzidas em uma experiência de dor verdadeira, isso provaria que existe uma relação causal direta entre a experiência subjetiva da dor e um evento cerebral concorrente.* Isso, de certa forma, desconstrói o argumento da segunda situação.

Um interessante estudo de Christian et al. (2014) mostra que imaginar a si mesmo com dor provoca respostas na ínsula direita e em áreas associadas a imagens visuais, que são diferentes daquelas evocadas por uma dor real (Theysohn et al., 2014). Na dor real, as respostas ocorrem no giro do cíngulo, no córtex primário somatossensitivo e nas áreas pré-frontais. Logo, dor real e dor imaginada são processadas em áreas diferentes. Ainda assim, a dor imaginada causa alterações no sistema

---

* Um estudo sobre cegueira histérica traz novos dados a respeito das correlações neurais em condições imaginárias: "Os últimos resultados apontam que transtornos dissociativos, como a cegueira histérica, podem ter correlatos neurofisiológicos. Além disso, a observação do padrão neurofisiológico sugere o envolvimento dos mecanismos de atenção na base neural da cegueira histérica". (Schoenfeld et al., 2011, tradução nossa)

nervoso, e não há uma situação registrada em que uma dor imaginada não produzisse alterações nesse sistema.

Figura 2.2 – Vias para a dor imaginada

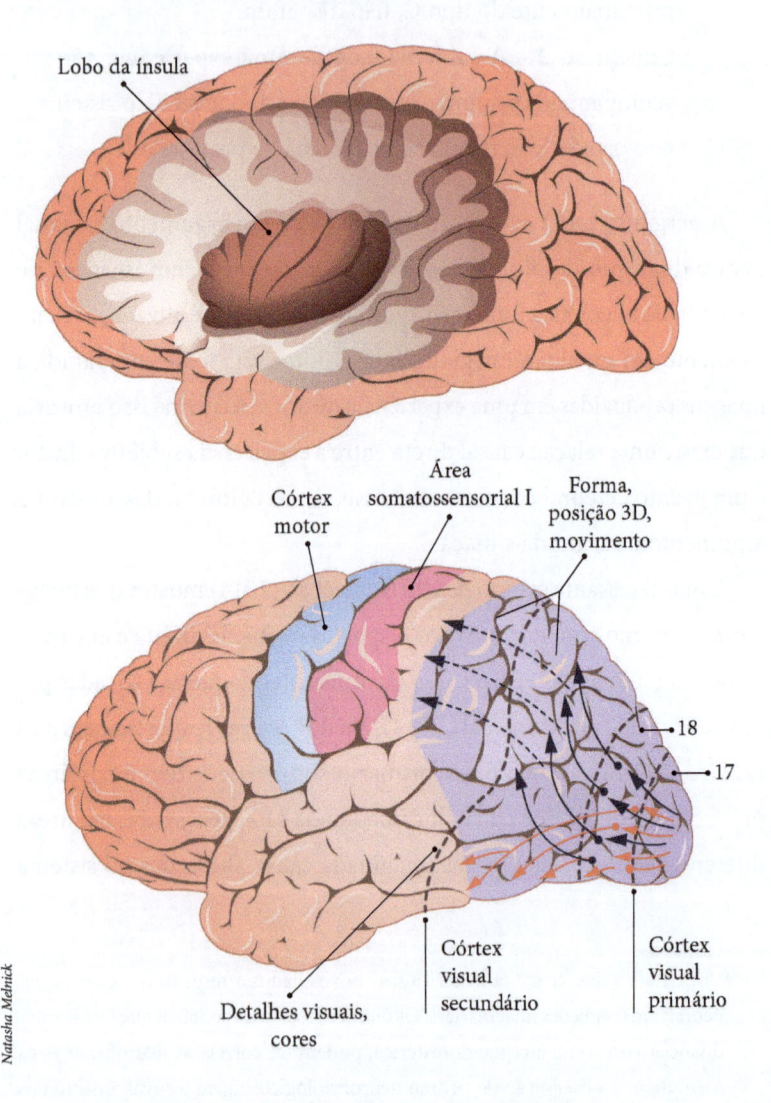

Fonte: Adaptado de Aula de anatomia, 2017; Guyton e Hall, 2011.

Figura 2.3 – *Vias para a dor real*

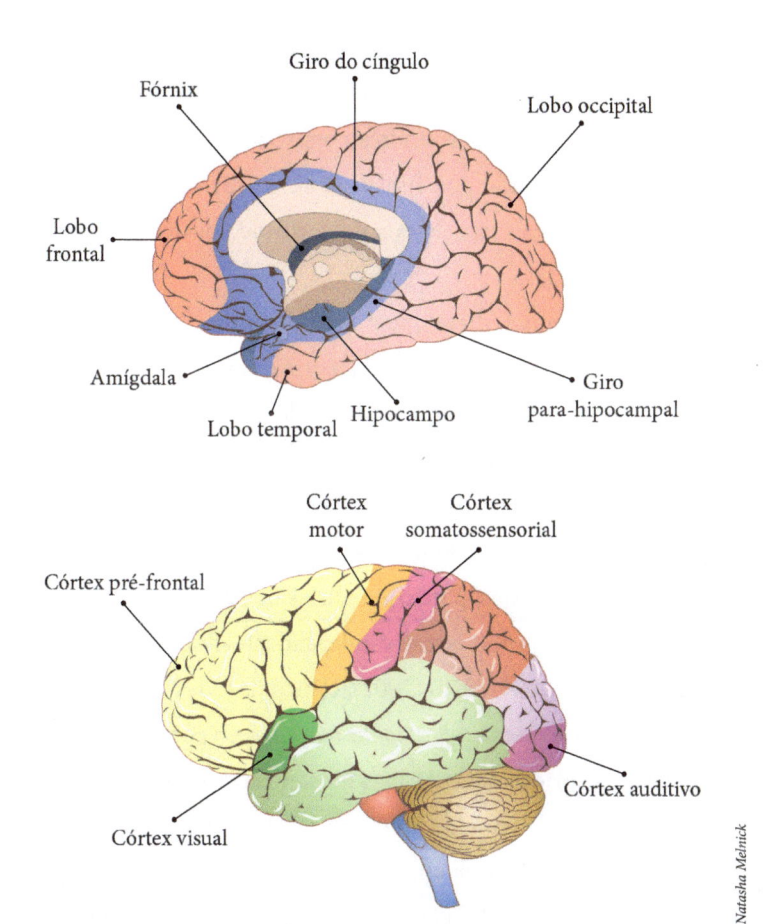

Fonte: Adaptado de Sistema nervoso central, 2015; Monteiro, 2012.

No dualismo de propriedade, a consciência pode ser vista como uma função emergente (o aparecimento de uma nova função na presença de determinados estados físicos), por isso é um desafio ao fisicalismo (materialismo). Por exemplo, o funcionalismo se baseia no **princípio da superveniência**, uma relação ontológica usada para descrever casos em que propriedades pertencentes a um nível inferior determinam as propriedades de um nível superior em uma relação de causalidade direta. Um bom exemplo de superveniência é quando um sistema do tronco cerebral, como a detecção do nível de glicose sanguínea, influencia outros sistemas em níveis superiores, como o controle do apetite seletivo, conforme demonstrado por Tuulari et al. (2015) ao serem apontados os circuitos cerebrais envolvidos no controle volitivo do apetite em pacientes obesos.

Um funcionalista diria que a hipoglicemia é a causa direta do aumento do apetite, e um adepto da teoria de emergência, por sua vez, afirmaria que foi a experiência subjetiva do apetite que "surgiu" com a hipoglicemia, mas sem uma relação causal direta. O fato de propriedades mentais emergirem de propriedades físicas talvez explique por que elas não são idênticas. Os funcionalistas acreditam que eventos físicos têm causas físicas completas; para os dualistas de propriedade, os poderes mentais, por exemplo, são causais e independentes de propriedades físicas.

Gilbert Ryle (1900-1976) (2002), crítico de todas as formas de dualismo, cunhou a expressão *ghost in the machine*, em português: "fantasma na máquina". Curiosamente, Albert Einstein (1879-1955), ao descrever o fenômeno do enredamento (*entanglement*) à distância, um fenômeno em que uma partícula influencia outra sem haver contato físico direto, usou a expressão *spooky* (*fantasmagórico*), mostrando que eventos podem ter ou não relações causais diretas.

Alguns materialistas, como John Searle (1932-), acreditam que teorias "fantasmagóricas" são apenas testemunhos de nossa ignorância em neurociência e física em geral. Uma das melhores críticas do autor está no artigo "Why I Am not a Property Dualist" (2002). Com notável clareza, Searle apresenta quatro proposições para fundamentar seu argumento: as três primeiras explicam seu ponto de vista e a quarta o questiona.

1. Existem duas categorias mutuamente excludentes: os fenômenos físicos, essencialmente objetivos, pois existem de maneira independente de experiências subjetivas em humanos e animais; e os fenômenos mentais, que existem apenas como experiências privadas em humanos e animais.
2. Por não serem redutíveis a estados neurobiológicos, os estados mentais existem de maneira distinta e acima destes. A irredutibilidade do mental ao físico, da consciência à neurobiologia, é prova suficiente dessa distinção.
3. Fenômenos mentais não se constituem como objetos ou substâncias separadas. São propriedades de uma entidade compósita, que é o cérebro. Dessa forma, humanos e animais têm dois tipos de propriedade: as físicas e as mentais.
4. O principal problema dos dualistas de propriedade, considerando esses argumentos, é explicar como a consciência pode funcionar de maneira causal. Existem duas possibilidades, nenhuma delas muito convincente. Primeiramente vamos assumir, o que parece razoável, que o universo físico está fechado no sentido causal. Ele é fechado porque nada que não seja físico pode ter efeitos causais no universo físico. Se isso é verdade, e a consciência não faz parte do universo físico, então parece que ela se constitui em um epifenômeno. Toda nossa vida consciente fica apartada de nosso comportamento.

Levando em conta o que foi exposto, poderíamos assumir, por outro lado, que o universo físico não é fechado de maneira causal, ainda que a consciência possa funcionar dessa maneira ("causalmente") na produção do comportamento físico. No entanto, isso nos leva da panela para o fogo, pois quando levantamos o braço, por exemplo, existe toda uma operação do sistema motor para dar conta desse movimento, como o nível de disparos de neurônios motores, neurotransmissores e contrações musculares. Portanto, se supomos que a consciência também funciona para que o braço levante, então temos duas histórias causais, sem que uma seja redutível à outra. Em resumo, os movimentos corporais terão causas demais, o que gera um excesso de determinação causal.

Para concluir esta seção, podemos afirmar que o dualismo de propriedade postula que os fenômenos mentais são imateriais e irredutíveis à mente, sendo apenas propriedades desta. Autores como Thomas Nagel (1974) e Saul Kripke (2012), ambos defensores dessa teoria, usam como argumento o exemplo do calor, que é proveniente do movimento molecular: o fenômeno em si é material, mas a sensação de calor, por ser uma experiência subjetiva, é um fenômeno imaterial. Tal argumento nos obriga a conferir como o fenômeno da subjetividade opera no sistema nervoso, assunto que será abordado na sequência.

2.1.3 O problema fácil e o problema difícil

David Chalmers (1966-) (2003) explica o problema da consciência por meio do par conceitual problema fácil e problema difícil. Em sua maneira de pensar, a consciência estaria relacionada a diversos fenômenos distintos, alguns mais fáceis de explicar do que outros.

O problema fácil é aquele cujas questões podem ser explicadas pelos métodos tradicionais da ciência cognitiva, tais como:
- habilidade para discriminar, categorizar e reagir a estímulos ambientais;
- integração de informação por meio de um sistema cognitivo;
- habilidade para elaborar relatórios sobre os estados mentais;
- habilidade de ter acesso a estados internos;
- foco da atenção;

- controle deliberado do comportamento;
- diferença entre vigília e sono.

Não existem empecilhos para que se expliquem esses fenômenos de maneira científica usando um modelo cognitivo ou neurofisiológico. Se essas situações fossem todas as que existissem, não haveria problema algum em relação ao assunto, seja de ordem epistemológica, seja de ordem ontológica*. É por isso que Chalmers (2003) os considera problemas fáceis, apesar de achar que a elucidação completa dessas questões ainda levará, no mínimo, um século para se concretizar. Não obstante, são problemas, pelo menos em tese, passíveis de algum esclarecimento no nível funcional, pois seus elementos são públicos, no sentido de que podem ser explicados na terceira pessoa (são acessíveis a qualquer um).

Já os problemas realmente difíceis são ligados à subjetividade, pois estes são privados, vividos na primeira pessoa, e, portanto, impossíveis de serem compreendidos por outro indivíduo que não o próprio sujeito da experiência.

Os problemas fáceis, portanto, são os ligados a habilidades e funções cognitivas. São considerados fáceis porque, para se explicar uma função, basta evocar o mecanismo que a gerou: "Em contraste, o problema difícil é assim porque não se trata de explicar funções. O problema continua existindo mesmo depois de todas as funções relevantes terem sido elucidadas" (Chalmers, 1995, p. 200-219, tradução nossa).

Na ciência em geral, a explicação redutiva funciona assim mesmo: para se explicar um gene, por exemplo, é necessário especificar o mecanismo que armazena e transmite informação hereditária de uma geração à outra. Assim, o gene foi explicado somente depois que se descobriu que é o DNA que exerce essa função.

---

* Aliás, é assim que os materialistas (fiscalistas) pensam.

Vários autores do campo da ciência cognitiva e da neurociência têm se preocupado com os problemas da consciência. Em princípio, esses estudos tratam de problemas fáceis e, em última análise, parecem negar a questão difícil. Trataremos disso mais detalhadamente quando abordarmos as teorias monistas.

Vejamos, por exemplo, o trabalho de Francis Crick (1916-2004) e Christof Koch (1956-) e a teoria neurobiológica da consciência. Nessa teoria, a consciência poderia ser explicada, pelo menos em parte, por um fenômeno que eles denominam *binding*, uma ligação entre neurônios mediada por oscilações neurais na faixa entre 35 e 75 Hz. Essa ligação reuniria e manteria coesos os fragmentos de informação correlatos que estão dispersos em grupos neurais relevantes. Quando esses grupos estivessem reunidos para exercer determinada função, seus componentes vibrariam na mesma frequência, unindo-se, assim, pelo tempo necessário. Uma vez terminada essa função, esses grupos neuronais sairiam de sincronia e passariam a ter menor ou nenhuma relação entre si* (Crick; Koch, 1990).

Como os estudos de Crick e Koch (1990) tratavam principalmente da ciência** visual, eles acreditavam que a informação reunida sobre os atributos representados de um objeto percebido viria da integração de diversos grupos neuronais responsáveis por diferentes aspectos de um objeto (cor, forma e posição, por exemplo). Assim, a percepção integrada de um morango, por exemplo, teria de integrar áreas corticais distintas: as primárias, que recebem o estímulo visual do trato óptico; as secundárias, que contêm informações adicionais, como cor, posição e forma; e as áreas de associação, que são responsáveis pelo nome do

---

* Veja adiante uma comparação dessa abordagem com os estudos de Hamerof e Penrose (1996).

** Aqui, o termo *ciência* está aplicado no sentido de "estar ciente" (*awareness*).

objeto, pelas experiências passadas, pelas características táteis etc. Crick e Koch (1990) estabeleceram, dessa forma, as bases para a compreensão daquilo que ficou conhecido como *memória de trabalho* ou *memória operacional*. Assim como o fenômeno de *binding* (ligadura) e a memória operacional, os autores ressaltam a importância da atenção nesse fenômeno integrador:

> *Essa forma de ligadura transitória provavelmente depende de um mecanismo de atenção seriado, às vezes chamado de "foco"* [**spotlight**] *de atenção. Alguns acreditam que esse foco se concentra em diferentes áreas do campo visual, uma de cada vez, possivelmente se movendo a uma velocidade de 60 m/s. isso é mais rápido que os movimentos oculares e pode funcionar por escalas espaciais diferentes. Sugerimos que aquilo que alcança a ciência visual é geralmente o resultado desse passo atencioso. Em outras palavras,* **ciência e atenção estão intimamente ligadas entre si**.
>
> (Crick; Koch, 1990, p. 269, grifo do original, tradução nossa)

Essa é uma teoria valiosa, mas como se refere a um fenômeno que seria comum a todos os seres, pois não se refere a frequências oscilatórias próprias a cada indivíduo, e sim aos humanos em geral, pouco contribui para entender como se processa a interpretação de um estímulo visual como uma experiência estritamente pessoal. Um grupo de observadores que veem uma rosa vermelha podem concordar a respeito da cor, que representa uma oscilação espectral entre 400 e 480 Hz, mas a maneira como cada um descreve a vivência dessa experiência pode ser totalmente diferente.

Um exemplo famoso que aborda esse problema é o argumento do zumbi, proposto por Chalmers (1995). Imagine a cópia perfeita de alguém: tudo é exatamente idêntico, exceto a experiência subjetiva*. Tal criatura poderia andar e falar como se fosse a própria pessoa, mas em nenhum momento poderia demonstrar que sabe quem é ou descrever suas experiências como indivíduo único.

Em um exemplo paralelo, embora dentro do campo do dualismo de substância, Descartes (2001) menciona que os animais são autônomos, podendo o comportamento deles ser explicado totalmente por mecanismos físicos. O ser humano, por outro lado, não poderia ser explicado da mesma forma, pois, diferentemente dos animais, usa uma linguagem criativa e tem pensamentos originais.

> O fato de o cérebro ser igual ao original em todos os pontos prova que os elementos que o compõem em seu aspecto fácil (material) não seriam suficientes para explicar o problema difícil (a subjetividade).

Muita gente critica Chalmers pelo componente imaginário de seu argumento, mas lembremos que Einstein usou esse recurso com frequência, como ao pedir para que nos imaginássemos sentados em um feixe de luz, ou quando ele exemplificou com perfeição a diferença entre peso e massa pedindo para que aferíssemos nosso peso em uma balança enquanto um alçapão fosse aberto repentinamente e nos deixasse suspensos por um instante.

Outra abordagem para o estudo da consciência, fundamentada nas ciências cognitivas, foi apresentada por Bernard Baars (1946-) em sua **teoria do espaço de trabalho global** (*global workspace theory*) (Baars; Franklin, 2007), para a qual os conteúdos da consciência estariam contidos em uma espécie de processador central usado para mediar a comunicação

---

* O tipo de zumbi que nos referimos não é o mesmo dos filmes de terror, mas uma metáfora criada por Chalmers (1995) para exemplificar um ser que se assemelha ao ser humano em todos os sentidos, menos em relação à consciência e à subjetividade.

entre uma variedade de processadores inconscientes. Quando esses processadores especializados precisam irradiar informação para o resto do sistema, eles a transmitem antes para o espaço de trabalho, que age como um espaço de informação comum a todos. Baars e Franklin (2007) adotam esse modelo para estudar muitos aspectos da cognição e para explicar os contrastes entre os funcionamentos consciente e inconsciente. Em última análise, é uma teoria de acessibilidade cognitiva, que explica como conteúdos da consciência são acessíveis de maneira difusa, bem como uma teoria de integração de informação em um sistema.

Baars (1997) baseia sua teoria em uma ferramenta epistemológica chamada *análise contrastante*, que seria o estudo comparativo da ausência e da presença a partir de algo variável. Por exemplo, quando o ar é removido de uma câmara onde está um animal e ele morre, fica provado que a ausência de ar teve relação com a morte. Para ilustrar como esse recurso pode ser usado no estudo da consciência, o pesquisador pede ao leitor que diga para si uma palavra e deixe-a desaparecer depois de um curto espaço de tempo; em seguida, solicita que essa mesma palavra seja resgatada. O fato de nos lembrarmos da palavra indica que há um elemento inconsciente e outro consciente na composição da memória operante. Assim, temos um experimento controlado que nos permite comparar essa mesma palavra quando ela está consciente ou não.

> *Note que a análise contrastante lida diretamente com a fenomenologia ao nível pessoal, como pode ser demonstrado na experiência pessoal de qualquer um – por exemplo, quando uma palavra é repetida internamente. Todas as demonstrações nesse artigo envolvem experiências pessoais confiáveis.*
>
> *A teoria do espaço de trabalho global baseia-se inteiramente em contrastes empíricos entre pares de eventos conscientes e inconscientes. Qualquer teoria adequada da consciência deve dar conta de um grande número de tais contrastes, que representa um número grande de eventos.* (Baars, 1997, p. 7-8, tradução nossa)

Em suma, à medida que Baars equivale experiências objetivas e subjetivas, sua teoria se torna **monista*** – que é útil para explicar a experiência de estar ciente (*awareness*), mas não as funções subjetivas da consciência nas concepções do dualismo de propriedade e de substância. Quando a experiência fenomênica é tratada como irredutível ao cérebro, a explicação falha. O que torna o problema complicado é que ele vai além da explicação de mecanismos e funções. Uma vez explicados os mecanismos subjacentes à discriminação perceptiva, a integração de informação por meio de um sistema cognitivo – a habilidade para elaborar relatórios sobre os estados mentais e a habilidade de ter acesso a estados internos, o foco da atenção, o controle deliberado do comportamento e a diferença entre o estado de vigília e o sono –, resta ainda explicar por que essas funções são acompanhadas por uma **experiência subjetiva**.

Essa questão, às vezes, é chamada de *lacuna explanatória* ou de **brecha epistemológica**, o que significa que existe uma distância entre o modelo cognitivo das funções neurofisiológicas e a descrição delas como uma vivência pessoal subjetiva e intransferível. Quando se pensa em dualismo de propriedade, a irredutibilidade dos fenômenos subjetivos é considerada; quando se pensa em fisicalismo, a questão subjetiva é ignorada (eliminativismo). Para Chalmers (1996), uma posição intermediária é o **panpsiquismo**, que combina elementos físicos fundamentais a propriedades fenomênicas fundamentais. Em seu livro *The Conscious Mind*, Chalmers (1996) se posiciona a favor do dualismo de propriedade, embora em trabalhos mais recentes ele tenha analisado o panpsiquismo com mais cuidado.

---

* Monismo é uma teoria que nega a existência de uma distinção ou dualidade em determinada esfera, como entre a mente e a matéria ou entre Deus e o mundo.

Importante!

O *termo subjetivo,* já causou confusão em alguns setores. Segundo John Searle (1992), um fenômeno é **epistemologicamente objetivo** quando não depende de maiores explicações, como ao se afirmar que Rembrandt nasceu em 1606; ou **epistemologicamente subjetivo**, como ao se afirmar que ele foi um dos maiores pintores holandeses (uma questão de opinião, no fim das contas). Um fenômeno também pode ser **ontologicamente objetivo**, no sentido de não decorrer da experiência, como a existência de uma montanha; ou **ontologicamente subjetivo**, como em situações que só podem ser compreendidas na primeira pessoa.

Thomas Nagel (1937-) aborda esse problema da subjetividade em seu célebre artigo *Como é ser um morcego?*:

> *A experiência consciente é um fenômeno difundido. Ocorre em muitos níveis da vida animal, porém não podemos estar certos da sua presença nos organismos mais simples, e é muito difícil dizer, em termos gerais, o que nos dá evidências dessa experiência. (Alguns extremistas chegaram a negá-la até mesmo nos mamíferos diferentes do homem). Ela ocorre, sem dúvida, sob formas incontáveis, totalmente inimagináveis para nós, em outros planetas, em outros sistemas solares, pelo universo afora. Mas quaisquer que sejam as variações quanto à forma, o fato de um organismo ter,* **seja lá como for***, uma experiência consciente significa, basicamente, que há algo que seja* **ser** *como aquele organismo [that there is something it is like to be that organism].*

> Pode haver implicações adicionais sobre a forma da experiência; pode mesmo haver implicações sobre o comportamento do organismo (porém, disso eu duvido). Mas, fundamentalmente, um organismo tem estados mentais conscientes se e somente se existe algo que é como ser esse organismo, algo que é como ser **para** o organismo [something it is like for the organism]. (Nagel, 2005, p. 246-247, grifo do original)

Nesse artigo, o autor aborda a espinhosa questão subjetiva da consciência em desafio aos materialistas reducionistas, que ignoram (ou contornam) esse importante aspecto da existência humana.

De maneira geral, Nagel (2005) procura fundamentar seu ponto de vista recorrendo à **metáfora do morcego**: é possível entendermos muitas coisas a respeito da biologia do morcego e até explicar seu sistema (por exemplo, o radar que o orienta no escuro), mas isso não é a mesma coisa que o reproduzir em laboratório ou até mesmo saber a sensação de **ser** um morcego, assim como, por mais que procuremos compreender a dor sentida por outra pessoa, jamais saberemos exatamente o que ela realmente está sentindo. Nesses casos, o mais próximo que conseguimos é tentar ter certo grau de empatia.

Reflexões como essa nos obrigam a discutir as limitações da linguagem que nos impedem de compreender certos fenômenos que reconhecemos, mas não conseguimos tranpô-los em palavras – uma situação designada frequentemente de *inescrutabilidade*. Se quiséssemos admitir que uma experiência subjetiva pode ter uma explicação objetiva, nenhuma concepção disponível até o presente nos ofereceria essa possibilidade. Talvez pela falta dessa objetividade, somos obrigados a considerar que os fenômenos mentais podem ter uma qualidade inextensa, como acreditam os defensores do dualismo, particularmente do dualismo de propriedades.

Além do que já foi apontado, existe uma diferença clara entre a privacidade do mundo subjetivo e a publicidade do mundo objetivo. Atos como lavar as mãos, escovar os dentes e dirigir um automóvel podem ser testemunhados por qualquer pessoa. Por outro lado, a cada releitura do solilóquio de *Hamlet*, percebemos mais versões da mente incrivelmente complexa do "doce príncipe". O mundo físico é facilmente acessível e descrito de maneira coerente pelos fenômenos físicos, químicos etc. No entanto, o mundo consciente, fenomênico e existencial tem uma individualidade distinta, impossível de ser percebida completamente, mesmo em declarações honestas.

Os que acreditam que a consciência é redutível à matéria são chamados de *materialistas*, e os que acreditam que a matéria é redutível à consciência são chamados de *idealistas*. Já os que consideram tanto o materialismo quanto o idealismo falsos são chamados de *dualistas* – e estes podem ser interacionistas ou epifenomenalistas.

Não há nada que dificulte uma eventual elucidação de quais áreas corticais ou assembleias neuronais são envolvidas na audição ou na visão, por exemplo. Contudo, como explicar individualmente a experiência do vermelho de um morango, ou a sensação *sui generis* evocada por uma sonata de violino de Beethoven? Podemos até concordar que a consciência, nesse sentido, é redutível ao cérebro e a seus componentes, mas isso não explica como o lado subjetivo da consciência acontece.

No dualismo de propriedade, a consciência poderia ter simultaneamente uma explicação subjetiva e uma existência objetiva. Segundo Chalmers (2003), basta aceitar a consciência como um fenômeno fundamental da natureza – como a gravidade, por exemplo – que ela se torna irredutível ou ontologicamente objetiva. O mesmo autor propõe o uso da palavra *consciousness* (*consciência*) para descrever a experiência fenomênica, e *awareness** para definir o lado fácil do problema da consciência:

> *O dualismo tipo E*** *assume que os fenômenos mentais são ontologicamente distintos das propriedades físicas e que esses estados fenomênicos não têm efeito sobre o mundo físico. Este ponto de vista é conhecido como epifenomenalismo (por isso é chamado e tipo E) – estados físicos causam estados fenomênicos, mas o contrário não é verdadeiro. Sendo assim, as leis psicofísicas são de natureza unidirecional, do físico ao fenomênico.*
> (Chalmers, 2003, p. 33, tradução nossa)

Se o epifenomenalismo é difícil de aceitar, mais difícil ainda são as teorias puramente reducionistas. Isso porque, para Chalmers (2003), o eliminativismo*** reduz a teoria da mente em funções e habilidades, eliminando por completo a questão da subjetividade, transformando-a, como diz Dennett, em ilusão, ou, como aponta Ryle, em um erro categórico. Mesmo Crick e Koch entram em contradição quando dizem que as oscilações de 35-75 Hz funcionam como correlatos da consciência, pois o *binding* (ligadura) ocorre tanto em funções conscientes quanto inconscientes. De qualquer maneira, ainda resta a pergunta: Por que essas oscilações geram experiência? Tudo indica que, para explicarmos a subjetividade adequadamente, é necessário um ingrediente extra. Uma teoria muito popular é a que está relacionada à física quântica.

Na física quântica, um átomo pode estar excitado e não excitado ao mesmo tempo, assim como pode estar em duas posições

---

*   Esses termos têm difícil tradução em português, pois os dicionários o consideram sinônimos. Talvez uma aproximação fosse usar os termos *consciente* (*conscious*) e *ciente* (*aware*).
**   Dualismo de propriedade.
***   A negação da própria existência da consciência, conforme a proposta de autores como Ryle e Dennet.

simultaneamente – é o que se chama de *superposição*. No entanto, apenas um dos estágios pode ser observado de modo randômico. Quando a partícula é bombardeada com ondas eletromagnéticas, ela pode alternar entre o estado excitado e o não excitado. Eventualmente essa superposição desaparece, oferecendo informações sobre a partícula e seu meio ambiente. Esse período é conhecido como *tempo de decoerência* – princípio que possibilitou o desenvolvimento da computação quântica.

Stuart Hameroff (1947-) e Roger Penrose (1931-) aplicaram princípios de **superposição quântica** ao estudo da consciência (Hameroff; Penrose, 1996). Para eles, os elementos básicos para a consciência estariam contidos em subunidades dos microtúbulos, denominadas *tubulinas*, pertencentes ao citoesqueleto do citoplasma dos neurônios. Uma célula ao nível microscópico contém componentes estruturais que se parecem com os ossos do corpo, os microtúbulos, que conferem forma e arquitetura à célula. Esses microtúbulos também podem funcionar como um computador de bordo ou quântico, pois processam informação ao nível molecular e de maneira fundamentalmente diferente das de um computador normal. Em outras palavras, em vez de os neurônios passarem a informação de um ao outro por caminhos predeterminados, eles podem se interligar por um processo conhecido na física quântica como *entanglement* (*entrelaçamento*), isto é, pela ligação de diversos elementos pela via da não localidade, muito parecido com o modo como os fótons podem se influenciar a distância. Dessa forma, uma mudança em um microtúbulo acarreta alterações em outro, espacialmente desconectado. O mais surpreendente dessa teoria, que escapa do reducionismo, é a noção de que cada ponto no espaço é capaz de conter informação de tal forma que o cérebro pode estar conectado ao universo todo, o que leva a crer que o processo de consciência humana é construído pela própria tessitura do universo. As ideias de Hameroff e Penrose (1996) poderiam assumir um caráter extenso: o pampsiquismo. Mesmo assim, não deixa de ser uma teoria reducionista.

Em razão de eventos quânticos, as tubulinas, que interagem umas com as outras, criam condições de computação: elas agem de modo binário, assim como os transístores em computação tradicional (ativado = 1; não ativado = 0), com o fato adicional de que existem muito mais neurônios – e, consequentemente, muito mais tubulinas – do que a quantidade de transístores encontrados mesmo nos computadores mais avançados.

Nos trabalhos de Hameroff e Penrose (1996), essa disposição binária das tubulinas pode atingir, em determinadas condições, um estado de **superposição**, ou seja, ativadas e não ativadas ao mesmo tempo por curtíssimos períodos, um fenômeno chamado de *autocolapso* (*objective reduction* – OR). Esses estados de OR regulam a função sináptica de determinado grupo de neurônios. As possibilidades dos estados OR são influenciadas por proteínas que induzem à ligação entre diversas tubulinas (*microtubule-associated proteins* – MAP), de forma que esse fenômeno todo é denominado **redução objetiva orquestrada** (*orchestrated objective ruduction* – Orch-OR). Como esses estados de Orch-OR podem se consolidar em grandes volumes corticais, isso criou uma teoria reducionista para o fenômeno da consciência.

No entanto, para Chalmers (1995), esses estudos podem até tratar das condições físicas da consciência, mas pouco mencionam o problema difícil, pois uma explicação sobre funções só leva a mais explicações sobre funções:

> A moral de tudo isso é que **você não pode explicar a consciência de uma forma barata**. É notável que os métodos reducionistas – métodos que explicam um fenômeno de nível elevado inteiramente baseado em processos físicos – funcionam tão bem em tantos domínios. [...] Seria ótimo se os métodos redutivos pudessem explicar

a experiência da mesma forma; esperei por um bom tempo que elas pudessem dar. Infelizmente, existem razões sistemáticas que explicam por que esses métodos falham. Métodos redutivos são bem-sucedidos em muitos domínios porque o que precisa ser explicado, nesses casos, são estruturas e funções. Quando se trata de explicar algo que ultrapassa estruturas e funções, esses métodos são impotentes. (Chalmers, 1995, p. 12, grifo do original, tradução nossa)

Chalmers (1995), então, propõe sua própria teoria da consciência: um grande número de fenômenos é explicado com base em entidades mais simples que as supervenientes. Alguns elementos, como a massa, a carga elétrica e o próprio espaço-tempo, só podem ser compreendidos se considerados propriedades fundamentais*.

Por exemplo, no século dezenove percebeu-se que os processos eletromagnéticos não poderiam ser explicados por um processo puramente mecânico. Para tanto, Maxwell e outros introduziram o conceito de carga eletromagnética e força eletromagnética como componentes fundamentais de uma teoria da física, expandindo, dessa forma, a própria ontologia da física. (Chalmers, 1995, p. 14, tradução nossa)

Tendo isso em vista, Chalmers (2003) sugere que uma teoria da consciência deveria considerar **a experiência como algo fundamental** – e onde existe uma propriedade fundamental, existem leis fundamentais. Uma teoria não reducionista da experiência poderia acrescentar novos princípios à coleção de leis fundamentais do universo. Assim, o problema difícil não seria explicado por questões físicas, mas por questões psicofísicas, que não interferem no problema fácil. Esse seria mais um passo para entender o mistério da subjetividade. É claro que isso ainda

---

* No entanto, pesquisas recentes têm entendido que a força da gravidade, assim como as outras quatro grandes forças do universo, deve ser constituída pela intervenção de partículas ainda menores (os grávitons), da mesma maneira que a força eletromagnética é gerada por fótons.

não explica por que a subjetividade existe, mas as leis fundamentais da matéria também não explicam. Por tudo isso, segundo a teoria de Chalmers, a experiência estaria acima das leis da física, que ele posiciona como uma variedade de dualismo: o **dualismo naturalístico**.

Um argumento interessante seria imaginar o que acontece quando o dualista de propriedade epifenomenalista declara que o mundo imaterial existe. Afinal, ele acredita que o mundo mental não influencia o mundo físico, que não há uma relação causal entre eles, de modo que esse raciocínio simplesmente remove o mundo mental do argumento. Assim, afirmar que o mundo imaterial existe é apenas uma crença do cérebro material, que nos leva a acreditar que a consciência imaterial não existe – o que é, no mínimo, uma declaração contraintuitiva. Isso, claro, não prova a não existência do mundo imaterial, apenas que não há razão para supormos que ele exista.

Outro argumento seria o seguinte: se o dualista de propriedade epifenomenalista declara que as substâncias físicas podem ter propriedades mentais e materiais ao mesmo tempo, e que não existe interação direta entre elas, como as propriedades físicas da mente explicariam que as propriedades mentais não existem? Além do mais, como poderíamos observar que as propriedades físicas existem se não tivéssemos acesso às nossas propriedades mentais? Seria mais fácil acreditar que a consciência é apenas material, ou mesmo que substâncias mentais interagem com propriedades mentais, provando que simplesmente não há razão para o epifenomenalismo existir. Além do mais, se considerarmos que propriedades físicas e propriedades mentais estão desconectadas, caímos na lacuna explanatória – o subjetivo não pode explicar o objetivo e vice-versa –, a qual constitui uma contradição para o epifenomenalismo.

Sobre isso, William Hasker (1935-) (2002) expõe sua teoria do **dualismo emergente**, reconhecendo que grande parte dos processos mentais são irredutíveis e não podem ser explicados por argumentos de superveniência ou materialismo. Segundo essa visão, a matéria gera um campo de consciência capaz de funcionar teleologicamente e exercer **livre-arbítrio libertário***, além de modificar o cérebro material. Já Searle (2002), que ataca veementemente o epifenomenalismo, argumenta que se as propriedades mentais não tivessem superveniência sobre as propriedades físicas, mas estivessem apenas coladas nelas, então aquelas não teriam uma causalidade própria, o que nos levaria a inferir que não temos controle sobre nosso próprio cérebro. Nesse caso, no epifenomenalismo, o livre-arbítrio seria impossível.

Importante!

A *negação do livre-arbítrio* no epifenomenalismo constitui uma contradição. Se considerássemos que a consciência em um epifenômeno não tem capacidade para alterar as atividades cerebrais, todo comportamento ocorreria em virtude de uma "corrente autônoma de eventos, independentemente de qualquer tipo de fenômenos mentais conscientes. A consciência é um epifenômeno, incapaz de exercer qualquer efeito sobre o sistema nervoso" (Gallagher, 2006, p. 109, tradução nossa). Descartes, como já mencionado, havia apontado a capacidade dos animais de exibir comportamentos complexos sem a presença da consciência, embora apenas o homem seja capaz de maior grau de autonomia – capacidade que o filósofo atribuiu à intervenção da alma racional.

---

* Trata-se de um termo cunhado por uma escola de pensamento que acredita que os seres humanos são livres do determinismo físico. Dessa forma, o livre-arbítrio requer alguma forma de indeterminismo.

> A questão da consciência se relaciona com o livre-arbítrio e, pelas razões apresentadas, um epifenomenalista não pode aceitar a existência deste.

Apesar de alguns defensores, o epifenomenalismo passou a ocupar um lugar secundário entre as diversas teorias sobre a consciência. Mesmo assim, essa corrente trouxe uma influência positiva para o surgimento de outras teorias, como o **naturalismo biológico** de Searle, que se apoia em duas teses:

> (1) [...] O próprio ato de categorização está sempre relacionado a algum interesse. Por essa razão, tentar responder questões como "Quantas categorias metafísicas fundamentais existem?" não faz sentido. Vivemos exatamente no mesmo mundo único e podemos dividi-lo de todas as formas que desejarmos [...] No entanto, uma distinção útil para certos propósitos pode considerar a diferença entre o biológico e o não biológico. No seu nível mais fundamental, a consciência é um processo biológico que interage com outros processos biológicos, como a digestão, a fotossíntese ou a secreção da bile. Além disso, nossas vidas conscientes são formadas pela nossa cultura, mas a própria cultura é em si mesma uma expressão de nossas capacidades biológicas subjacentes. (2) O que dizer então da irredutibilidade? Essa é a distinção crucial entre minha teoria e o dualismo de propriedade[*]. A consciência se reduz de maneira causal a processos biológicos porque todas as características da consciência podem ser explicadas pelos processos neurobiológicos do cérebro. (Searle, 2002, p. 59-60, tradução nossa)

É dessa forma que Searle procura uma explicação para o problema da objetividade ou não dos processos mentais. Ao considerar que o fenômeno da consciência ocorre em função de processos biológicos, existe

---

* No dualismo de propriedade, a irredutibilidade entre consciência e neurobiologia é de natureza tanto ontológica quanto epistemológica.

uma relação causal entre o pensamento e o funcionamento das redes neurais. Isso pode parecer um tanto óbvio, e você pode se perguntar: Por que existe tanta discussão sobre a gênese dos processos mentais no campo filosófico? A nosso ver, isso se deve à cisão entre a filosofia e a biologia, um equívoco que Searle procura dissipar. É por isso que a hipótese de que a biologia e a filosofia precisam ser articuladas para se ter uma compreensão maior dos fenômenos da consciência é um dos maiores objetivos da presente obra.

2.1.4 *Dualismo de predicados*

O dualismo de predicados parte do princípio de que predicados mentais ou psicológicos são necessários para a compreensão do mundo, mas não são redutíveis a predicados físicos. Nesse sentido, predicado é tudo aquilo que se diz ou que se declara sobre o sujeito. Essa categoria de dualismo representa uma teoria de irredutibilidade diferente das outras, pois não leva em consideração substância nem propriedade, e sim aquilo que Donald Davidson (1917-2003) nomeia **rede nomológica** – isto é, a rede de leis que regem fenômenos do mundo físico (Davidson, 2001). Dito de outra forma, fenômenos como pensamentos, desejos, lembranças e decisões, que escapam à alçada das leis físicas, são capazes de desencadear fenômenos no mundo físico.

Se os predicados mentais fossem redutíveis a predicados físicos, haveriam leis que conectam estados psicológicos a estados físicos, de tal forma que esses predicados mentais conteriam a mesma informação que os predicados físicos. Um exemplo de **redutibilidade** fora do campo da psicologia pode ser visto no caso da água, em que os termos H_2O e *água* significam exatamente a mesma coisa. Como exemplo de irredutibilidade, podemos

> Predicado é tudo aquilo que se diz ou que se declara sobre o sujeito.

citar o termo *infecção*, que pode ser de natureza viral ou bacteriana. Ao falarmos de infecção, portanto, não há uma situação única que a expresse. No campo da psicologia, o termo *desejo* não corresponde a um estado físico específico, pois existem muitos estados psicológicos que podem ser definidos com o mesmo termo, como é o caso do desejo sexual e do desejo de comer, cada um apresentando um estado físico próprio.

Os predicados mentais, nesse sentido, são muito mais caracterizados pelo que fazem do que pelo que constituem. A aplicação do termo *dualismo*, nesse caso, refere-se ao fato de que os predicados mentais não têm uma estrutura física, sendo, portanto, de natureza imaterial – sem as conotações espirituais do dualismo de substância e o caráter epifenomênico do dualismo de propriedades. Essa vertente, elaborada no campo da ciência por Fodor (1983) e no campo da neuropsicologia por Davidson (2001), servem como base para outras teorias mentais, como o funcionalismo e teoria da identidade, que serão vistas mais adiante.

> Tendo em vista o que foi explicado, chegamos ao seguinte problema: Como predicados mentais de natureza abstrata são capazes de se manifestar no mundo por meio de acontecimentos perfeitamente explicáveis pelas leis físicas?

Podemos citar como exemplo um incêndio motivado pelo desejo de vingança ou a ideia de liberdade que inspirou Eugène Delacroix (1798-1863) a compor a famosa pintura *A liberdade guiando o povo*. Nesses dois casos, o sentimento ou desejo de usufruir um direito fundamental é capaz de desencadear acontecimentos no mundo físico como uma revolução.

Immanuel Kant (1724-1804) delimita essa aparente contradição entre um conceito positivo de liberdade (exemplificado pela pintura de Delacroix) e a necessidade natural:

> Como o conceito de uma causalidade traz consigo o de leis segundo as quais, por meio de uma coisa a que chamamos causa, tem de ser posta outra coisa que se chama efeito, assim a liberdade, se bem que não seja uma propriedade da vontade segundo leis naturais, não é por isso desprovida de lei, mas tem antes de ser uma causalidade segundo leis imutáveis, ainda que de uma espécie particular; pois de outro modo uma vontade livre seria um absurdo. (Kant, 2007, p. 93-94)

Assim como Kant, alguns teóricos consideram que não há conflito entre o determinismo causal e os predicados mentais, visto que as leis que cada um segue são distintas. Não há anomalia para gerar um conflito, embora essa regra supostamente natural dos predicados mentais ainda careça de provas. Para aqueles que defendem o dualismo de predicados, uma contradição entre determinismo causal e anomalia dos predicados mentais continua a existir, pois a existência de predicados mentais e predicados físicos é um fato inquestionável. O necessário é explicar como esses dois podem existir lado a lado.

Davidson (2001), em seu trabalho seminal *Mental Events*, procura amainar essa aparente contradição lançando mão de três princípios:

1. **Princípio da interação causal** – Pelo menos alguns eventos mentais interagem de maneira causal com eventos físicos. O autor dá como exemplo o afundamento do primeiro navio couraçado, o Bismarck, precedido por vários eventos mentais – percepções, cálculos, julgamentos, decisões e outras operações mentais que tiveram um papel causal em seu afundamento.
2. **Princípio da causalidade nomológica** – Onde existe causalidade, existe uma lei.

> 3. **Princípio do anomalismo mental** – Não existem leis determinísticas que possam prever ou explicar os fenômenos mentais (Kant postula que elas existem, mas sua natureza é de um tipo especial).

Os três princípios são, de fato, compatíveis entre si, pois eventos mentais são, de acordo com ele, idênticos a fenômenos físicos (Davidson, 2001). Isso faz com que essa concepção não seja puramente dualista de predicados, o que é mais visível em eventos físicos e eventos mentais que coincidem e pertencem a uma mesma identidade ou época. Um exemplo de evento físico é dizer que o assassinato do Arquiduque Ferdinando (1863-1914) coincidiu com o início da Primeira Guerra Mundial. É válido ressaltar, no entanto, que esse tipo de exemplo pode se tornar mais complexo. Quando se afirma, por exemplo, que o descobrimento do Brasil ocorreu na Bahia, isso constitui um evento físico, assim como ao se afirmar que o descobrimento não aconteceu na Bahia. Qualquer uma dessas afirmações é verdadeira tanto para os eventos mentais quanto físicos. Talvez pareça apenas um jogo de linguagem, mas, de todo modo, isso demonstra a dificuldade de se distinguir eventos físicos de eventos mentais.

Outra maneira de explicar esse problema é pensar nos verbos carregados de intencionalidade, como *acreditar*, *propor*, *desejar*, *esperar* e *conhecer*, que podem facilmente ser seguidos por eventos físicos. No entanto, isso também pode ser um problema; afinal, é possível dizer que sentir dor ou ver uma imagem pós-sensorial* são eventos exclusivamente mentais? Vamos dificultar um pouco mais: consideremos que a colisão

---

* Um exemplo de imagem pós-sensorial é o fenômeno visual experimentado depois que olhamos para uma luz forte e, em seguida, desviamos o olhar em direção a um anteparo neutro, como uma parede.

entre duas estrelas é um fenômeno físico inquestionável, havendo um predicado *Px* verdadeiro apenas para essa colisão no momento em que ela ocorreu. No mesmo instante, aqui na Terra, José vê seu lápis rolar pela mesa. Nesse caso, a colisão estelar, por não ter testemunhas, passa a ser um evento mental em relação ao evento do lápis, que teve testemunha? Isso nos leva a crer que os eventos físicos constituem, sim, um sistema fechado, com leis pertinentes embasadas em um vocabulário adequado, mas o mesmo não pode ser dito dos eventos mentais, que têm seus sistemas abertos e anômalos. Para Davidson (2001, p. 224, tradução nossa):

> Não é plausível que conceitos mentais por si mesmos forneçam uma estrutura [como os eventos físicos] simplesmente porque eles não formam, de acordo com o primeiro princípio, um sistema fechado. Muitas coisas que não fazem sistematicamente parte da mente acontecem e a afetam. Mas se combinamos com essa observação que nenhum evento psicofísico pode constituir uma lei estrita, chegamos ao princípio da anormalidade causal dos eventos psíquicos.

Portanto, o exame dos três princípios mencionados anteriormente demonstra que cada um funciona de acordo com sua própria lógica, mas são insuficientes para explicar a interação causal em um sistema dualista de predicados. No fim, o melhor a se dizer é que o dualismo de predicados admite predicados definidos para os eventos físicos e predicados anômalos para os fenômenos mentais.

De acordo com o dualismo de predicados, na linguagem sobre o dilema mente-corpo existem essencialmente dois tipos de predicados. Já o dualismo de propriedade se preocupa mais com a função nesse mesmo dilema do que com a lógica da linguagem. Para exemplificar, pensemos no conceito de furacão: no dualismo de predicados, a palavra *furacão* não é redutível a nenhum tipo de linguagem física específica, pois palavras como *vento*, *velocidade* e *partículas de H₂O* podem se aplicar a muitos outros fenômenos físicos, como uma chuva forte. Dessa maneira, cada furacão individual nada mais é que uma coleção de átomos físicos se comportando de determinada forma. Não é necessário mais do que átomos físicos, com suas propriedades normais, seguindo leis físicas normais, para que haja um furacão.

É possível dizer, portanto, que só a linguagem da física, mais especificamente de sua ontologia, é suficiente para explicar esse fenômeno. Existe uma identidade simbólica entre cada furacão no plano individual, mesmo que não exista uma identidade tipológica.

Assim, o dualismo de propriedade genuíno ocorre quando, mesmo no nível individual, a ontologia da física não é suficiente para descrever o que lá está, e no dualismo de predicados, um fenômeno imaterial (como um pensamento) resulta de um ato concreto.

2.1.5 Argumentos contra o dualismo

O primeiro argumento contra o dualismo é a **causalidade**, isto é, a relação entre dois eventos, sendo o primeiro (causa) considerado o responsável pelo segundo (efeito). A causalidade também pode ser definida como a relação entre um grupo de fatores (causas) e um fenômeno (efeito), ou entre um grupo de fatores e um grupo de fenômenos. O responsável pela conexão entre causa e efeito é o **nexo causal**, e a relação estabelecida pode ser direta, sem fatores intermediários, ou indireta. Causas e efeitos são tipicamente relacionados a mudanças, eventos ou processos.

Em um discurso de 1913, feito perante a Aristotelian Society, Bertrand Russell (1872-1970) refutou os fundamentos tradicionais a respeito da noção de *causa* ao apresentar a **lei do determinismo universal***, que afirma que todo evento tem uma causa. O filósofo também propôs que a palavra *causa* fosse removida do vocabulário filosófico. Assim, a discussão gira em torno de três definições tidas como tradicionais:

Causalidade. *(1) A conexão necessária entre eventos numa série temporal.*
Causa *(noção de). Qualquer coisa que pode ser incluída no pensamento ou percepção de um processo que passa a existir em consequência de outro processo.*
Causa e Efeito. *(1) São termos correlacionados que denotam quaisquer fases, eventos ou aspectos distinguíveis da realidade, que estão relacionados entre si de tal forma que, quando o primeiro deixa de existir, outro começa a existir imediatamente depois, e de tal forma que, quando o segundo começa a existir, o primeiro já deixou de existir imediatamente antes.* (Dicionário de Baldwin, citado por Russell, 1913, p. 2, tradução nossa)

Russell começa seu argumento questionando a afirmação de que a causalidade consiste em uma conexão necessária entre eventos em determinado período. O problema reside na palavra *necessária*, vista como indicador de algo que seria verdadeiro sob qualquer circunstância, conhecido como *função proposicional*, fato que acarreta a necessidade de uma proposição ser verídica independentemente da ordem e do conteúdo

---

* A doutrina de que todos os eventos, incluindo as ações humanas, são determinados em última análise por causas externas ao livre-arbítrio. Essa noção será examinada mais detidamente quando discutirmos o behaviorismo.

de seus constituintes*. Tomando como exemplo a própria causalidade, a fim de se estabelecer a veracidade da proposição: "Se um evento $e1$ ocorre num tempo $t1$, esse evento será seguido por um evento $e2$", seria necessário determinar o período de tempo, que poderia ser $t1$, para que essa relação causal pudesse ser estabelecida com precisão. Por exemplo, o fato de que uma ferida cortante cicatriza melhor depois de suturada só é válido se isso for feito nas primeiras horas depois do corte. Se a ferida for suturada dias depois, a possibilidade de infecção aumentará e a cicatrização será prejudicada; logo, não é "necessário" que suturas sejam sempre seguidas por cicatrização. Dizer que um evento é "necessariamente" seguido por outro em dada sequência temporal nem sempre é verdade.

A segunda definição é logo descartada por ser de natureza psicológica, pois envolve pensamento e percepção. Já a terceira definição é tratada com mais cuidado, apesar de apresentar que a causa seria capaz de mudar o efeito, mas que o efeito nem sempre pode mudar a causa. Esse argumento transfere o fator *tempo* para a causa, tornando difícil imaginar que "a causa, depois de existir placidamente por algum tempo, pode explodir-se num efeito, embora pudesse muito bem ter feito isso antes ou até nunca" (Russell, 1913, p. 5, tradução nossa). Considerando a enorme quantidade de variáveis que podem determinar um evento, ligar causa e efeito dessa maneira parece improvável.

---

* Esse conceito, também conhecido pelo termo *validade*, já foi abordado no primeiro capítulo, na parte que trata do raciocínio dedutivo. Russel (1913, p. 13, tradução nossa) expande essa ideia da seguinte forma: "Uma função proposicional é uma expressão que contém uma variável, ou constituinte indeterminado, transformando-se numa proposição de maneira tão rápida que um valor definido é atribuído à variável. Por exemplo, 'A é A', 'x é um número'. A variável é conhecida como um argumento daquela função".

Em um artigo sobre a noção de causa russeliana, Chibeni (2001, p. 127-128) aponta quatro diferenças entre a concepção de causalidade e a visão filosófica tradicional de Russell:

> Voltando à noção de causação que Russell timidamente está esboçando, ele próprio indica alguns aspectos importantes que a distinguem de noções tradicionalmente defendidas pelos filósofos:
> a) Não supõe que as sequências sejam mais do que prováveis, ao invés de invariáveis e necessárias (p. 140).
> b) Não assume que **todo** evento tenha algum antecedente que seja sua causa, mesmo nesse novo e limitado sentido (p. 141).
> c) **Todo** caso de sequência suficientemente frequente será causal nesse sentido. Por exemplo, diz Russell, não deve repugnar-nos dar a noite como causa do dia (p. 141).
> d) As leis causais são, nas ciências maduras e quantitativas, simplesmente substituídas por equações diferenciais (p. 141-2). A existência de equações diferenciais capazes de descrever certos processos é que constitui a única forma aceitável do chamado princípio ou lei de causalidade.
> A partir desses quatro pontos, e em especial do último, Russell aponta mais quatro diferenças:
> 1) O princípio de causalidade, na nova interpretação, não é "**a priori** ou autoevidente ou uma 'necessidade do pensamento'. Nem é, em nenhum sentido, uma premissa da ciência, mas uma generalização empírica a partir de certo número de leis gerais que são, a seu turno, generalizações empíricas" (p. 142).
> 2) A lei ou princípio de causalidade não diferencia passado e futuro (p. 142).
> 3) Para que seja empiricamente verificável, o princípio deve ser aplicável apenas a sistemas isolados (p. 142).
> 4) Embora a ciência não assuma a velha "lei de causalidade", assume a "uniformidade da natureza"; ou melhor, ela aceita essa lei com base em indução. Porém sua interpretação correta é a de um "princípio de permanência das leis" (p. 143). Além disso, tal princípio não deve funcionar como uma espécie de "premissa maior" para os raciocínios científicos: é epistemicamente mais econômico assumir a verdade de cada lei científica caso a caso.

Na ciência moderna, essa concepção foi substituída pela noção de que as leis causais podem também ser compreendidas como relações funcionais, para as quais o determinismo não é estritamente necessário.* Diante dessas considerações, podemos examinar os demais argumentos desfavoráveis ao dualismo.

O segundo argumento contra o dualismo é a **interação causal**, que questiona como o material e o imaterial interagem. Se a consciência (mente) pode existir de maneira independente da realidade física, é fácil explicar fenômenos como o interacionismo e o epifenomenalismo. No entanto, segundo as quatro regras de Aristóteles, a interação causal, como é exposta na causa material (final e motora), sempre ocorre entre dois objetos físicos ou entre objetos e forças da natureza. Chalmers (2003) responde a esse desafio afirmando que a consciência é uma força da natureza. A causa formal é mais difícil de entender. No entanto, o argumento da materialidade nos lados causais da mudança fica mais claro com exemplos como: "Uma folha muda de aspecto de acordo com a estação do ano".

Outro argumento importante contra a ideia do dualismo é o **princípio da conservação da energia**, que ganha força se assumirmos uma postura determinística**. Quando uma pessoa atravessa uma sala, por exemplo, o mais provável é acreditar que isso foi motivado por desejo

---

* Para Searle, todos esses conceitos estão ligados entre si porque há uma necessidade de temporalidade. É preciso buscar outros embasamentos para explicar fenômenos como: "A mesa está imóvel porque está presa ao chão pela força da gravidade", ou "A tinta está colada na parede por forças adesivas". O quinto postulado de Russell parece corroborar essa observação.

** O determinismo perde força com conceitos como o *naturalismo biológico* de Searle, mas é compatível a outras teorias materialistas da mente, como o behaviorismo, o funcionalismo e a teoria da identidade. De qualquer maneira, o dualismo é completamente incompatível com qualquer aspecto do determinismo.

ou vontade. Em eventos mentais como esse, um grupo de neurônios começa a disparar; contudo, se não houvesse uma causa totalmente física responsável por esse disparo, a ação não ocorreria. Isso contrapõe a teoria dualista, que aponta que algo fora do mundo físico causaria esse comportamento, o que seria, no mínimo, um milagre (aliás, bem adequado ao *explanandum* dualístico). Tais interações violariam as leis da física e, principalmente, a **lei da conservação de energia**, pois a energia viria do nada, ou de algum lugar indeterminado. É claro que se o determinismo fosse substituído por um ato de fé, isso seria totalmente insustentável. Como não existem argumentos que **necessariamente*** eliminem atos de fé, o argumento físico não é tão forte quanto o da materialidade da causalidade, visto que entraríamos em uma argumentação circular (de que é preciso ter fé no determinismo).

O último argumento importante contra o dualismo vem de pesquisadores como Paul Churchland (1942-), que discute a lesão cerebral. Como um dualista explicaria que toda vez que o cérebro é lesado, a mente também é prejudicada? Todo neurologista sabe que, para haver qualquer alteração no estado de consciência, é necessário que haja uma lesão cerebral difusa. Lesões localizadas, mesmo quando atingem áreas extensas do lobo occipital, por exemplo, causam prejuízo da função correspondente apenas à área afetada.

Tendo isso em vista, a dificuldade do dualista consiste em explicar essa situação considerando que a mente é uma entidade ontológica distinta do cérebro. Mesmo assim, dualistas de propriedade, como Chalmers, e proponentes do dualismo emergente, como William Hasker, evitam o problema ao determinarem que a mente é uma propriedade ou substância que emerge de qualquer arranjo apropriado da matéria física.

---

* *Necessário* significa o que é verdadeiro em todo e qualquer mundo.

2.2
Materialismo

Teorias que definem que não existe nada além da matéria constituem o objeto de estudo desta seção. Segundo as correntes materialistas, os estados mentais não passam de sofisticados estados de sistemas físicos e, por isso, podem ser reduzidos a fenômenos físico-químicos, que determinam os padrões dos disparos neurais. Isso é conhecido como *reducionismo nas ciências em geral*.

Os reducionistas são aqueles que, ao apreender uma teoria ou um fenômeno, incorporam-nos a outra teoria ou fenômeno. Por exemplo, na matemática, isso significa assimilar alguma expressão a seus elementos lógicos. Na biologia, isso traduz a redução de alguns fenômenos celulares a seus constituintes fisiológicos e bioquímicos. Há inclusive alguns autores do campo da metafísica e da filosofia que acreditam que tudo na ciência pode ser reduzido à física. O reducionismo é, pois, a base do materialismo. Trataremos a seguir das maneiras com que alguns autores concebem esse conceito na neurociência. Todos, no entanto, atribuem os fenômenos mentais aos constituintes anatômicos, fisiológicos e bioquímicos do tecido neural.

2.2.1 Behaviorismo

Behaviorismo é a ciência que se dedica ao estudo do comportamento, acreditando-se ser uma propriedade de todo organismo. Ela não inclui culturas nem grupos sociais, pois sua preocupação se restringe ao comportamento individual. Também podemos considerar o behaviorismo como uma atitude, uma maneira de conceber regras empíricas que influenciam estados psicológicos. Wilfrid Sellars (1912-1989) ressalta que a expressão *psicologia behaviorista* tem mais de um significado, o que resulta em uma "sofisticação de características manifestas":

> Uma psicologia é behaviorista num sentido mais amplo, se [...] suas hipóteses de eventos psicológicos forem sempre confirmadas a partir de critérios comportamentais. Não geram ansiedade conceitos como sensação, imagem, pensamento consciente ou inconsciente, pois todos pertenceriam a um esquema manifesto; mas requer que a experiência da dor, por exemplo, seja explorada puramente em termos comportamentais. (Sellars, 1963, p. 22, tradução nossa)

De acordo com Graham (2000), como doutrina, o behaviorismo procura se manter entre três declarações fundamentais: a metodológica, a psicológica e a lógica.

Para o **behaviorismo metodológico**, a psicologia é a ciência do comportamento, não da mente, e o behaviorismo é a teoria normativa da conduta do estudo da psicologia. Não existe qualquer preocupação com estados mentais ou com a construção de teorias sobre processamentos internos responsáveis pelo comportamento. Por isso que construções mentais como crenças e desejos não fazem parte de uma pesquisa comportamental. Presume-se também que um objeto digno de ser estudado pela ciência precisa ter um caráter público (que pode ser atestado por diversas pessoas ao mesmo tempo), o que exclui as atitudes proposicionais (desejos, crenças etc.), isto é, fenômenos presenciados na primeira pessoa. O principal proponente do behaviorismo metodológico é John Watson (1878-1958).

A abordagem metodológica procura explicar o comportamento com base em estímulos externos; o **behaviorismo psicológico**, por sua vez, considera diversos fatores, como estímulos físicos externos e respostas/histórias de aprendizagem acompanhadas ou não de reforços. Os principais proponentes dessa abordagem são Burrhus Frederic

Skinner (1904-1990), Ivan Petrovich Pavlov (1849-1936) e Edward Lee Thorndike (1874-1949). Para o behaviorismo psicológico, a consciência não se presta como objeto de investigação científica.

Uma vez estabelecida que a origem do comportamento é externa, os fatores internos precisam ser negados ou, pelo menos, ressignificados com base em uma abordagem behaviorista. Essa é a preocupação do **behaviorismo lógico** (também conhecido como *behaviorismo analítico* ou *filosófico*), uma teoria que se ocupa da semântica (significado) de conceitos e estados mentais. Os behavioristas dessa linha entendem, por exemplo, que os efeitos causados no comportamento vindo de crenças e desejos não são de origem interna (subjetivos), mas respostas a certas combinações de estímulos externos. A literatura sobre o behaviorismo lógico é encontrada na obra de Gilbert Ryle (1900-1976), de Ludwig Joseph Johann Wittgenstein (1889-1951) e, mais recentemente, de Ullin Thomas Place* (1924-2000).

Um dos primeiros behavioristas lógicos contemporâneos foi Gilbert Ryle, que publicou o célebre artigo "Descartes' Myth" ("O mito de Descartes"), em 1949. Nesse escrito, Ryle faz uma excelente descrição do dualismo, intitulado por ele como *doutrina oficial*, e expõe aquilo que denomina como "o absurdo da doutrina oficial", ilustrado pela expressão *o fantasma na máquina*. De acordo com o filósofo, o dualismo parte de erros categóricos em que fatos da vida mental são descritos como se pertencessem a uma categoria que não a física. Em suas palavras:

> *A um estrangeiro que visita Oxford ou Cambridge pela primeira vez, é apresentado certo número de faculdades, bibliotecas, campos de jogos, museus, departamentos científicos e escritórios administrativos. Ele então pergunta: "mas onde está a*

---

* Place eventualmente abandonaria seu lugar entre os behavioristas para se tornar um dos proponentes da teoria da identidade.

universidade?" [...] É preciso lhe explicar que a universidade não é uma instituição colateral [...], é apenas uma representação de como se organiza tudo aquilo que ele víu. (Ryle, 2002, p. 34, tradução nossa)

Na seção anterior, citamos o caso do termo *infecção*, que representa um conceito genérico de natureza imaterial com diversos estados físicos, cada um com características materiais próprias. No caso do emprego do termo *universidade*, acontece algo semelhante, pois se trata de uma representação de instâncias de natureza física, tanto no que se refere aos prédios e trabalhos de ensino e pesquisa que resultam de sua associação com determinados ideais quanto em relação aos indivíduos que a frequentam (professores, alunos etc.). Na visão de Ryle, esse seria o erro do dualismo, pois é um conceito tão redutível ao cérebro quanto H_2O é redutível ao termo *água*. No entanto, não podemos cair no erro de dizer que Ryle é um dualista de predicados, pois essa análise de termos se adapta mais aos conceitos do funcionalismo e da teoria da identidade.

2.2.2 Eliminativismo

O eliminativismo é o agrupamento de diversas teorias behavioristas, como o metodológico, o psicológico e o lógico. Essa corrente considera que a consciência não existe e que não há verdade fenomênica representada pelos *qualia*. Atualmente, os principais proponentes do eliminativismo são Dennett e Churchland. Como jocosamente aponta Dennett (1988, p. 382, tradução nossa):

> *Eu quero que seja algo desconfortável falar de qualia – ou de "sensações primitivas", ou de "propriedades fenomenais", ou de "propriedades subjetivas e intrínsecas", ou do "caráter qualitativo" da experiência – com a presunção corriqueira de que eles ou qualquer outra pessoa sabem "pelo amor de Deus"* [what on Earth] *do que estão falando.*

Outro bom exemplo, embora metafórico, a respeito da inutilidade de termos como *qualia*, é a lendária resposta do músico Louis Armstrong (1901-1971) ao pedido de explicação do que era *jazz*: "Se você precisa perguntar, jamais saberá" (Block, 1978, p. 281, tradução nossa).

Um dos defensores do eliminativismo é Churchland (1981). Em seu artigo "Eliminative Materialism and the Propositional Atitudes", ele destaca dois pontos principais. O primeiro ponto é o que eliminativistas e behavioristas chamam de ***folk psychology***: de maneira geral, a psicologia popular (PP) é simplesmente a informação leiga sobre a mente e seus atributos, um apelo a platitudes aceitas por todos, como "pessoas com dor buscam alívio", "pessoas raivosas tendem a ser impacientes" e outras conclusões semelhantes. Grande parte do interesse na psicologia popular deriva do papel central que a previsão e a explicação do senso comum exercem em nossas vidas. Para alguns autores, como Jerry Fodor (1935-), a PP é considerada muito mais eficiente para prever o comportamento do que outras abordagens científicas contemporâneas.

Para que a PP conquiste *status* de teoria, ela precisa primeiramente incorporar alguns tópicos frequentes das teorias de filosofia da mente, como a previsão do comportamento, a semântica de predicados mentais, a teoria da ação, o problema das outras mentes, a intencionalidade dos estados mentais, a natureza da introspecção e o problema corpo-mente* (Nichols, 2000). Resta-nos saber se listas como essas seriam ou não refutadas pela ciência moderna.

Para o eliminativismo materialista, a PP está tão errada que até possibilita rejeitar os requisitos teóricos de estados mentais como crenças (*beliefs*) e desejos. Para os pensadores dessa corrente, desenraizar a PP seria o mesmo que desenraizar a ontologia do sobrenatural.

---

* Não trataremos de todos esses tópicos, pois um estudo mais completo da PP está fora dos propósitos deste livro.

Assim, o eliminativista materialista rejeita a PP por considerá-la um relato inadequado de nossas atividades internas e externas. O suposto fracasso da PP em explicar as ciências é apresentado por Churchland (1981), que questiona como a alquimia era encarada na época em que a química moderna estava sendo descoberta ou como um astrofísico contemporâneo considera a cosmologia aristotélica. Além disso, há o argumento de que a PP é uma teoria estagnada, pois, ao ser comparada à PP da Antiguidade Clássica, percebe-se que a PP contemporânea pouco mudou. Todos esses argumentos encontram respaldo na aparente impossibilidade de encaixar a PP em uma teoria reducionista e, portanto, no espectro da neurociência.

A abordagem das concepções racionalistas é diferente das empiristas, que coloca no centro da questão fenômenos como os *qualia* e as experiências subjetivas primárias. Para os racionalistas, o foco é deslocado para a **intencionalidade** (crenças, desejos etc.), também chamada de *função proposicional* – como visto anteriormente.

Dennett (1971, p. 87, tradução nossa) declara:

> *Eu gostaria de examinar o conceito daquele tipo de sistema cujo comportamento pode ser explicado e previsto, mesmo que ocasionalmente, pela presença neste de crenças e desejos (assim como esperanças, medos, palpites...). Chamarei tais sistemas de sistemas intencionais, assim como chamarei as explicações e previsões de explicações e previsões intencionais [...]. A primeira coisa que gostaria de dizer sobre sistemas intencionais é que eles só existem em previsões que podem ser feitas em virtude de crenças, desejos etc.*

As características da intencionalidade serão mais bem avaliadas quando comparadas – como estratégias básicas de previsão – às três posturas da ciência tradicional: a postura física, a postura embasada em um projeto e a postura baseada em uma criatura racional/viva.

Para Dennett (1971), a postura física é o método laborioso das ciências físicas. É a combinação das leis físicas, conhecidas como aquilo que sabemos sobre a constituição das coisas para explicar fenômenos naturais e prever os acontecimentos relacionados a eles. Por exemplo, quando queremos calcular a trajetória de uma espaçonave até Marte, usamos o que sabemos sobre o astro e os materiais que compõem uma nave e combinamos a isso os princípios da mecânica celeste e da física em geral (gravidade, movimento angular etc.).

A postura perante um objeto projetado é bem diferente. Tomemos por exemplo um aparelho de televisão: ligado, é possível usar o controle remoto para trocar de canal, ajustar o volume etc. Também apreciamos as imagens e os sons que aparecem como mágica no aparelho. Não temos a menor ideia de como tudo isso funciona, apenas **presumimos** que tudo acontecerá porque esse artefato foi **projetado** para tal. Qualquer previsão para seu funcionamento parte desse princípio.

As falhas de previsões sobre objetos inanimados ocorrem em função da complexidade do objeto em questão. Embora seja mais difícil que um machado não funcione direito do que um relógio de precisão, ambos podem falhar. Criaturas vivas, principalmente as racionais, são um desafio ainda maior para as previsões. Isso porque elas têm um projeto próprio, uma intenção baseada em seus objetivos, que são regidos por desejos, crenças ou necessidades. Como exemplo, pense em um jogo de xadrez entre uma pessoa e um computador. É difícil dizer que o computador "queira" jogar ou que "conhece" as regras, embora tenha sido programado com diversas possibilidades de jogadas para simular um jogador real. Além disso, o desempenho dessa máquina está nas mãos de um programador, sujeito a desejos, crenças etc.

Em suma, o eliminativismo é uma teoria oposta às outras teorias da mente vistas até agora. Em vez de considerar o fenômeno da consciência como algo irredutível à matéria, essa corrente (assim como as behavioristas) considera o comportamento humano como resultado de atos decorrentes de processos puramente mecânicos. Nessa perspectiva, a consciência seria apenas uma ilusão, conforme pontua Dennett (1971).

2.2.3 Funcionalismo

O funcionalismo é uma doutrina da filosofia da mente que considera que um estado mental não depende necessariamente de estruturas cerebrais, mas do papel que desempenha no sistema cognitivo. Essa independência do estado interno implica que uma hipotética constituição física poderia ser representada por um computador ou um alienígena, por exemplo, e mesmo assim os resultados seriam semelhantes. Um dos principais proponentes do funcionalismo é Ned Block (1942-), que assim resume o funcionalismo:

> *Eis uma caracterização do funcionalismo que é provavelmente suficientemente vaga para ser aceitável para a maior parte dos funcionalistas: cada tipo de estado mental é um estado consistindo numa disposição para agir de certas maneiras e para ter certos estados mentais, dados certos inputs sensoriais e certos estados mentais. Assim formulado, o funcionalismo pode ser visto como uma nova incarnação do behaviorismo. O behaviorismo identifica estados mentais com disposições para agir de certas maneiras em certas situações de input. Mas, tal como os críticos têm apontado (Chisholm 1957; Geach 1957; Putnam 1963) o desejo de alcançar a finalidade G não pode ser identificado com, digamos, a disposição para fazer A nas circunstâncias de input em que A conduz a G, uma vez que, afinal, o agente pode não saber que A conduz a G e portanto pode não estar disposto a fazer A. O funcionalismo substitui os inputs sensoriais do behaviorismo por 'inputs sensoriais e estados mentais'; e substitui as disposições para agir behavioristas por disposições para agir e ter determinados estados mentais. (Block, 1996, p. 63, tradução nossa)*

O funcionalismo tem três fontes distintas. A primeira é a de Hilary Putnam (1926-2016) (1973) e Fodor (1983), que analisam os estados mentais por meio de uma **teoria computacional** empírica da mente. A segunda é a análise topicamente neutra de Smart, que levou Armstrong (1981) e Lewis (1966; 1980) a uma **análise funcional** dos conceitos mentais. Por fim, Wittgenstein elaborou uma **teoria de significado e uso**, que fundamentou a versão do funcionalismo desenvolvida por Sellars e Graham Harman.

Em síntese, o funcionalismo baseia-se em dois princípios básicos. Primeiramente, as pessoas estruturam o comportamento em representações mentais simbólicas que obedecem a regras preestabelecidas, que em conjunto podem ser chamadas de *sintáticas* – ou seja, o comportamento depende de **estruturas linguísticas**. O aspecto biológico do cérebro não é negado, mas sua importância diminui em razão do segundo princípio, referente ao exercício dessa sintaxe linguística como uma forma de **computação**, que pode ser executada em sistemas não biológicos com a mesma eficiência. O funcionalismo, portanto, entende que os eventos psicológicos podem ser explicados de acordo com uma **organização funcional**, da mesma maneira que o *software* determina o comportamento do *hardware*.

> Um bom exemplo disso é o **Teste de Turing**, que é realizado da seguinte maneira: um observador fica diante de duas salas fechadas: em uma delas há um computador e, na outra, uma pessoa. Sem saber o que tem em cada sala, o indivíduo faz uma série de perguntas. Se ele não conseguir determinar onde está o humano com base nas respostas, então o teste foi positivo – e esse resultado também comprova a existência do funcionalismo.

O debate sobre o funcionalismo concentra-se na seguinte questão: A consciência é de natureza fenomenológica ou fisicalista?

Putnam, em seu artigo "Meaning and Reference" (1973), aponta as relações entre extensão e intensão para tentar definir isso. Na filosofia da linguagem, **intensão** significa a representação conceitual de uma expressão linguística aplicada a um objeto ou conceito. Por exemplo, o termo *navio* se refere a um veículo de transporte aquático. No caso da **extensão**, esse termo abrange categorias mais específicas, como navio de carga, navio de passageiro e navio de guerra. Outro exemplo famoso é o caso das estrelas da manhã e da tarde: ambas se referem ao planeta Vênus, mas apresentam extensões diferentes que se referem à sua aparição de manhã e à tarde.

No caso do dualismo de substância, a consciência não é uma extensão do cérebro e vice-versa. A mente apresenta o pensamento como sua essência, mas não se estende para o mundo físico. No caso do dualismo de propriedade, por outro lado, cérebro e mente apresentam a mesma intensão ou substância – a matéria física –, porém exibem duas extensões: as propriedades (extensão física) e as crenças, os desejos e as emoções (extensão mental).

O funcionalismo parte da concepção tradicional do significado como conceito mental. No entanto, a apreensão do significado sempre remonta a determinado estado psicológico, mesmo quando pode ser compreendido por pessoas diferentes em tempos diferentes. Além disso, dois termos podem ter a mesma extensão e intensões diferentes. Por exemplo, em "criatura com coração" e "criatura com rins", temos nos dois casos igual extensão (criatura), mas intensões diversas (coração e rins, respectivamente). Essa visão tradicional se baseia em dois princípios:

1. Conhecer o significado de um termo é simplesmente estar em determinado estado psicológico.
2. O significado de um termo determina sua extensão, assim como intenções iguais determinam extensões iguais.

Para Putnam (1973), no entanto, ambas as afirmações estão incorretas. Ele contesta o primeiro caso com o seguinte exemplo: o habitante de um mundo X e o habitante de um mundo Y, idêntico ao primeiro, chamam de *água* um líquido muito parecido. Embora a aparência do líquido seja a mesma, no mundo X água é o resultado da fórmula H_2O, e no mundo Y, da fórmula H_3PO_4. Assim, pode-se dizer que os dois habitantes apresentam intenções distintas para uma mesma extensão, e, embora ambos estejam no mesmo estado psicológico, no ponto de vista de cada um, o que o outro considera água não é realmente água.

Já a refutação do segundo caso é dada com o seguinte exemplo:

Suponhamos que você seja como eu e não saiba diferenciar um olmo de uma faia. E, ainda, que a extensão de **olmo** *no meu idioleto seja a mesma que a extensão de* **olmo** *para qualquer outra pessoa, isto é, que o conjunto de todos os olmos e o conjunto de todas as faias seja a extensão de* **faia** *em ambos os idioletos (meu e seu). Portanto,* **olmo** *no meu idioleto tem uma extensão diferente da de* **faia** *no seu idioleto. Seria mesmo possível que essa diferença de extensão fosse causada pela diferença de nossos* **conceitos**? *Meu* **conceito** *de olmo é exatamente o mesmo que meu conceito de faia (enrubesço em confessar). [...] Então você entende faia quando eu digo* **olmo** *e eu entendo olmo quando digo* **olmo**. *Isso quer dizer que* **significados** *não estão na* **cabeça**! (Putnam, 1973, p. 704, tradução nossa, grifos nossos e do original)

Nesse excerto, Putnam quer provar que não usaríamos a palavra *olmo* se não houvesse uma maneira de reconhecer essa árvore, mesmo que nem todos sejam capazes de reconhecê-la. A isso o autor denomina *divisão do trabalho linguístico* (a aquisição de um termo não implica na aquisição de um método de reconhecimento do termo). Em outras palavras, ontologia e epistemologia não precisam coincidir. Por exemplo, alguém poderia dizer: "aquele homem está feliz com sua taça de champanhe", quando na verdade ele bebe gim em uma taça de champanhe. Pode não haver uma maneira de reconhecer essências diferentes, e por isso usa-se o mesmo termo pensando-se que ele está correto. Com base nesse conceito, Putnam propõe a seguinte hipótese:

> *Hipótese da Universalidade da Divisão do Trabalho Linguístico:*
> Cada comunidade linguística exemplifica uma espécie de divisão do trabalho linguístico; isto é, apresenta ao menos alguns termos cujos critérios a eles associados são conhecidos por apenas alguns dos interlocutores que os adquirem e cujo uso depende de uma cooperação estruturada entre eles e os demais interlocutores. (Putnam, 1973, p. 706, tradução nossa, grifo do original)

É o que acontece, por exemplo, quando regionalismos muitíssimo claros entre os membros de determinada comunidade soam estranhos ou chegam a ser incompreensíveis aos moradores de outras regiões.

Para os funcionalistas, o problema mente-corpo é, acima de tudo, linguístico, especificamente sintático, e por isso qualquer sistema baseado em sintaxe pode realizar operações mentais.

Nessa corrente, não existe preocupação em descrever exatamente o que ocorre no tecido nervoso quando um pensamento é gerado: a preocupação é saber de que maneira arranjos funcionais, que podem até ser extracerebrais (como ocorre nos sistemas de inteligência artificial), podem produzir atividades mentais.

John Smart (1920-2012) começa seu importante artigo "Sensations and Brain Processes" (1959) descrevendo uma imagem pós-sensorial, aventando a hipótese de que a imagem que está sendo vista pode nem estar lá (e, muitas vezes, sabemos disso). Em nossa experiência cotidiana, é comum confundirmos uma sombra na parede de madrugada com um invasor ou até com uma aparição sobrenatural, quando, na verdade, trata-se apenas da sombra de um casaco que deixamos em cima de uma cadeira.

Dessa maneira, para Smart, existe uma diferença fundamental entre o que está ocorrendo na mente consciente, que é resultado tanto dos processos físicos corporais quanto dos desejos, crenças e emoções, e o que existe fora do corpo, em um mundo exclusivamente físico. Smart e Ullin Place são os criadores da **teoria da identidade,** segundo a qual estados peculiares que ocorrem na mente são idênticos a estados particulares no cérebro, uma teoria materialista diferente das correntes eliminativistas, pois reconhece a existência dos processos mentais. Abordaremos essa teoria com mais detalhes na próxima seção, mas, por ora, é importante ressaltar que no funcionalismo não existe uma grande preocupação em descrever exatamente o que ocorre no tecido nervoso quando um pensamento é gerado, e sim de que maneira arranjos funcionais – que podem até ser extracerebrais, como ocorre nos sistemas de inteligência artificial –produzem atividades mentais.

David Lewis (1941-2001), para explicar a sua versão do funcionalismo, apresenta três casos distintos para análise. O primeiro caso é composto por pessoas que se contorcem e gritam quando são beliscados. Segundo Lewis (1980), se quisermos uma teoria crível da mente, é necessário que ela não exclua o que sentimos nessas ocasiões. O segundo caso é o de um louco, cujo sistema nervoso é idêntico ao das demais pessoas do planeta, mas com uma ligeira diferença: quando é beliscado, ele também sente dor, porém, não evita a causa dessa dor porque ela o ajuda a se concentrar em problemas de matemática, além de lhe dar uma vontade de cruzar as pernas e estalar os dedos. Em suma, ele sente a dor, mas ela não provoca nele as relações causais normalmente associadas à dor. O último caso é o do marciano, que, no lugar de um sistema nervoso como o nosso, tem uma mente hidráulica feita de diversas cavidades cheias de fluidos, que incham e desincham em reação aos estímulos. Nessa criatura, a dor provoca uma distensão de pequenas cavidades nos pés, que resulta no mesmo comportamento que se vê em humanos que sentem dor: ele se contorce, grita e pede para que parem de maltratá-lo. Para se chegar a uma teoria crível da mente, não podemos excluir nenhum dos três casos.

Adotando uma visão de conceptibilidade no limite, Lewis (1980) espera por uma teoria capaz de comportar esses três casos, argumentando que uma teoria materialista talvez jamais seja capaz disso. Há um caso em que sistemas nervosos idênticos produziram comportamentos diferentes, e outro em que um sistema nervoso completamente diferente acarretou comportamento idêntico ao ser produzido por um sistema nervoso normal. Esse argumento difere do argumento do zumbi em virtude da complicação oferecida por Lewis: dois sistemas nervosos anatomicamente iguais geram comportamentos diferentes. Na linguagem de Saul Kripke (1940-) (1972), a dor louca é associada à sua causa apenas de uma maneira contingente, ao passo que a dor marciana está conectada de maneira contingente a estruturas físicas diferentes (no caso, à estrutura humana).

Na linguagem dos funcionalistas, a dor pode ocorrer em diferentes estados físicos nas mais diversas criaturas ou, em outras palavras, pode ocorrer de maneira múltipla. Smart (1959) nomeia essa ocorrência de *topicamente neutra*, isto é, a relação entre estímulo e resposta é causal, de modo que é logicamente possível que estados não físicos realizem estados mentais. Evidentemente, o funcionalismo acaba sendo uma consequência natural para os dualistas que querem ir além do dualismo de propriedade, de modo que essa corrente fica no meio do caminho entre dualismo e materialismo.

2.2.4 Teoria da identidade

Proposta principalmente por Place, Herbert Feigl (1902-1988), Smart e David M. Armstrong (1926-2014), a teoria da identidade abrange uma variedade de pontos de vista que se preocupam com a relação entre mente e corpo. Nessa perspectiva, estados mentais são equivalentes a estados neurais, que são idênticos aos estados físicos.

De acordo com essa vertente, existe uma brecha epistemológica entre os domínios físicos e fenomenológicos, mas não uma fenda ontológica, ou seja, o fato de não se conhecer ou não se conseguir explicar o problema difícil não significa que não haja uma explicação física para a subjetividade.

Quando a teoria da identidade surgiu, alguns pesquisadores começavam a questionar o eliminativismo dos behavioristas, que colocava em dúvida fenômenos como consciência, experiência, sensações e imagens mentais, pois estes seriam apenas relações funcionais decorrentes de reações comportamentais a estímulos externos. Dois conceitos-chave dessa teoria são os princípios da **dependência*** e da **correlação****. Para

---

* Qualquer relação estatística entre duas variáveis randômicas que exibiriam uma independência probabilística.

** Uma classe ampla de relações estatísticas que envolvem dependência. Correlações são úteis porque indicam uma relação de previsão que pode ser explorada na prática, como no caso de um aquecedor que consome menos energia em um dia ensolarado que em um dia chuvoso e mais escuro. Isso cria um estado de dependência entre esses dois dados que contrasta, por exemplo, com a independência entre o consumo de energia desse eletrodoméstico e a cor dos olhos do usuário.

Skinner, fica implícito que não existe relação causal entre estímulos e respostas:

> Os termos "causa" e "efeito" já não são usados em larga escala na ciência. Têm sido associados a tantas teorias da estrutura e do funcionamento do universo que já significam mais do que os cientistas querem dizer. [...] A antiga "relação de causa e efeito" transforma-se em uma "relação funcional". Os novos termos não sugerem como uma causa produz o seu efeito, meramente afirmam que eventos diferentes tendem a ocorrer ao mesmo tempo, em uma certa ordem. [...] Não há especial perigo no uso de "causa" e "efeito" em uma discussão informal se estivermos sempre prontos a substituí-los por suas contrapartidas mais exatas. (Skinner, 2003, p. 24)

Place (1956) aceitava a análise disposicional dos behavioristas a respeito dos conceitos cognitivos e volitivos, mas discordava do eliminativismo. Essa é uma prova de que uma teoria não precisa ser eliminada para dar lugar a outra, pois o que Place fez foi modificar alguns argumentos em torno de um núcleo mais bem estabelecido.

Nessa perspectiva, *disposição* significa um comportamento possível, mas não obrigatório. Por exemplo: se um vidro quebra quando é atingido, não significa que isso aconteça em "circunstâncias normais"*. Por outro lado, o autor não acreditava que uma explicação behaviorista fosse suficiente para explicar fenômenos mentais como consciência, experiência, sensações e imagens mentais. Para ele, ao contrário da concepção behaviorista, fenômenos como esses derivam de processos neurais. Assim, segundo o autor, a relação entre um estado mental e um estado neural ocorre analogamente à relação entre a luz e a irradiação eletromagnética, por exemplo. Dessa maneira, o problema da subjetividade foi relegado a uma **falácia fenomenológica**.

---

* Nessa afirmação, fica pouco claro o fato de que o vidro tem a propriedade de ser friável.

Place também argumenta que as hipóteses do vínculo entre consciência e estado neural se baseiam em uma relação de **identidade** entre determinado comportamento (ou sensação) e o estado do sistema nervoso naquele momento. Essa visão se contrapõe ao funcionalismo, em que o comportamento é compreendido como a função que os componentes de um sistema complexo exercem no todo, e não necessariamente na estrutura individual de suas partes. Assim, nessa concepção, afirmações como "estado mental é o mesmo que estado neural" são análogas a outras, como "sons são ondas de compressão longitudinais", "luz é irradiação eletromagnética" ou "calor é energia cinética média".

No entanto, Place (1956) encontrou um problema para explicar os fenômenos introspectivos, como as imagens pós-sensoriais. Por exemplo, no caso de uma imagem pós-sensorial de cor verde, não precisa necessariamente ocorrer no cérebro algo verde naquele momento.

Com base nesse exemplo, Place (1956) esclarece que processos mentais da esfera consciente dificilmente caberiam em uma teoria que fosse de natureza eliminativista, pois conceitos como *consciência*, *experiência*, *sensações* e *imagens mentais* pertencem à esfera privada. No entanto, como escapar à afirmação de que tais fenômenos mentais são substancialmente diferentes entre si, que nos obriga a aceitar que mente e matéria são fenômenos distintos? Para escapar de uma visão dualista, Place passa a examinar primeiramente a diferença entre os vários modos de emprego do verbo *ser*.

Quando afirmamos que a consciência é um processo cerebral, duas interpretações são possíveis.

1. O verbo *ser* é usado para descrever uma proposição em que os termos são ontologicamente dependentes, como:

   Calor **é** energia cinética média.

Nesse caso, calor só pode ser energia cinética média e energia cinética média só pode ser calor, ou seja, há uma **dependência ontológica** entre os termos. Para Kripke (1972), isso representa o **denominador forte**. Em um caso assim, toda manifestação consciente (tanto de primeira quanto de terceira pessoa) se torna redutível a estados neurais, como acreditam os eliminativistas. Place não aceita inteiramente esse conceito, uma vez que ele distingue os dois como fenômenos diferentes.

2. Outro emprego do verbo *ser* é o da frase:

O chapéu de Maria é verde.

Nesse caso, existe uma **independência ontológica** entre os termos, pois o chapéu de Maria também poderia ser azul ou amarelo. Para Kripke, trata-se de um exemplo de **denominador fraco**. Nesse sentido, afirmar que a consciência é um processo cerebral é o mesmo que dizer que vários processos cerebrais distintos poderiam ser classificados como de natureza consciente. Isso ficará mais claro quando tratarmos da relação entre tipos e símbolos (*type and token*) com base nas ideias de Smart (1959).

Para instaurar uma teoria que identifique eventos físicos e certos processos no cérebro que têm independência ontológica, é preciso que se demonstre uma clara relação causal entre os dois. Em alguns casos, principalmente quando não há introspecção, a relação causal é facilmente estabelecida. Contudo, para haver relação causal entre estados neurais e processos introspectivos, é necessário que as observações introspectivas relatadas pelo sujeito sejam associadas a processos conhecidamente de origem neural, envolvendo dois eventos, um físico-químico e outro psíquico, o que pode ser um problema tanto para o fisiologista quanto para o filósofo, pois, nesses casos, a relação não é tão facilmente estabelecida.

Para Place (1956), essa aparente dificuldade é causada pela **falácia fenomenológica**, que supõe a existência de um campo fenomenológico dentro do sistema nervoso, algo que ele compara a um cinema interno ou a um monitor em que são projetadas imagens que representam as mesmas propriedades literais de objetos ou eventos do mundo externo.

Em seu trabalho mais conhecido, "Is Consciousness a Brain Process?" ("É a consciência um processo cerebral?"), o autor argumenta:

> *Assim como o fisiologista provavelmente não vai se impressionar com a ressalva do filósofo de que há alguma autocontradição envolvida na suposição de que a consciência é um processo cerebral, assim também o filósofo provavelmente não ficará impressionado com as considerações que levaram Sherrington a concluir que existem dois conjuntos de eventos, sendo um físico-químico e o outro psíquico. O argumento de Sherrington, com todo seu apelo emocional, depende de um erro lógico razoavelmente simples, que infelizmente é cometido frequentemente por psicólogos e fisiologistas, e não raramente pelos próprios filósofos no passado. Esse erro lógico, que eu chamarei de 'falácia fenomenológica', é o erro de supor que quando o sujeito descreve sua experiência, quando ele descreve como as coisas aparecem para a visão, a audição, o olfato, o paladar ou o tato, ele está descrevendo as propriedades literais de objetos e eventos em um tipo peculiar de tela interna de cinema ou televisão, normalmente referida na moderna literatura psicológica como o 'campo fenomenal'. Se presumirmos, por exemplo, que quando um sujeito relata uma pós-imagem verde, ele está afirmando a ocorrência dentro dele de um objeto que é literalmente verde, está claro que temos em nossas mãos uma entidade para a qual não há lugar no mundo da física. No caso da imagem pós-sensorial verde, não há qualquer objeto verde no ambiente do sujeito que corresponda à descrição que ele fornece. Também não há qualquer coisa verde em seu cérebro; certamente não há nada que pudesse ter emergido quando ele relatou a aparência da imagem pós-sensorial verde. Os processos cerebrais não são o tipo de coisa ao qual os conceitos de cor possam ser apropriadamente aplicados.* (Place, 1956, p. 49, tradução nossa)

Dessa maneira, o conceito de falácia fenomenológica remove um grande obstáculo para que se estabeleça uma teoria de identidade entre processos introspectivos e processos neurais.

Uma vez livres da falácia fenomenológica, podemos compreender que o problema de explicar observações introspectivas em termos de processos cerebrais está longe de ser insuperável. Compreendemos que não há nada que o sujeito possa dizer sobre suas experiências introspectivas que seja inconsistente com qualquer coisa que o fisiologista possa dizer a respeito dos processos cerebrais que lhe dão a capacidade de descrever o ambiente e sua consciência desse ambiente. Quando o sujeito descreve sua experiência ao dizer que uma luz estacionária está em movimento, tudo que o fisiologista ou o psicólogo precisam fazer para explicar essas observações é mostrar que o processo cerebral que ocasiona essa observação é o mesmo que normalmente ocorre quando ele observa um objeto realmente em movimento e o faz relator do movimento desse objeto. [...] Tudo que é preciso para explicar a experiência introspectiva é sua habilidade de distinguir os casos em que a experiência corresponde aos estímulos do ambiente daqueles que não correspondem [...]. (Place, 1956, p. 50, tradução nossa)

Dessa forma, Place (1956) mantém as experiências físicas e psíquicas no mesmo nível, pois nos dois casos há um processo neural correspondente. Como afirmado anteriormente, a teoria da identidade propõe que estados e processos da mente são idênticos a estados e processos cerebrais; contudo, é importante frisar que isso não quer dizer que a mente seja idêntica ao cérebro. Na verdade, como demonstrou Smart (1959), a teoria da identidade da mente propõe que experiências introspectivas sejam, de fato, processos cerebrais, e não apenas correlações.

Dessa maneira, Smart (1959) mostra que não existe argumento filosófico que nos leve a ser dualistas. Afinal, ele questiona por que as sensações não podem simplesmente se construir a partir de determinados processos neurais. É importante ressaltar que a lógica das declarações sobre sensação não é a mesma do estado mental*. As sensações **não são** correlatas a processos que estão acima de estados neurais, assim como uma nação não está acima de seus cidadãos. As sensações **são** constituídas por processos neurais: esse é o cerne do argumento de identidade.

Alguns filósofos, principalmente os dualistas de propriedade, asseguram que, apesar de as experiências serem constituídas por processos cerebrais, elas também apresentam propriedades não físicas, por vezes chamadas de *qualia*. Para Smart (1959), e também para Place (1956) e Feigl (1958), a teoria da identidade nega esses processos.

> A teoria da identidade se divide em algumas correntes. Autores como Smart, Place e Feigl, por exemplo, adotam uma **análise behaviorista** dos estados mentais, como crenças e desejos (apesar de não serem estritamente behavioristas, eles levam a teoria da identidade um passo adiante). Outros autores, como Armstrong, também denominados ***materialistas de estado central***, declaram que estados mentais são, de fato, estados neurais. Em outras palavras, Smart, Place e Feigl defendem a tese da independência lógica, e os materialistas de estado central advogam a independência ontológica.

Em seu artigo "What is Consciousness?", Armstrong (1981) analisa a **consciência mínima** (sono, anestesia geral etc.). Nesses casos, o conhecimento e as crenças estão em uma fase de **quietude causal**, assim como as informações armazenadas em um computador desligado – isto é, poderiam exercer um papel causal, mas naquele momento não o fazem. No caso do

> As sensações são constituídas por processos neurais: esse é o cerne do argumento de identidade.

---

* É importante distinguirmos aqui "independência lógica" de "independência ontológica".

computador, a quietude tem a ver com a capacidade de computação; na mente, tem a ver com a capacidade de participar de processos mentais. Esse conceito é extensível às ocasiões em que a pessoa está acordada, mas não usa esses conhecimentos. Dessa forma, não fica difícil atribuir estados mentais a uma pessoa inconsciente.

Por outro lado, a percepção, a sensação e os pensamentos são atividades mentais que diferem de fenômenos como conhecimentos e crenças. Nessa perspectiva, enquanto houver qualquer atividade mental, não haverá inconsciência, pelo menos não no sentido causal. A consciência mínima é a consciência fora de sua totalidade.

Em seguida, Armstrong (1981) explica o conceito de *consciência perceptual*: a única maneira de estar consciente daquilo que acontece, tanto no mundo interno quanto no externo, é encontrar-se em um estado de percepção, que pode ser compreendido como **interocepção** (estar ciente de estados viscerais, como bexiga cheia, cólicas intestinais, plenitude gástrica etc.); **propriocepção** (parcepção da posição dos membros no espaço, da qualidade do posicionamento das articulações, do senso de equilíbrio etc.); e **exterocepção** (referente a tudo o que é percebido pelos receptores cutâneos e especiais, como olhos, papilas gustativas, tímpano etc., e transmitido ao cérebro através dos nervos cranianos e periféricos). O autor acrescenta a isso outra modalidade de sensação: a **introspecção** (a consciência de volições, crenças, desejos, pensamentos e sentimentos).

Para Armstrong (1981), estar ciente desses elementos é estar consciente tanto do ponto de vista da consciência perceptual, que é a capacidade de produzir relatórios dessas experiências (que podem ser verbais ou reflexivas, por exemplo), quanto do ponto de vista da consciência mínima (com especial destaque para as percepções interoceptivas e proprioceptivas, que ocasionam comportamentos ditos inconscientes, como virar-se na cama durante o sono, por exemplo). Em síntese, a consciência perceptual precisa da consciência mínima, mas a consciência mínima não precisa da perceptual.

Sobre a terceira modalidade de consciência descrita por Armstrong, imagine um motorista que está dirigindo há horas, e que subitamente percebe, assustado, que por algum tempo ele conduziu o automóvel de maneira automática: ele manteve o carro na pista, trocou de marcha e regulou a velocidade sem perceber. Podemos inferir, nesse caso, que tanto a consciência mínima como a perceptual estavam presentes. No entanto, como classificar uma situação em que a ausência dessas experiências ocasiona a perda de contato do indivíduo com sua noção de *self*?

O que faltou ao motorista? Parece que, no caso ilustrado, houve outro tipo de percepção, diferente da associada ao mundo externo ou interno. Nesse caso, o que ocorreu foi a ausência da **consciência introspectiva**, ou seja, a percepção da própria mente. Esse tipo de consciência necessita da consciência mínima, mas pode existir sem a consciência perceptiva. Armstrong descreve essa consciência como uma lâmpada que ilumina a escuridão total. De certa maneira, essa forma de consciência está ligada à própria percepção da nossa existência.

É importante ressaltar que, na visão de Armstrong, o *self* não é apenas mais um objeto ao qual a consciência se dirige, como as atividades mentais e o senso perceptivo. Essa ideia já tinha sido rejeitada por Hume, Kant e Russell. Voltaremos a abordar esse tema mais adiante, quando tratarmos das ideias de David Rosenthal (1939-). Por enquanto, basta entender que na teoria de Armstrong a consciência introspectiva é o resultado da **integração mental**:

A percepção interna refina nossos processos mentais da seguinte forma: se temos a faculdade que nos torna cientes de nossas atividades e nossos estados mentais, então será muito mais fácil conseguir a **integração** desses estados e atividades, de modo que trabalhem juntos de uma maneira complexa e sofisticada. (Armstrong, 1981, p. 726, tradução nossa)

A segunda parte do argumento de Armstrong (1981) sobre a consciência introspectiva diz respeito à sua conexão com a memória de eventos. Com base nisso, podemos supor, como no caso do motorista, que a atividade mental deve ser **monitorada** pela consciência introspectiva. Na ausência desse monitoramento, não haverá recordação. Isso explica, por exemplo, nossa dificuldade em nos lembrarmos dos sonhos, porque durante o sono a consciência introspectiva ou está ausente ou está em um grau mínimo de atividade.

Em sua conclusão, Armstrong (1981) afirma que, se a consciência introspectiva envolve a consciência do *self*, que inclui o estado de iluminação a que nos referimos anteriormente, é possível determinar a noção da nossa própria existência.

2.2.5 Monismo

O monismo é uma teoria constituída pela noção das propriedades intrínsecas de entidades físicas fundamentais. Segundo essa corrente, as propriedades fenomênicas se localizam no nível fundamental da realidade física. Essa teoria deriva das ideias de Bertrand Russell (1872-1970), e postula que a realidade é, no limite, de uma só espécie. Sua característica mais marcante é a de que, em seus extremos, a realidade não é nem mental nem física, ficando em uma posição neutra entre o mundo fenomênico e o mundo físico. Para Berecz (1976), duas abordagens do problema mente-corpo têm prevalecido no decorrer da história. Em uma, de natureza dualística, o ser humano divide-se entre a existência espiritual/mental e a física. Em outra abordagem, o ser humano experimenta um tipo unificado de existência.

O dualismo pode ser concebido de duas formas: (1) o ser humano é constituído de um corpo e de uma mente; (2) corpo e mente estão em um estado de correlação. O modelo monístico rejeita essa divisão e concebe um organismo unificado com funções variadas. Assim, um evento mental é também um evento fisiológico. Resta buscar uma explicação para a ideia da compartimentalização da existência humana.

Para Berecz (1976), isso se deve ao fato de que o homem é uma criatura complexa, dando a impressão de que suas múltiplas facetas constituem entidades à parte. Para William Hasker (1955-), a mente apresenta propriedades emergentes, semelhantes ao conceito do **self emergente** do dualismo de propriedades (Hasker, 1999).

Nessa visão monística, chamada de **argumento da unidade de consciência**, a existência fenomênica não pode ser explicada por qualquer combinação de propriedades. Uma experiência consciente é simplesmente uma unidade, e decompô-la é falsificá-la. Hasker (1999) desenvolve essa teoria com base em uma concepção de livre-arbítrio do espírito humano. Muito antes disso, Baruch Spinoza (1632-1677) desenvolveu uma variedade de monismo que ele chamou de **monismo de substância**. Em sua visão, a única substância que existe é Deus (que também pode ser entendido como a natureza). Seu argumento se desenvolve da seguinte maneira:

- Cada substância tem, pelo menos, um atributo.
- Duas substâncias não podem compartilhar o mesmo atributo.
- Deus tem todos os atributos possíveis.
- Deus existe.
- Portanto, não existe outra substância além de Deus.

Perante essa concepção, Gottfried Wilhelm Leibniz (1646-1716) contra-argumentou, mostrando que, apesar de não ser possível que uma substância reúna todos os seus atributos em comum, é possível que duas substâncias compartilhem o mesmo atributo e que ainda sejam diferentes em função dos demais atributos que não são compartilhados.

Já Dennett (1988) deixa expressas suas inclinações monistas no sentido funcionalista, quando declara que uma explicação completa do cérebro levará a uma explicação completa da mente. No entanto, diferentemente de Searle, também uma espécie de monista (em sentido biológico), a consciência e o cérebro constituem uma coisa só, visto que a consciência é essencialmente uma entidade biológica que representa o estado em que um sistema neuronal se encontra em determinado momento.

2.2.6 Argumentos contra o materialismo

À primeira vista, a postura dos eliminativistas e dos funcionalistas, que nega o problema da subjetividade, parece contraintuitiva, pois é fato que **temos consciência** (basta considerar alguém em coma), e **temos subjetividade** (tenho certeza de que sou eu que escrevo este texto, e não minha prima Tereza). De todo modo, esses fatos pedem um *explanandum* mais acurado.

> Dessa maneira, a pergunta crítica é: Existem argumentos fortes que apoiam a tese de que a função (tanto comportamental quanto linguística ou computacional) explica tudo?

O estado avançado em que se encontram alguns sistemas de inteligência artificial parece confirmar isso, mas será que chegaremos a ver um robô que saiba que está escrevendo um texto sobre filosofia da mente com os mesmos sentimentos e desejos, e, principalmente, com o forte sentimento de identidade que sinto neste momento?

Segundo Chalmers (2003), o maior argumento dos materialistas é feito por analogia, considerando outras áreas da ciência, como a botânica, por exemplo. Pensemos na polinização, que é a transferência de grãos de pólen das anteras ao estigma da mesma flor ou de outra flor da mesma espécie. Se compreendemos que as anteras são os órgãos masculinos da flor e o pólen é o gameta masculino, fica evidente que a função desses elementos é suficiente para explicar como as plantas se reproduzem. Ao que parece, não há mais nada a ser compreendido enquanto não evocamos a hipótese de que as plantas talvez tenham uma existência fenomênica. Nesse ponto, eliminativistas e funcionalistas evocam outra analogia, que postula que há uma brecha epistêmica em relação à consciência. Nesses casos, não existe uma fenda epistêmica entre a verdade física completa e a verdade sobre a água ou os genes.

Para Dennett, um vitalista talvez encontrasse um problema difícil na teoria da vida que hoje não existe mais, sugerindo algum tipo de falsificacionismo popperiano, ou, pelo menos, um exemplo de degenerescência de uma teoria de Lakatos. Para pensadores como Thagard, isso apenas evidencia que teorias científicas evoluem historicamente. Dessa forma, argumentos analógicos não são suficientes para elucidar o mistério da consciência. No fim das contas, os argumentos dos eliminativistas e dos funcionalistas e os de seus oponentes parecem sempre cair no campo da intuição.

Como é possível perceber, qualquer argumento a favor do materialismo precisa enfrentar a questão já mencionada do "problema difícil", inerente a uma explicação sobre a natureza da consciência, que é a **subjetividade**. Esse é um problema que diz respeito à experiência singular vivida por qualquer ser humano, cuja natureza é intransferível, e, portanto, fora do alcance da publicidade.

O behaviorismo, o funcionalismo e a teoria da identidade estão sujeitos a uma descrição na terceira pessoa, pois envolvem descobertas que mais se parecem com quebra-cabeças do que mistérios, sendo apenas uma questão de tempo (e do advento dos avanços tecnológicos) desvendar os mecanismos concernentes ao funcionamento de neurônios, neurotransmissores e outros componentes físicos dos estados mentais. É por essa razão que as teorias materiais sobre a consciência relegam a segundo plano, ou eliminam totalmente, o grande mistério que está por trás da experiência de saber "como é ser alguém".

Muitos acreditam que eventualmente surgirá uma solução de natureza materialista para resolver o problema difícil da consciência. De fato, outros mistérios, como "Do que é feita a matéria?", "Como nosso organismo combate infecções?", "Como características físicas são transmitidas de uma geração para outra?" e "Como surgiu o universo?", que têm despertado a curiosidade dos cientistas ao longo da história, encontraram explicações perfeitamente materiais. No entanto, a subjetividade tem resistido a todos os esforços. Os argumentos referentes a essa resistência podem ser encapsulados em quatro categorias básicas: explanatória, da conceptibilidade, do conhecimento e modal, como será apresentado nos próximos itens.

Preste atenção!

A *revolução cognitiva* aflorou nas décadas de 1950 e 1960 como resposta às correntes behavioristas, que, influenciadas pelo positivismo, rejeitavam o conceito da consciência até hoje defendido por pesquisadores como Daniel Dennett. O *explanandum* eliminativista poderia ser expresso da seguinte forma:

> *Esquema de explicação behaviorista:*
> *Alvo da explicação: Por que os animais, incluindo as pessoas, exibem um tipo específico de comportamento?*
> *Explicação-padrão: Os animais estão sujeitos a* **estímulos** *provenientes de seus ambientes. Em função de padrões de aprendizagem baseados no padrão estímulo-resposta, os animais desenvolvem padrões estímulo-resposta.*
> *Esses padrões estímulo-resposta são responsáveis pelo comportamento.* (Thagard, 1992, p. 66, tradução nossa)

Tendo em vista que esse *explanandum* não era suficiente para esclarecer os mecanismos comportamentais, surgiram outras tentativas de explicação, de natureza funcionalista, inspiradas na pretensa analogia entre estados mentais e processamento de informação, parecidas com as estruturas de dados e algoritmos que constituem os programas de computadores que estavam sendo desenvolvidos naquela época. Isso levou os pesquisadores a considerarem que o pensamento é constituído por algum tipo de processamento de informação. Assim, gerou-se outro tipo de *explanandum*:

» Esquema de explicação cognitiva:
    Alvo da explicação: Por que as pessoas apresentam tipos particulares de comportamento inteligente?

Explicação-padrão: As pessoas têm representações mentais. Elas apresentam processos algorítmicos que operam sobre essas representações. Esses processos, aplicados a essas representações, produzem comportamentos.

Na época, esse *explanandum* foi bastante aceito, pois trouxe novos entendimentos de processos como linguagem, memória e resolução de problemas. Estava lançada a revolução cognitiva, que provocou uma clivagem com a teoria behaviorista, ainda prevalente, sem, no entanto, rejeitá-la por completo, sobretudo em organismos mais primitivos. Considerando esses seres mais simples, o padrão estímulo-resposta não parecia totalmente equivocado, mas, de todo modo, algo precisava ser acrescentado ao se considerar o comportamento humano, principalmente no que diz respeito à consciência. Dessa nova maneira de tentar explicar as propriedades mentais surgiu a ideia de que representações mentais deveriam ser consideradas em conjunto, operando com procedimentos similares ao processamento de informação.

A evolução do *explanandum* nos trouxe aos atuais conceitos da gênese e do controle de processos mentais. A consciência não precisa ser embasada nos conceitos abstratos de processamento de informação, que nos oferecem o risco da analogia com sistemas de inteligência artificial. Afinal, pelo menos até agora, o Teste de Turing não gerou resultados que tornassem impossível diferenciar a inteligência artificial da humana. Dessa maneira, assim como o behaviorismo sofreu um deslocamento de paradigma, o mesmo aconteceu com o funcionalismo. As razões para esse deslocamento se encontram tanto no campo teórico quanto experimental-neurobiológico.

A partir de um deslocamento do paradigma da revolução cognitiva, surge a **revolução cerebral**, que se mantém de acordo com os parâmetros de Kuhn. Nessa perspectiva, não há a rejeição total de uma teoria prévia, como acontece no falsificacionismo de Popper, nem a transformação de um cinturão protetor em torno de um núcleo irredutível como em Lakatos. O histórico de desenvolvimento dessas ideias não se distanciou do pensamento kuhniano, porém, em vez de uma revolução estrutural científica, tivemos uma revolução conceitual científica.

Thagard difere de Kuhn ao rejeitar a explicação puramente subjetiva da mudança conceitual, a opção sociológica relativística e a interpretação de que mudanças conceituais são apenas de natureza linguística. Além disso, Thagard acredita que, na passagem de uma teoria científica para outra, não há ruptura, mas uma incorporação do antigo ao novo – pelo menos de certos aspectos específicos.

Por meio da continuidade das revoluções científicas, foi possível provar sua racionalidade. Nesse sentido, há um distanciamento em relação ao relativismo de Kuhn, pois as teorias deixam de ser competitivas e passam a ser complementares.

Argumento explanatório

Esse argumento baseia-se na impossibilidade de explicar o fenômeno da consciência apenas com base na estrutura e na função do sistema nervoso, pois algo além do material está envolvido nele. Para autores como Livingston (2002), uma investigação histórica revela que problemas contemporâneos não passam de descendentes conceituais de argumentos antigos ainda sem resolução. Dessa forma, retomar argumentos dualistas não necessariamente derrubaria conceitos atuais, embora possa servir para enriquecê-los. Por exemplo, o termo *qualia* foi usado em 1867 por Charles Sanders Peirce (1839-1883), quando descreveu os elementos dados ou imediatos da experiência. Na mesma linha, William James (1842-1910) usou o termo para classificar os "dados irredutíveis" do fenômeno de percepção, criando, assim, um limite para qualquer concepção reducionista.

Note que isso não explica nada, apenas ressalta aquilo que não pode ser explicado e reduz o problema a uma questão de semântica. Essa parece ser a origem de alguns argumentos mais recentes, como os de Kripke (1972), criador do conceito de *denominador forte* – falar de água e de H_2O implica o reconhecimento da mesma essência, algo diferente de dizer "a água é minha bebida predileta", uma frase que remonta a essências distintas ("eu" e "água"). Pelo mesmo raciocínio, quando alguém que não conhece astronomia fala da Estrela D'Alva, a sua ignorância não oblitera a existência do Planeta Vênus. Da mesma forma, a expressão *qualia* não corresponde a algo que realmente é, mas ao denominador fraco de algum mecanismo neurofisiológico que ainda não conhecemos. Para Livingston (2002), uma explicação antiga é apenas uma reedição mais moderna de uma mesma questão. Nos dois casos, o problema da subjetividade continua sem explicação; logo, não se pode afirmar definitivamente que o materialismo existe, pois continuamos sem saber de nada, visto que as explicações dualistas são tão fracas quanto suas contrapartidas.

Kripke (que apresenta uma versão metafísica do argumento cartesiano contra o materialismo) afirma que declarações psicofísicas são de natureza falsa*. Joseph Levine (1983), por sua vez, aborda a mesma questão em um contexto epistemológico: o problema verdadeiro não está necessariamente na existência de uma experiência em primeira pessoa, mas na maneira como a descrevemos. A lacuna explanatória é uma lacuna epistemológica.

Para esclarecer esse raciocínio, vamos retomar o problema relacionado à dor, exposto anteriormente.

> *a.* A dor é transmitida pelas fibras C.
> *b.* João está sentindo dor.

Se ambas as proposições são necessariamente verdadeiras em qualquer mundo concebível, então é possível afirmar que:

> • João sente dor porque suas fibras C estão disparando.

As duas proposições e a conclusão delas confirmariam o materialismo, pois dois designadores rígidos só podem gerar uma declaração que é "necessariamente" verdadeira em qualquer mundo concebível. No entanto, seria ingênuo dizer que o disparo das fibras C é o único fenômeno responsável pela dor, visto que a participação do tálamo, córtex sensitivo e muitos outros acontecimentos neurofisiológicos também contribuem para o fenômeno da dor, de maneira que (a) não pode ser um designador rígido no sentido de Kripke, mesmo que (b) o seja.

Seria ainda mais ingênuo aceitar esse argumento como prova de que é impossível explicar o fenômeno da consciência apenas com base na

---

* Kripke argumenta que todas as declarações de identidade, fundamentadas em designadores rígidos em ambos os lados, precisam ser verdadeiras em todos os mundos possíveis. Por exemplo, quando se afirma que pv = Kt, isso é verdade para esse mundo, mas não é verdade onde K tem um valor diferente.

estrutura e na função do sistema nervoso. Nosso parco conhecimento em neurofisiologia da consciência não serve de embasamento para afirmar que não existem explicações materiais. Visto dessa maneira, o argumento explanatório não é suficiente para refutar o materialismo.

Argumento da conceptibilidade

O argumento da conceptibilidade pressupõe que é possível conceber a existência de um sistema fisicamente idêntico a um ser consciente, mas que não apresenta em si consciência (no caso, o já mencionado zumbi). Isso supostamente seria a prova de que a parte material da consciência não é suficiente para explicar os fenômenos subjetivos. Chalmers (2003) estrutura esse argumento da seguinte forma:

a. É concebível que existam zumbis.
b. Se é concebível que existam zumbis, então eles são metafisicamente possíveis.
c. Se for metafisicamente possível que existam zumbis, então a consciência não é física.

Para que essa afirmação seja verdadeira, é necessário examinar com mais detalhes o que se entende por *conhecimento a priori* e pelo uso do termo *necessário*.

De uma maneira tradicional, **premissas *a priori*** são aquelas que nos levam ao conhecimento de algo, independentemente da experiência. Kant afirma que esse conhecimento pode ser adquirido pela experiência. Contudo, se o termo *poder* for substituído por *dever*, o sentido de *a priori* será outro. Qualquer pessoa com um computador consegue saber se um número é primo ou não. A máquina já faz esse cálculo. Esse é um exemplo de conhecimento *a posteriori*, pois a aquisição desse saber não depende de nenhum *insight* (que é um fenômeno apenas subjetivo, de primeira pessoa). Por outro lado, se você fizer o cálculo sem qualquer auxílio, esse conhecimento é adquirido *a priori*. Isso prova que alguém pode saber algo *a priori*, mas não necessariamente deve sabê-lo *a priori*.

Outro conceito importante é o da **necessidade**. Esse termo é dotado de diversos significados: pode ser usado no sentido epistemológico, como sinônimo de "verdade"; pode ser usado no sentido desta afirmação: "Para que um número seja chamado de vinte, é necessário que o zero esteja à direita do algarismo dois"; pode ser usado em sentido físico, como em: "Quem tem sede sente necessidade de água"; e em sentido metafísico, ao se referir à existência de algo, e não a alguma teoria do saber.

Antes de encerrarmos essas considerações que argumentam contra as teorias materialistas da mente, é preciso avaliar ainda outro argumento que se posiciona contra o reducionismo.

Argumento do conhecimento

Esse ataque ao fisicalismo leva em conta nossa capacidade de avaliar certos conhecimentos que não podem ser explicados apenas pelas características físicas do sistema nervoso. Frank Jackson (1943-), em sua reconhecida pesquisa sobre *qualia* (Jackson, 1982), inicia sua argumentação com o exemplo de alguém que tem uma capacidade extraordinária para distinguir cores, mas cujo sistema nervoso, aparentemente, é igual ao das demais pessoas. Ele se posiciona de maneira contrária aos pensadores funcionalistas, que conferem aos atributos mentais uma natureza funcional e sempre atribuem uma redução de características mentais em detrimento dos elementos estruturais.

Para deixar mais claro seu ponto de vista, Jackson (1982) utiliza outro exemplo (oposto ao primeiro): o da neurocientista Mary, que é desprovida da percepção do espectro colorido. No entanto, ela é perita na neurofisiologia da visão de cores. Observe a seguir o caso com mais detalhes.

Mary é uma cientista brilhante que é forçada, por qualquer razão, a investigar o mundo de dentro de uma sala toda em preto e branco, utilizando como ferramenta um computador que também apresenta tudo em preto e branco. Ela se especializa na área de neurofisiologia da visão e adquire, podemos supor, toda a informação física referente a isso: por exemplo, o que acontece e como enxergamos tomates frescos, e por que ou o que nos motiva a usar termos como azul ou vermelho. Ela descobre, por exemplo, o comprimento exato das ondas vindas do céu que estimulam a retina, e como isso produz a contração das cordas vocais através do sistema nervoso central, que resulta na expulsão do ar pelos pulmões e, em seguida, no pronunciamento da frase "O céu é azul".

O que acontecerá com Mary quando ela for libertada de sua sala em preto e branco ou lhe oferecerem um monitor colorido? Ela vai aprender alguma coisa ou não? Parece óbvio que ela deverá aprender algo sobre a experiência visual do mundo, bem como sobre nossa experiência visual. Todavia, seu conhecimento anterior estava incompleto. Ainda assim, ela tinha toda a informação física. (Jackson, 1982, p. 130, tradução nossa)

A conclusão de Jackson (1982) é que os *qualia* não estão incluídos nas teorias fisicalistas. Trata-se de um argumento forte, pois é difícil negar a assertiva central de que podemos ter toda a informação física, sem que esse seja o conhecimento necessário para entender os fenômenos mentais. Nesse sentido, Jackson (1982) parece um militante da teoria do dualismo de propriedade, o que significa que o maior impedimento das pessoas em admitir a existência dos *qualia* é a insistência de que eles devem exercer um papel causal em relação ao mundo do pensamento e do cérebro. Assim, ele argumenta que os *qualia* podem ter características epifenomenais e que isso é perfeitamente possível.

Argumento modal

O argumento modal é uma variação do modelo do zumbi, com a diferença de que seu ponto de partida é o pressuposto de um mundo inteiro constituído por criaturas exatamente como nós, em todos os detalhes, exceto pelo fato de não apresentarem consciência. Nessa teoria, o fisicalismo também é falso. Para ilustrar isso, podemos levantar a seguinte questão: Algo verdadeiro neste mundo continua a ser verdadeiro em outro? Se a resposta for sim, isso pode ser chamado de *necessário*. No caso do zumbi, seríamos obrigados a admitir que zumbis são possíveis nesse mundo hipotético*. Nessa perspectiva, *necessário* e *a priori* não são sinônimos.

Kripke (1972) chama de **contingentes** as declarações de verdade que não são possíveis neste mundo, usando o exemplo do unicórnio para ilustrar esse conceito: podemos imaginar um unicórnio, mas isso não torna "necessário" que essas criaturas tenham existido, existam ou vão existir.

Outro problema a ser levantado é o da **denotação** e **conotação**: quando falamos *cobra*, essa palavra pode se referir tanto a um réptil rastejante com pele escamosa, às vezes venenoso, mais comum em climas tropicais (exemplo de denotação), quanto a um personagem bíblico, uma pessoa maldosa ou até à sensação do medo (exemplos de conotações)**. É o mesmo que dizer que a conceptibilidade é aceitável para conotações, mas impossível, no caso do zumbi e do argumento modal, para denotações. O argumento do zumbi, assim como o argumento modal, falham ao afirmar que zumbis são metafisicamente possíveis por serem concebíveis.

---

* Chalmers tenta remediar essa situação nos convidando a imaginar um mundo onde todos são zumbis.

** Para Searle, assim como para Kripke, denotações podem se apoiar em uma família de conotações.

Síntese

Características humanas podem tanto se referir à espécie, quase sempre de natureza objetiva, quanto à individualidade, geralmente de natureza subjetiva. O sistema nervoso humano também apresenta propriedades de natureza tanto pública quanto individual. No conjunto, todos fazem parte da formação do comportamento. Afinal, são diversas as teorias que procuram explicar a mente por meio de sistemas de pensamento de natureza filosófica, que podem ser de caráter materialista ou dualista.

Demos início aos estudos do capítulo com as teorias dualistas. Quando se trata de teorias dessa natureza, acredita-se que mente e corpo são entidades separadas. Para essa corrente, a mente não é feita de matéria.

No dualismo de substância, a mente e o cérebro têm propriedades distintas, e as atividades mentais são capazes de modificar o cérebro, assim como as atividades físicas alteram as propriedades mentais, em um processo chamado de *interacionismo* – cujo proponente principal é René Descartes. Nessa perspectiva, a mente é concebida como uma entidade à parte, como a alma. Já no dualismo de propriedade, a separação entre mente e corpo apresenta uma forma de interação diferente, conhecida como *epifenomenalismo*, que sugere que a mente é uma propriedade do cérebro, influenciada por ele.

Um dos tópicos mais importantes pertinentes ao estudo das teorias apresentadas neste capítulo foi o problema da consciência. Francis Crick e Christof Koch propõem um estudo, propagado por David Chalmers, na forma de uma ferramenta epistemológica que permite formular programas de pesquisa no campo da consciência humana. Primeiramente, os autores se preocuparam com trabalhos de pesquisa voltados a descobrir e descrever o substrato material das propriedades da mente. Dessa maneira, o estudo das características anatômicas, fisiológicas e bioquímicas do sistema nervoso, aliado à ciência da computação, traria informação a respeito das mais variadas funções atribuídas à neurociência. Alguns autores materialistas eliminam o problema por inteiro, outros tentam explicar essa questão fenomenológica reduzindo a questão ao problema fácil, tanto em uma plataforma biológica quanto artificial.

Na segunda parte do capítulo, tratamos das correntes materialistas, para as quais as propriedades mentais, como senso de percepção, atenção, memória, linguagem e emoções, derivam exclusivamente das propriedades anatômicas, fisiológicas, bioquímicas e genéticas do tecido nervoso. Consequentemente, funções corticais superiores, como a inteligência, a racionalidade, a sensibilidade artística e a própria capacidade de introspecção, derivam de uma complexa interação entre neurônios, receptores e neurotransmissores. Assim, a expressão *espírito humano* deixa de ser real e se transforma em metáfora – concepção radicalmente diferente do dualismo.

A primeira corrente materialista apresentada foi o behaviorismo, que se dedica ao estudo do comportamento. Em seguida, abordamos brevemente o eliminativismo, que, segundo Daniel Dennett, nega inteiramente a existência da subjetividade. Outra corrente analisada foi o funcionalismo, uma doutrina da filosofia da mente que considera que um estado mental (pensamentos, desejos etc.) não depende necessariamente de estruturas cerebrais, mas do papel que desempenha no sistema cognitivo.

Por fim, discutimos o caso da teoria da identidade, em que estados mentais são concebidos como equivalentes a estados neurais, ou seja, idênticos a estados físicos no sistema nervoso. Dessa maneira, o vínculo entre consciência e estado neural baseia-se em uma relação de identidade entre determinado comportamento ou sensação e o estado do sistema nervoso naquele momento. Isso é diferente do funcionalismo e do behaviorismo, que correlacionam estímulo e resposta. A teoria da identidade é uma refutação clara ao dualismo.

Indicações culturais

Artigo

BORGES, D. G. A influência platônica sobre a modernidade: semelhanças entre o pensamento de Platão e o sistema de René Descartes. **Polymatheia – Revista de Filosofia**, Fortaleza, v. 5, n. 8, p. 173-189, 2009. Disponível em: <http://www.uece.br/polymatheia/dmdocuments/polymatheiav5n8_platao_descartes.pdf>. Acesso em: 13 nov. 2017.

Esse artigo apresenta uma interessante comparação das visões de Platão, Agostinho e Descartes sobre o conceito de *alma*.

Filme

PARTICLE fever. Direção: Mark Levinson. EUA: Anthos Media, 2014. 99 min.

Nesse documentário, o diretor Mark Levinson visita o centro de pesquisa que abriga o acelerador de partículas LHC para entrevistar a equipe de físicos responsáveis pela busca do bóson de Higgs.

Atividades de autoavaliação

1. Considerando o dualismo de substância, marque V para as declarações verdadeiras e F para as falsas.
   ( ) A mente é irredutível ao cérebro.
   ( ) A mente é redutível ao cérebro.
   ( ) A água é para a nuvem como a mente é para o cérebro.
   ( ) As afirmações três anteriores são verdadeiras.

   Agora, assinale a alternativa correta:
   a) V, F, V, F.
   b) V, V, F, F.
   c) F, F, V, F.
   d) V, V, V, V.

2. Assinale a alternativa que corresponde às semelhanças entre o dualismo de substância e o dualismo de propriedade:
   a) Ambos consideram o mundo fenomênico como irredutível ao mundo material.
   b) Ambos consideram o mundo material como irredutível ao mundo fenomênico.
   c) Ambos são sistemas interacionistas.
   d) Todas as anteriores são falsas.

3. Considerando o dualismo de propriedade, assinale a declaração **incorreta**:
   a) O cérebro e a mente têm propriedades distintas.
   b) O cérebro e a mente não têm propriedades distintas.
   c) O cérebro e a mente se relacionam por meio do epifenomenalismo.
   d) O cérebro pode modificar a mente, mas a mente não pode modificar o cérebro.

4. Sobre a teoria da identidade, assinale a alternativa **incorreta**:
   a) A razão para criar hipóteses a respeito das relações entre consciência e estado neural baseia-se na relação de *identidade* entre determinado comportamento ou sensação e o estado do sistema nervoso naquele momento.
   b) Os estados introspectivos tornam-se mais fáceis de explicar em razão da falácia fenomenológica.
   c) Place coloca experiências físicas e psíquicas no mesmo nível, pois ambos têm um processo neural correspondente.
   d) A falácia fenomenológica é uma clara aceitação do dualismo.

5. O argumento do zumbi:
   a) seria a prova de que a parte material da consciência é suficiente para explicar os fenômenos subjetivos.
   b) é usado para explicar o dualismo de propriedade.
   c) é cartesiano.
   d) é um exemplo a favor da teoria da identidade.

Atividades de aprendizagem

Questões para reflexão

1. Reflita sobre o caráter subjetivo da consciência. Para isso, identifique, no artigo a seguir, o trecho em que esse conceito é definido.

   NAGEL, T. Como é ser um morcego? Tradução de Paulo Abrantes e Juliana Orione. **Cadernos de História e Filosofia da Ciência**, Campinas, v. 15, n. 1, p. 245-262, jan./jun. 2005. Disponível em: <https://www.cle.unicamp.br/eprints/index.php/cadernos/article/view/617>. Acesso em: 26 nov. 2017.

2. Leia o artigo a seguir e identifique em que momentos Place mostra inclinações para o behaviorismo – não se esqueça de levar em consideração que Place é um dos maiores proponentes da teoria da identidade.

> PLACE, U.T. Será a consciência um processo cerebral? In: MIGUENS, S. (Coord.). **Filosofia da mente**: uma antologia. Porto, 2011. p. 38-48. Disponível em: <https://www.academia.edu/31423815/Filosofia_da_Mente_uma_antologia>. Acesso em: 26 nov. 2017

Atividades aplicadas: prática

1. Converse com alguém versado em teologia e discuta o que a Bíblia tem a dizer sobre a mente, com foco no dualismo de substância. Tente se familiarizar com todos os lados do argumento, tanto os favoráveis quanto os negativos.

2. Crie um grupo de discussão para debater sobre as diferenças entre o naturalismo biológico e a teoria da identidade.

3. Na atividade prática do Capítulo 1, você assistiu ao filme *O homem bicentenário*, cujo protagonista era o robô Andrew. Assista agora a algum episódio da série *Jornada nas estrelas: a nova geração* (*Star Trek: The Next Generation*) e compare o personagem Andrew ao androide Data – segundo oficial da *USS Enterprise*. Em seguida, discuta com um colega as diferenças entre os dois personagens em relação ao problema difícil. Qual dos dois se parece mais com o zumbi de Chalmers?

Sugestão de episódios:

STAR Trek: The Next Generation. **A Fistful of Datas**. Direção: Patrick Stewart. EUA, 1992. (T06 E08)*

____. **Clues**. Direção: Les Landau. EUA, 1991. 45 min. (T04 E14)

____. **Datalore**. Direção: Rob Bowman. EUA, 1988. 45 min. (T01 E12)

____. **Descent**: Part I. Direção: Alexander Singer. EUA, 1993. 45 min. (T06 E26).

____. **Descent**: Part II. Direção: Alexander Singer. EUA, 1993. 45 min. (T07 E01).

____. **Hero Worship**. Direção: Patrick Stewart. EUA, 1992. 45 min. (T05 E11)

____. **In Theory**. Direção: Patrick Stewart. EUA, 1991. 45 min. (T04 E25)

____. **The Offspring**. Direção: Jonathan Frakes. EUA, 1990. 45 min. (T03 E16)

---

* T = temporada; E = episódio.

Parte 2

Fundamentos neurobiológicos

3

Estudo sistemático do sistema nervoso

Quando abordamos as *teorias relacionadas à mente, constatamos a dificuldade de compreender o funcionamento do cérebro, sobretudo da consciência. Tendo isso em vista, a seguir apresentaremos um pequeno resumo do conteúdo visto até aqui, a fim de explicar por que, neste capítulo, nos voltaremos para os substratos biológicos da mente.*

No primeiro capítulo, expusemos que as tentativas de compreender as operações da mente tiveram origem na Grécia Antiga, com a ênfase dada por Platão (ca. 428 a.C.-ca. 348 a.C.) e Sócrates (ca. 469 a.C.-399 a.C.) à concepção de espírito. Outros pensadores subsequentes, como René Descartes (1596-1650) e Gottfried Wilhelm Leibniz (1646-1716), também aderiram à ideia de que o conhecimento pode ser adquirido por meio do pensamento e da razão.

Foi Immanuel Kant (1724-1804) que introduziu a concepção de que o conhecimento é adquirido tanto pela experiência quanto pelos atributos da mente humana. Ele atribuiu a todas as experiências humanas certa unidade de consciência, determinando que cada um é capaz de distinguir seu próprio mundo, de natureza subjetiva, das outras coisas do universo, de caráter objetivo. Com base nisso, Kant elaborou um modelo da mente "em que a experiência da autoconsciência é sintetizada por meio de duas faculdades mentais distintas: a faculdade da sensibilidade e a faculdade da compreensão." (Hundert, 1990, p. 22, tradução nossa)

Essa abordagem, modular à primeira vista, parece bastante atraente e, de certa forma, consistente com algumas teorias da mente mais atuais, principalmente no que diz respeito ao conceito de *correlatos neurais da consciência*, como analisaremos nesta segunda parte da obra. No entanto, para que essa noção de que a consciência é formada por módulos funcionais se torne mais concreta, falta um elemento importante, que consiste em descrever os meios que possibilitam que isso aconteça. Na década de 1950, Noam Chomsky (1928-) deu um passo nessa direção ao eleger a estrutura sintática formal da linguagem para explicar isso. Dessa forma, a gramática transformacional, detentora de uma natureza computacional que depende de símbolos e de significados, passou a constituir um modelo de pesquisa que pode ser aplicado em todas as faculdades mentais, por ser de natureza intuitiva, ou melhor, inata à espécie humana.

Apesar de os argumentos filosóficos poderem se apresentar como teorias sofisticadas e bem articuladas, é pouco provável que métodos fundamentados apenas no poder do pensamento sejam suficientes para desatar o nó do problema da consciência. Existem até aqueles que acreditam na possibilidade de que a "fenda explanatória" (Levine, 1983), defensora da ideia de união entre a terceira e a primeira pessoa, nunca será superada na busca por uma explicação do problema mente-corpo. Visto dessa maneira, o "problema difícil" nunca seria resolvido.

Portanto, as informações de natureza empírica são necessárias, pois mesmo o mais fanático dos dualistas de substância não nega que o cérebro existe e, assim, pode ser considerado um objeto digno de estudo. Por isso, é de suma importância abordarmos métodos mais modernos de pesquisa neurobiológica, pois estes cada vez mais são capazes de revelar as estruturas neurais e os padrões de atividade que estão por trás do fenômeno da consciência. Diante desse contexto, apresentaremos os substratos biológicos que envolvem a questão da mente.

3.1
Neurobiologia da consciência:
correlatos neurais da consciência

Há três abordagens básicas que tentam explicar o fenômeno da consciência por meio dos substratos biológicos: (1) a que procura incluir circuitos sensorimotores que envolvem o organismo e o mundo; (2) a que concebe a autorreflexão feita por meio da linguagem como a responsável pela subjetividade; e (3) a que reduz o fenômeno da consciência aos mecanismos da atenção. Para Giulio Tononi e Christof Koch (2008), nenhuma dessas abordagens é suficiente.

No primeiro caso, fica difícil explicar uma dependência do meio ambiente ao se considerar atividades mentais como a imaginação ou os sonhos, em que o sistema tálamo-cortical funciona de forma parecida ao estado de vigília (Maquet et al., 1996).

Já na autorreflexão mediada pela linguagem, existem momentos que, mesmo que se esteja vividamente consciente, não há necessidade de produzir relatos verbais autorreflexivos, como acontece quando jogamos *video games* de maneira intensa ou estamos assistindo a um filme interessante. Confirmando essa ideia, trabalhos recentes, como o de Hasson et al. (2004), demonstram, por meio de estudos com a ressonância magnética funcional (fMRI), que as áreas pré-frontais, geralmente muito ativas durante a introspecção, apresentaram-se com menor intensidade durante tarefas em alta velocidade.

No que diz respeito à terceira abordagem, referente à associação entre atenção e consciência, observe a seguinte situação: ao se prestar atenção em algum evento, pessoa ou objeto, ele(a) está indiscutivelmente na consciência; porém, quando a atenção é voltada para outra direção, essas experiências não estão mais no foco da consciência. Esses dados levam a crer que essas duas funções mentais (atenção e consciência) estão interligadas de alguma forma (Posner, 1994a). No entanto, alguns trabalhos mais atuais indicam a possibilidade de esses dois mecanismos apresentarem mecanismos neurais distintos (Koch; Tsuchiya, 2007).

Diante da existência de vários trabalhos que estudam a atenção sem consciência e a consciência sem atenção, a tendência é favorecer a hipótese de que essas duas funções estejam realmente dissociadas quando se consideram os mecanismos neurais. Nesse caso, a atenção consiste em uma série de mecanismos em que o cérebro seleciona um grupo de informações sensoriais incompletas, que serão enviadas para módulos superiores da hierarquia neural para melhor análise, e os estímulos sensoriais não atendidos serão analisados em centros superiores.

Isso pode ser facilmente exemplificado pela seguinte situação: quando dirigimos, as condições de trânsito são processadas de tal maneira que os movimentos das mãos no volante são executados automaticamente. Assim, outros dados provenientes do cenário visual geral, ou até mesmo uma conversa entre motorista e passageiro, são analisados de maneira muito mais consciente. É notável que ambas as funções podem ser realizadas com razoável segurança, contanto que, de vez em quando, o motorista volte sua atenção para a estrada.

Uma crítica a esse fato seria afirmar que o motorista presta atenção aos dois eventos simultaneamente, porém em níveis de intensidade diferente. Estudos envolvendo tarefas simultâneas com relevâncias diferentes mostram que um sujeito pode, enquanto executa a tarefa simulada de dirigir, distinguir na periferia da visão um animal ou veículo, mas não consegue discernir a presença de um objeto não correlato, como diferenciar entre um disco verde e vermelho ao mesmo tempo (Li et al., 2002).

> Portanto, enquanto não podemos ter certeza que observadores não utilizam alguma quantia limitada de atenção "top-down"* nesses experimentos de tarefas simultâneas, que requerem treinamento e concentração (alta excitação), continua sendo verdade que esses sujeitos podem executar certas discriminações em detrimento de outras na vigência da quase ausência da atenção "top-down", não sendo necessário recorrer ao argumento de que estejam adivinhando. (Tononi; Koch, 2008, p. 242, tradução nossa)

---

*   Os termos *top-down*, que significa o resultado da influência cortical sobre sistemas infracorticais, e *bottom-up*, que significa a influência de centros subcorticais sobre sistemas corticais, serão mais bem explicados adiante.

Em contrapartida, a consciência propriamente dita parece estar envolvida em situações que requerem um "resumo executivo" de situações correntes, o qual pode ser útil a tarefas como tomar decisões, planejar e aprender (Baars, 2005). Quando são acrescentados estudos que envolvem outros tipos de mudança de nível na consciência, como o sono, a anestesia, as crises convulsivas, o coma e os estados vegetativos, somos levados a crer na possibilidade de que a atenção e a consciência não são entidades sinônimas.

Dados dessa natureza priorizam alguns princípios fundamentais da consciência, como a segregação dos estímulos nervosos, de acordo com sua função sensitiva, para "módulos" em regiões corticais, como as áreas visuais e auditivas primárias e secundárias, que constituem as regiões dedicadas à recepção de estímulos sensitivos provindos da periferia ou à emissão de estímulos motores do córtex para a periferia. Existem também os sistemas *transcorticais integrativos*, administrados por *hubs** que fornecem a interconexão entre essas áreas primárias e secundárias na forma de córtex associativa.

> Resumindo tudo de maneira extremamente sucinta:
> - A lógica celular oferece oportunidade para o processamento da informação.
> - Os sistemas de memória permitem que o córtex armazene informação e possa realizar mudanças significativas na funcionalidade.
> - Redes neurais são responsáveis pelo comportamento flexível e adaptável do córtex, assim como nossa habilidade para usar sintaxe.

---

* Centros de integração de informação (tradução nossa).

- Imagens corticais permitem que o cérebro represente informações semânticas de maneira simbólica, fazendo com que a linguagem tenha significado.

Com base nesses princípios gerais, é possível definir melhor o **fenômeno da consciência:**

- Existe o sentido craniocaudal, em que o estímulo foi transmitido pelas grandes vias aferentes, que conectam os receptores periféricos aos locais de processamento corticais ou infracorticais. Esses estímulos, depois de fazerem sinapse no tálamo, são encaminhados até o córtex somatossensitivo primário. Tudo isso pode ser considerado *bottom-up*, pois a periferia estimulou centros de processamento centrais. Quando o sentido é *top-down*, o córtex e os núcleos infracorticais, como o tálamo, influenciam os receptores periféricos, regulando sua sensibilidade.
- Existem os sistemas intermediários, que influenciam o córtex e vice-versa. Um exemplo citado é o sistema de atenção, que opera por meio de circuitos envolvendo a substância reticular do tronco cerebral, os colículos superiores, o corpo estriado e o núcleo pulvinar do tálamo. Quando a influência é *bottom-up*, esse sistema regula a sensibilidade cortical; quando é *top-down*, acontece o contrário.
- Por fim, existe o funcionamento *top-down* e *bottom-up* dentro das camadas do córtex cerebral. Esse sistema também foi citado anteriormente.

Levando em conta esse arcabouço geral do funcionamento dos aparatos neurais envolvidos no fenômeno consciente, é possível considerar alguma forma de contribuição de todos eles ao se seguir o raciocínio de Crick e Koch (1995). Segundo esses autores, os correlatos neurais da consciência são constituídos pelo menor número de mecanismos neurais necessários para explicar qualquer preceito específico da consciência.

3.1.1 Top-down e bottom-up

A teoria hierárquica propõe que os centros superiores (córtex, áreas motoras frontais e áreas responsáveis pela consciência) comandam os centros inferiores (medula espinhal e nervos cranianos). Nessa teoria, os centros superiores lidam com os aspectos associativos dos estímulos, e os inferiores se preocupam com as propriedades básicas dos estímulos. Assim, um nível determina o desempenho do outro. Por exemplo: quando procuramos um alfinete perdido no tapete, as áreas primárias e associativas visuais regulam os receptores da retina para que fiquem mais sensíveis a objetos finos e brilhantes, e essa associação passa a dirigir o sistema de atenção naquele momento.

Dito de maneira sucinta, os processos de nível inferior fornecem dados ricos em propriedade, mas pobres em significado, e os processos superiores são ricos em significado, mas pobres em propriedade. Encontramos um bom exemplo disso no funcionamento do sistema visual. Quando a retina recebe informações visuais sobre um objeto, esses dados são enviados para uma parte do cérebro chamada *córtex visual primário*. Lá serão processados dados que se referem às propriedades físicas do objeto em questão. Tomando o exemplo de uma vela acesa, a região cortical registra a cor, a intensidade luminosa, a posição, o movimento etc., que identificam o objeto o mais corretamente possível. No entanto, nessa fase, pouco ou nada se sabe sobre o significado desse estímulo visual, tampouco o nome que lhe foi atribuído e que pensamentos, palavras ou outras imagens mentais esse estímulo evoca. Pacientes que sofreram lesões cerebrais que isolam essas áreas corticais primárias são capazes de registrar a existência desses objetos e até de elaborar respostas motoras em nível primitivo. Por exemplo: se lançarmos uma chave em direção a esse paciente, ele será capaz de pegá-la e, quem sabe, até tente abrir uma porta, mas não tem a menor ideia do que está fazendo nem sabe chamar o objeto de *chave*. Por outro lado, quando essa área primária está intacta, as áreas secundárias e terciárias estabelecem associações com centros da fala, da memória etc., que enriquecem essa experiência até níveis muito superiores, de modo que a pessoa seja capaz de pintar um quadro dessa chave ou de escrever um poema sobre chaves em geral.

Essa divisão hierárquica aparece em praticamente todas as funções cerebrais, das mais simples até as mais refinadas e complexas. Quando um estímulo caminha de uma posição hierarquicamente inferior para outra de nível superior, dizemos que o percurso foi feito de baixo para cima (ou *bottom-up*). Quando o estímulo realiza um caminho contrário, isto é, de uma área superior para uma inferior, o percurso é feito de cima para baixo (*top-down*). Voltando ao exemplo do alfinete, quando procuramos esse objeto em um tapete, duas coisas ocorrem simultaneamente: primeiro, as áreas superiores alteram o limiar de sensibilidade e seletividade dos receptores na retina, que ficam calibrados para achar agulhas, e não botões de camisa. Ao mesmo tempo, esses estímulos visuais vão sendo processados para registrar o significado do que está acontecendo. Temos, então, uma prova prática de que o cérebro e a mente se influenciam mutuamente. Não é possível denominar isso de *dualismo* porque tanto uma lesão *top-down* quanto uma *bottom-up* descartam essa experiência. Nesse sentido, termos como *dualismo* e *materialismo* perdem totalmente seu significado e, consequentemente, sua razão de existir.

Quando um estímulo caminha de uma posição hierarquicamente inferior para outra de nível superior, dizemos que o percurso foi feito de baixo para cima (ou bottom-up). Quando o estímulo realiza um caminho contrário, isto é, de uma área superior para uma inferior, o percurso é feito de cima para baixo (top-down).

McMains e Kastner (2011) mostraram que uma das utilidades dessa organização *top-down/bottom-up* é manejar a capacidade limitada de lidar com estímulos nos níveis superiores. Para ilustrar esses mecanismos, podemos fazer uma analogia com o trabalho de um porteiro de uma boate, que recebe instruções do tipo *top-down* (vindo da gerência), que o informa da quantidade de convidados que já entraram e quantos ainda podem ser admitidos. Da mesma forma, o porteiro pode mandar informação para a gerência (*bottom-up*) de quantas pessoas estão lá fora, dando condições para que ela tome providências, como abrir mais espaço ou apressar a saída de algumas pessoas.

3.2
Neurobiologia da consciência: níveis de análise

Para complementar as especulações filosóficas sobre a mente, é possível ainda fazer uma análise neurobiológica, que incluiria os resultados de pesquisas de ordem multidisciplinar, como estudos bioquímicos, neurofarmacológicos, eletrofisiológicos, de biologia celular e neuropsicológicos. Recentemente, o uso de tecnologia da neuroimagem tem sido uma contribuição importante, especialmente a fMRI, que permite estudos *in vivo*. Com o intuito de reduzir a complexidade dessa tarefa, os neurocientistas passaram a adotar uma abordagem sistemática que estabelece diversos níveis de análise, especificamente nos níveis molecular, celular, comportamental e de análise de sistemas.

3.2.1 Neurociência molecular

O cérebro possivelmente tem a organização material-biológica mais complexa conhecida até os dias atuais. A matéria do tecido cerebral contém uma imensa variedade de moléculas, muitas das quais são encontradas somente no sistema nervoso. Essa variedade é acompanhada por uma diversidade funcional que inclui: mensageiros que permitem a comunicação interneuronal; guardiões que decidem o que entra e sai dos neurônios; condutores que orquestram o crescimento neuronal; e substâncias que arquivam experiências passadas. O estudo dessas moléculas é de responsabilidade da neurociência molecular.

A neurociência molecular engloba conceitos da biologia molecular aplicada ao estudo do sistema nervoso de animais. Essa área trata de assuntos como mecanismos moleculares da sinalização, efeitos da genética no desenvolvimento neuronal e bases moleculares que explicam fenômenos como a neuroplasticidade.

Citosol e fluido extracelular

A água é o principal ingrediente do fluido, tanto no interior quanto no exterior da célula neuronal. Dissolvidos nessa água estão os íons, como o sódio, o potássio, o magnésio e o cálcio, responsáveis pelo principal fenômeno que gera e transmite sinais neurais: o potencial de ação (a ser mais bem analisado na próxima seção).

A água é o principal solvente de outras moléculas carregadas, isso porque suas moléculas têm características bipolares, ou seja, uma carga positiva em um polo e uma negativa em outro. Essa característica de neutralidade elétrica permite às outras moléculas que se dissolvam mais facilmente. Observe a Figura 3.1 a seguir.

Figura 3.1 – Dissolução dos íons entre as moléculas de água

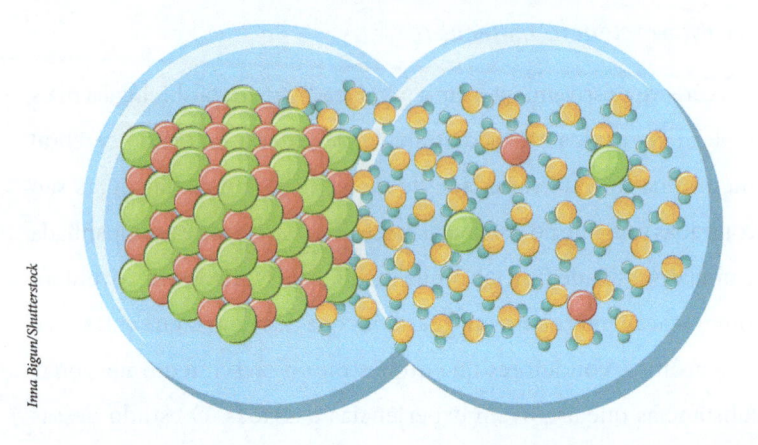

Íons são os átomos (ou moléculas) da carga elétrica. O sal de mesa, conhecido como *NaCl*, por exemplo, é um cristal composto de sódio (Na^+) e cloro (Cl^-), os quais se mantêm unidos devido a uma atração elétrica gerada por átomos com cargas opostas. Esse tipo de ligação é chamada de *ligação iônica*. O sal se dissolve com facilidade na água, pois as partes carregadas da molécula de água apresentam uma força de atração maior para os íons que para as moléculas de H_2O entre si.

Membrana fosfolipídica

As moléculas com cargas unipolares se dissolvem mais facilmente em moléculas bipolares, como a água, por isso são chamadas de *hidrofílicas*. Em sentido contrário, moléculas com ligações covalentes não polares são chamadas de *hidrofóbicas*, pois não se dissolvem na água, como os lipídios, grupo qua abrange os óleos e as gorduras (por isso o azeite não se mistura com a água).

Os principais elementos estruturais das membranas celulares são os fosfolipídios, que, como outros lipídios, são formados por longas cadeias não polares de átomos de carbono ligados a átomos de hidrogênio.

Além disso, uma molécula de fosfolipídio contém uma cabeça (que é hidrofílica) feita de fosfato e uma cauda (que é hidrofóbica) feita de hidrocarboneto. A membrana neuronal consiste em uma camada de fosfolipídios com a espessura de duas moléculas arranjadas de tal forma que a parte hidrofílica está voltada internamente à parte aquosa do citoplasma e ao meio extracelular, também aquoso. Esse arranjo estável isola o compartimento intracelular do extracelular.

Figura 3.2 – Camada fosfolipídica da membrana neuronal

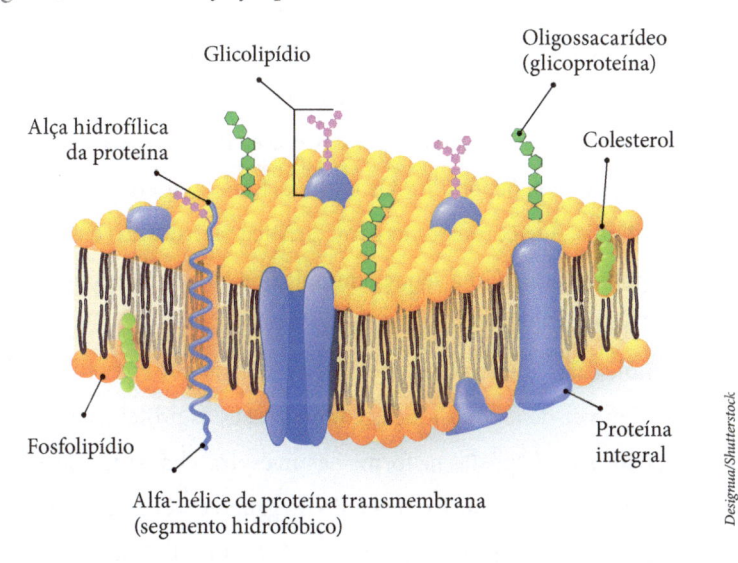

Note que, na Figura 3.2, a parte hidrofóbica encontra-se entre as partes hidrofílicas. Dessa maneira, qualquer molécula que quiser passar do intracelular para o extracelular, ou vice-versa, precisa ser carreada de maneira ativa pelas proteínas transportadoras de íons ou canais iônicos.

Proteínas

O tipo e a distribuição das moléculas de proteínas é um dos fatores que diferenciam os neurônios de outras células, pois cada um tem estruturas específicas que determinam sua função, tanto do ponto de vista químico quanto fisiológico. As enzimas que catalisam as reações químicas, o citoesqueleto que dá forma aos neurônios e os receptores sensíveis aos neurotransmissores que determinam o comportamento das células nervosas são compostos por proteínas. As proteínas, em razão de seu tamanho, têm uma organização estrutural bem mais complexa do que outras moléculas menores, como a glicose ou os lipídios.

No estado mais elementar – **nível primário** –, os 20 aminoácidos usados pelas células na construção de proteínas se ligam através de suas terminações amino e carboxílica, formando longas cadeias cuja sequência é determinada pelo DNA. Sequências com menos de 50 aminoácidos são conhecidas como *peptídeos*, e as estruturas mais compridas são chamadas de *polipeptídios*. Os aminoácidos se diferem pelas suas cadeias laterais, que conferem as características estruturais e químicas de cada polipeptídio. Uma sequência típica de aminoácidos poder ser vista na Figura 3.3.

As moléculas, de maneira geral, não consistem em sequências lineares. Em vez de formar longas colunas retas, as proteínas no **nível secundário** estão dispostas na forma de um espiral chamado *alfa-hélice*, que apresenta ligações entre o oxigênio do grupo C=O de cada ligação peptídica e o hidrogênio do grupo N-H de uma ligação peptídica situada quatro aminoácidos abaixo. Isso representa uma ligação entre aminoácidos, mas existe também outro tipo de ligação chamada de *beta*, que une diferentes cadeias entre si. Esse nível de organização confere estabilidade à molécula.

O **nível terciário** confere à proteína uma conformação tridimensional para atingir maior estabilidade – e isso em seu menor nível energético. Esse enovelamento também permite que determinados aminoácidos ocupem uma posição no interior da estrutura, o que os protege do meio aquoso em que a molécula se encontra imersa.

Finalmente, no **nível quaternário**, existe uma conformação da estrutura proteica que consiste em um enovelamento mais denso entre as subunidades representadas por agrupamentos de aminoácidos que têm características funcionais. Em uma molécula complexa como a hemoglobina, por exemplo, cada subunidade exerce uma função diferente. É na estrutura quaternária que a molécula de proteína assume a forma que determina seu papel biológico, e não apenas químico.

Figura 3.3 – Os quatro níveis estruturais das proteínas

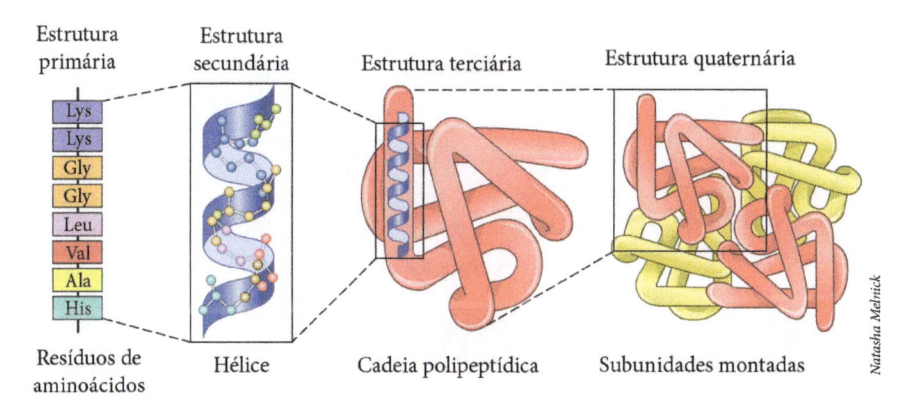

É importante observar que tal arranjo cria uma relação entre estruturas cada vez mais complexas, em que as de menor complexidade, conhecidas como **infraestruturas**, relacionam-se com outras mais sofisticadas, chamadas de **superestruturas**, em um arranjo de reciprocidade chamado de ***organização de cima para baixo e de baixo para cima***, tema que é constantemente retomado nesta obra.

3.2.2 Neurociência celular

Outro nível de análise é a neurociência celular. Essa disciplina estuda o modo como todas as moléculas trabalham em conjunto, de maneira a conferir aos neurônios suas características especiais. Cabe a essa área questões como os diferentes tipos de neurônios que existem, como diferem entre si em suas funções, como se influenciam mutuamente, como se interligam durante o desenvolvimento fetal e como fazem suas computações (Figura 3.4).

Figura 3.4 – *Tipos básicos de células do tecido nervoso*

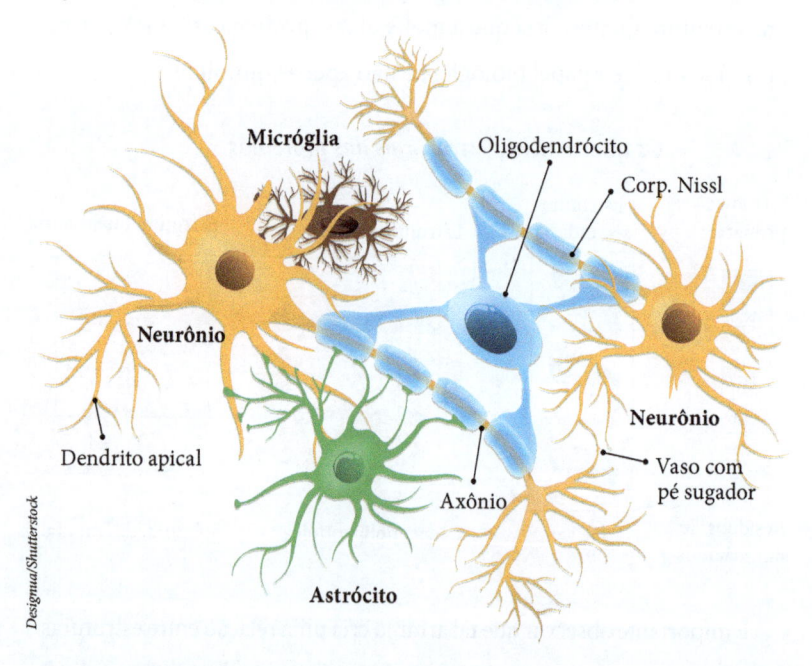

Na Figura 3.4, há quatro tipos básicos de célula: os neurônios, que são os transmissores de impulsos nervosos; os astrócitos, que dão sustentação ao tecido nervoso e intermedeiam a barreira hematoencefálica com os vasos sanguíneos; os oligodendrócitos, que são responsáveis pela formação de mielina; e a micróglia, que ajuda na reparação do tecido nervoso.

Apesar de enormes diferenças estruturais e funcionais, os neurônios, em geral, têm algumas características morfológicas em comum. Primeiramente, existe o **soma**, ou corpo neuronal, que mede aproximadamente 20 mícrons de diâmetro. O líquido aquoso de dentro do neurônio é o **citosol**, composto de água, sódio, cloro, potássio, magnésio, cálcio e outros íons. Esse líquido intracelular está separado do meio extracelular pela **membrana lipídica**. Dentro do soma, encontram-se pequenas estruturas, as organelas, entre as quais as mais importantes são: o **núcleo**, que contém toda a informação genética necessária para a síntese de proteínas; o **retículo endoplasmático** liso e rugoso, em que as proteínas são montadas a partir de aminoácidos; o **aparelho de Golgi**, que empacota proteínas e lipídios em vesículas; e as **mitocôndrias**, em que a energia é produzida.

Figura 3.5 – O neurônio e suas organelas

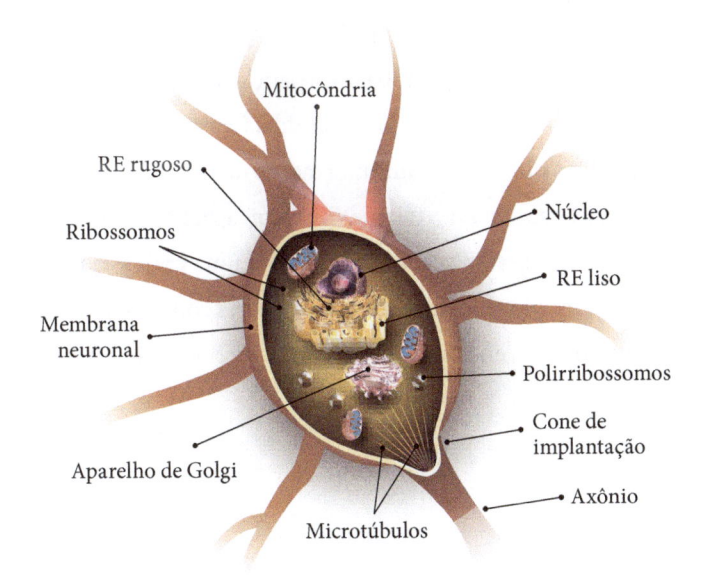

É pouco provável que algum dia se compreenda como cada neurônio contribui individualmente para o funcionamento do cérebro, embora já seja possível conhecer a contribuição de cada categoria de neurônios, conforme a classificação a seguir:

- **Neurônios unipolares** – Apresentam um corpo celular e um axônio. Não são muito frequentes e constituem, por exemplo, as células sensoriais da retina e da mucosa olfatória.
- **Neurônios bipolares** – Têm um dendrito, um corpo celular e um axônio. São frequentes nas estruturas sensoriais (retina, mucosa olfatória etc.).
- **Neurônios pseudounipolares** – São formados por um corpo celular e por somente um prolongamento, que se comporta como dendrito em uma de suas porções, e na outra como axônio. Um exemplo típico são os neurônios dos gânglios sensitivos da medula espinhal, responsáveis pela condução de impulsos nervosos de teto, pressão, calor, frio etc.
- **Neurônios multipolares** – São a maioria dos neurônios do tecido nervoso. Eles têm um corpo celular, vários dendritos e um axônio, que pode ser longo quando usado para levar informações a longa distância, como em células piramidais motoras, ou um pouco mais curto quando conduz informação do córtex para estruturas infracorticais, como o tálamo. Também apresentam muitos dendritos, que possibilitam a integração de uma grande quantidade de informação. Os neurônios multipolares constituem a maioria dos neurônios encontrados no córtex cerebral (Figura 3.6).

Figura 3.6 – Classificação dos neurônios de acordo com o tipo de axônio

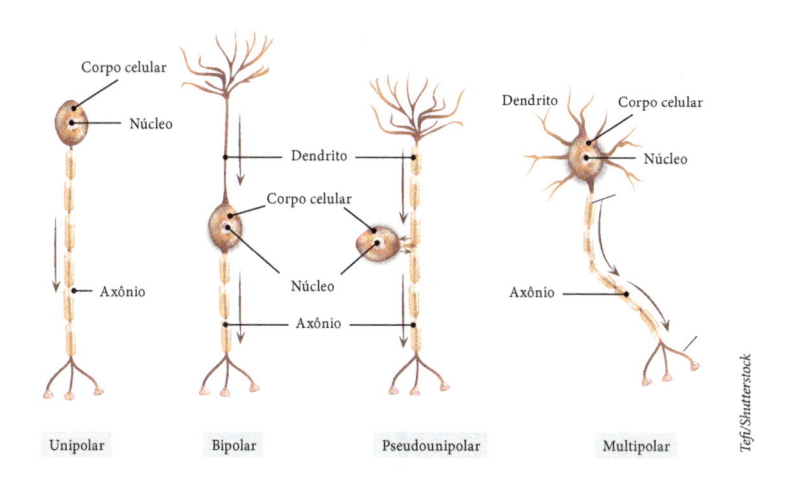

| Unipolar | Bipolar | Pseudounipolar | Multipolar |

Além dos neurônios, o sistema nervoso também é composto pelas **células gliais**, que, assim como os neurônios, também são divididas em subtipos (astrócitos, oligodendrócitos, micróglias etc.).

A parte funcional do córtex cerebral é uma camada fina de neurônios localizada na superfície do cérebro. Abaixo dessa camada celular está a substância branca, isto é, os axônios, que fazem a comunicação entre os diferentes lobos do cérebro, cerebelo, gânglios da base e os grandes tratos motores e sensitivos que levam e trazem estímulos da medula espinhal. Apesar de tanta atividade, a camada cortical ou celular é surpreendentemente fina, com uma espessura entre 2 e 5 milímetros, composta por cerca de 100 bilhões de neurônios.

Para se ter uma ideia da quantidade de neurônio que temos, nossa galáxia contém cerca de 300 bilhões de estrelas e existem aproximadamente 100 bilhões de galáxias no universo. É errado, pois, dizer que existem mais neurônios que estrelas no universo, mas certamente existem mais neurônios na sua cabeça do que as estrelas que você pode observar em uma noite estrelada em alto-mar.

Existem três tipos básicos de neurônios: os piramidais, os fusiformes e os granulares. Os **neurônios granulares** geralmente têm axônios curtos e funcionam como interneurônios que levam e trazem impulsos por curtas distâncias. Alguns apresentam função excitatória, sendo o glutamato seu neurotransmissor geral. Outros são inibitórios, cujo principal neurotransmissor é o ácido gama-aminobutírico (Gaba). Neurônios desse tipo são mais frequentes e em maior abundância no córtex sensitivo, nas áreas de associação entre sensação e motricidade. Os neurônios granulares são, portanto, processadores intracorticais de sinais sensoriais que chegam em áreas sensoriais e associativas. Já as células **piramidais** e **fusiformes** dão origem a quase todas as fibras que saem do córtex, sendo maiores e dando origem ao trato córtico-espinhal. As fusiformes cruzam para o outro hemisfério, através do corpo caloso, e intermediam a comunicação inter-hemisférica. O resto do córtex é formado pelas células granulares (ou estreladas), de natureza não neuronal, que podem ser de vários tipos:

- **Micróglia** – São macrófagos (células fagocitárias) capazes de se mover dentro do córtex e se multiplicar quando ocorre dano cerebral. Essas células monitorizam o ambiente, que inclui os neurônios, a macróglia e os vasos cerebrais, e são participantes da resposta imune no sistema nervoso central.

- **Macróglia** – São maiores do que a micróglia e se subdividem em:
  › Astrócitos – Tipo celular mais abundante no sistema nervoso, regulam o ambiente químico dos neurônios removendo o excesso de íons, reciclando neurotransmissores e mediando a vasoconstrição e a vasodilatação, produzindo substâncias como o ácido araquidônico, cujos metabólitos são vasoativos. Em geral, existem dois tipos de astrócitos: os fibrosos, encontrados na substância branca; e os protoplasmáticos, encontrados no córtex.
  › Oligodendrócitos – Responsáveis pela formação da bainha de mielina dos axônios no sistema nervoso central.
  › Células de Schwann – Responsáveis pela formação da bainha de mielina dos axônios no sistema nervoso periférico.
  › Células ependimárias – Encontradas no canal central da medula e no sistema ventricular do cérebro, sendo responsáveis pela formação do líquido cérebro-espinhal.

A Figura 3.7 mostra como essas células são organizadas em seis camadas, cada uma com uma histologia própria. Essas camadas têm de 10 a 14 bilhões de neurônios. A camada I é conhecida como *camada molecular* e contém poucos neurônios; a II é chamada de *camada granular externa*; a III é denominada *camada piramidal externa*; a IV é chamada de *camada granular interna*; a V é nomeada como *camada piramidal interna*; e a VI é conhecida como *camada multiforme ou fusiforme*.

Figura 3.7 – *As seis camadas corticais e seus tipos celulares*

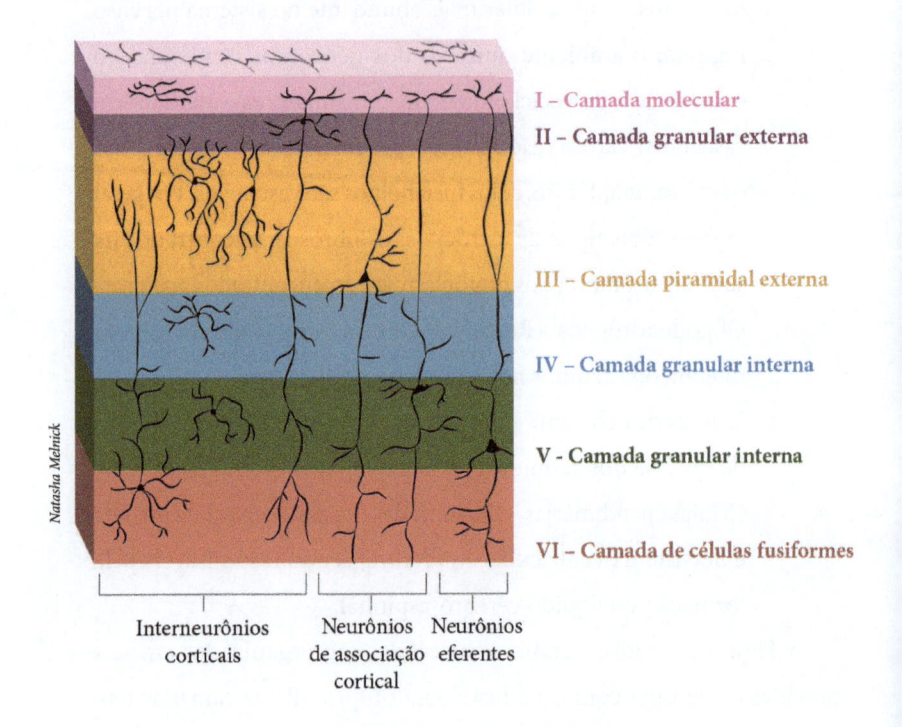

I – Camada molecular
II – Camada granular externa
III – Camada piramidal externa
IV – Camada granular interna
V - Camada granular interna
VI – Camada de células fusiformes

Interneurônios corticais
Neurônios de associação cortical
Neurônios eferentes

Funcionalmente, as camadas corticais são divididas em três partes. A camada supragranular é composta pelas camadas I, II e III, servindo como origem ou término de conexões intracorticais, que podem ser do tipo associativo, ligando as várias áreas do mesmo hemisfério, ou comissurais, servindo de ligação entre os dois hemisférios. Essa parte supragranular é altamente desenvolvida em humanos e reflete nossa habilidade *sui generis* em fazer associações. É dessa maneira que a imagem visual de uma vela acesa pode ter forma e cor característica, assim como um significado maior, dependendo da associação da área visual com a olfatória, da memória, a tátil e, talvez, até a auditiva (o som da cera fervendo). Todas essas áreas associativas fluem para um lugar que reúne todos esses dados e encontra um vocábulo que representa esse todo.

A camada **granular interna**, ou área IV, recebe as ligações tálamo-cortical, especialmente dos núcleos específicos. Essa área é mais proeminente no córtex sensitivo primário.

As camadas **infragranulares**, V e VI, conectam o cérebro às regiões subcorticais. É mais proeminente nas áreas motoras primárias, associadas ao movimento voluntário. A camada V emite fibras do tipo motor para o tálamo, tronco cerebral e medula espinhal, o chamado *trato córtico-espinhal*. A camada multiforme (VI) emite fibras motoras exclusivamente para o tálamo.

Síntese

Neste capítulo, tratamos dos correlatos neurais da consciência, mecanismos neurais capazes de se constituírem como base física na explicação dos diversos aspectos da consciência. Nesse sentido, três substratos biológicos foram considerados: os circuitos sensorimotores, que unem o sujeito ao mundo; a capacidade de autorreflexão realizada por meio da linguagem como substrato biológico da consciência; e o fenômeno entre consciência e atenção. Tendo em vista que cada uma dessas abordagens tem seu problema particular, o presente capítulo teve como embasamento uma teoria modular aperfeiçoada, constituída pela neurociência molecular e pela neurociência celular.

Primeiramente, apresentamos o fato de a visão kantiana ser considerada uma precursora da concepção atual de correlatos neurais da consciência, embora sua teoria não considere dados empíricos encontrados na biologia – ainda desconhecidos naquela época. Assim, para complementar as concepções filosóficas sobre a consciência, abordamos aspectos neurobiológicos sobre o assunto.

Na sequência, tratamos do sistema nervoso e da interação molecular. Examinamos tanto as interações estruturais quanto aquelas envolvidas nas mais diversas reações químicas, principalmente as relacionadas aos neurotransmissores. Entre os inúmeros tópicos dos aspectos bioquímicos do sistema nervoso, destacamos o citosol e o fluido extracelular, a membrana fosfolipídica e o papel das proteínas.

No nível celular, consideramos os neurônios e seus dendritos e axônios, destacando principalmente as diferenças morfológicas do soma quanto ao tipo e à disposição de axônios e dendritos e as diversas funções que essas diferenças acarretam. Como pudemos constatar, neurônios diferentes têm funções diferentes no sistema nervoso; assim, a função de um neurônio depende das estruturas das quais ele recebe os sinais e daquelas para as quais ele os envia. Como cada região do cérebro agrupa neurônios semelhantes, cada uma delas tem uma função diferente: algumas são sensoriais, outras são efetoras e outras são associativas. O resultado é a especialização funcional do cérebro (divisão de tarefas).

Indicações culturais

Artigos

Os seguintes artigos apresentam perspectivas diferentes sobre o papel da gênese e do controle da consciência.

BAARS, B. The Conscious Access Hypothesis: Origins and Recent Evidence. **Trends in Cognitive Sciences**, Oxford, UK, v. 6, n. 1, p. 47-52, Jan. 2002. Disponível em: <http://ccrg.cs.memphis.edu/assets/papers/2002/BaarsTICS2002.pdf>. Acesso em: 29 nov. 2017.

KOCH, C.; GREENFIELD, S. Como a consciência se manifesta? **Scientific American Brasil**. Disponível em: <http://www2.uol.com.br/sciam/reportagens/como_a_consciencia_se_manifesta_.html>. Acesso em: 29 nov. 2017.

SOUSA, C. E. B. de. Modelos neurais de consciência: uma análise neurofilosófica. **Trans/Form/Ação**, Marília, v. 38, n. 2, maio/ago 2015. Disponível em: <http://www.scielo.br/scielo.php?script=sci_arttext&pid=S0101-31732015000200095>. Acesso em: 29 nov. 2017.

TONONI, G.; KOCH, C. The Neural Correlates of Consciousness: an Update. **Annals of the New York Academy of Sciences**, v. 1124, p. 239-261, 2008.

Para saber mais sobre o papel dos distúrbios da microglia no envelhecimento e Doença de Alzheimer leia o artigo:

CAVALCANTI, J. L. de S.; ENGELHARDT, E. Aspectos da fisiopatologia da doença de Alzheimer esporádica. **Revista Brasileira de Neurologia**, Rio de Janeiro, v. 48, n. 4, p. 21-29, 2012. Disponível em: <http://files.bvs.br/upload/S/0101-8469/2012/v48n4/a3349.pdf>. Acesso em: 26 nov. 2017.

Site

Para uma visão geral da citologia do sistema nervoso, consulte:

MOL MICROSCOPIA ONLINE. **Módulo 9**: tecido nervoso. <http://www.icb.usp.br/mol/9-menumod9.html>. Acesso em: 26 nov. 2017.

Vídeo

Para compreender melhor a estrutura das proteínas, principalmente suas diferenças, assista ao seguinte vídeo:

PROTEÍNAS. 7 mar. 2010. Disponível em: <https://www.youtube.com/watch?v=h3CUqTKMnaY>. Acesso em: 26 nov. 2017.

Atividades de autoavaliação

1. São exemplos de adeptos do empirismo:
   a) Sócrates, Kant e Leibniz. Aristóteles, Locke e Hume.
   b) Aristóteles, Locke e Descartes.
   c) Nenhuma das opções.

2. A *fenda explanatória* significa:
   a) que a união entre a terceira e a primeira pessoa nunca será superada.
   b) que a união entre a terceira e a primeira pessoa sempre será superada.
   c) que a terceira pessoa não importa.
   d) que a primeira pessoa não importa.

3. As três abordagens básicas para a teoria dos correlatos neurais da consciência incluem:
   a) a visão, a audição e a memória.
   b) a visão, a motricidade e a memória.
   c) o sistema sensorimotor, a autorreflexão e a atenção.
   d) o sistema sensorimotor, a memória e a autorreflexão.

4. Assinale a alternativa correta:
   a) O tipo e a distribuição das moléculas de proteínas diferenciam os neurônios de outras células.
   b) O tipo e a distribuição das moléculas de gordura diferenciam os neurônios de outras células.
   c) O tipo e a distribuição das moléculas de proteínas igualam os neurônios de outras células.
   d) Não há diferenças moleculares entre tipos diferentes de células.

5. São tipos de neurônios:
   a) Neurônios unipolares, neurônios bipolares, neurônios fasciculares, neurônios multipolares.
   b) Neurônios apolares, neurônios bipolares, neurônios pseudounipolares, neurônios multipolares.
   c) Neurônios tripolares, neurônios bipolares, neurônios pseudounipolares, neurônios multipolares.
   d) Neurônios unipolares, neurônios bipolares, neurônios pseudounipolares, neurônios multipolares.

Atividades de aprendizagem

Questões para reflexão

1. Leia o artigo a seguir e explique, com suas palavras, o que é a *fenda explanatória*.

   LEVINE, J. Materialism and Qualia: the Explanatory Gap. **Pacific Philosophical Quarterly**, Hoboken, NJ, v. 64, p. 354-361, 1983. Disponível em: <http://course.sdu.edu.cn/G2S/eWebEditor/uploadfile/20140227112822014.pdf>. Acesso em: 26 nov. 2017.

2. Explique em que consiste a organização *top-down* e *bottom-up* usando o artigo a seguir.

   CANDIOTTO, K. B. B. Fundamentos epistemológicos da teoria modular da mente de Jerry A. Fodor. **Trans/Form/Ação**, São Paulo, v. 31, n. 2, p. 119-135, 2008. Disponível em: <http://www.scielo.br/pdf/trans/v31n2/07.pdf>. Acesso em: 26 nov. 2017.

Questão aplicada: prática

1. Assista ao filme *A.I. – Inteligência Artificial* e discuta com um colega se o personagem principal (o menino) pode ser citado como um exemplo da teoria do zumbi.

   A.I. – INTELIGÊNCIA Artificial. Direção: Steven Spielberg. EUA: Warner Bros. Pictures, 2001. 146 min.

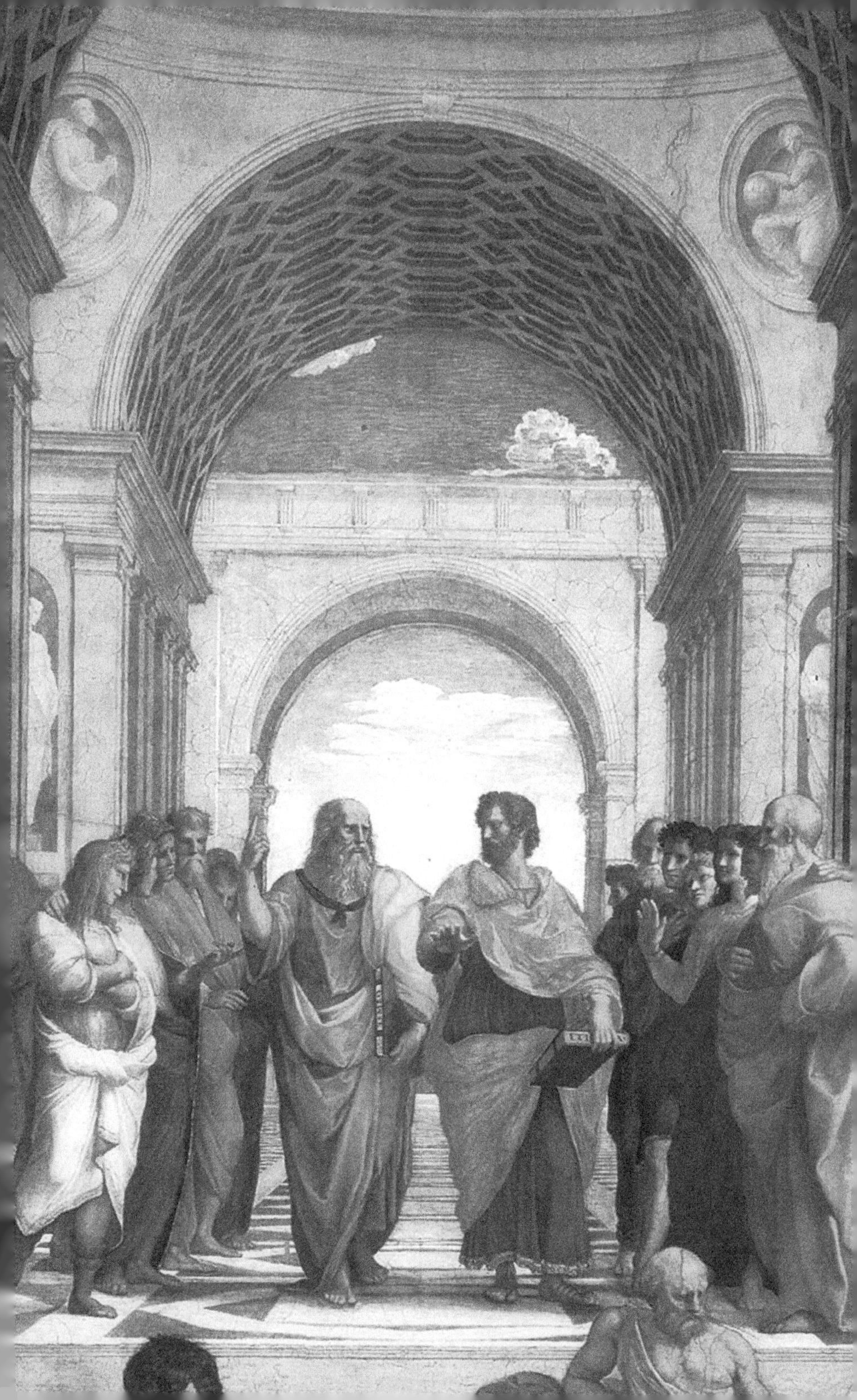

4

Neurociência dos sistemas

Estamos em plena era da abordagem empírica e multidisciplinar da neurociência, e a ideia modular, iniciada com Immanuel Kant (1724-1804) e desenvolvida por Jerry Fodor (1935-), está florescendo. Nesse contexto, apresentaremos como neurocientistas modernos dividem o tecido neural em unidades funcionais para efetuar uma análise experimental sistemática – processo que é conhecido como abordagem reducionista. O tamanho de cada unidade de estudo define aquilo que pode ser o nível de análise. Em uma ordem crescente de complexidade, cada nível tem caráter molecular, celular, comportamental, emocional e cognitivo, bem como sistemas ascendentes, descendentes e transversos.

4.1
Sistema sensitivo

Os sistemas sensitivos têm como função geral captar e analisar informações pertinentes à percepção de estímulos dolorosos, térmicos, mecânicos, visuais e auditivos provenientes do mundo externo, assim como informações a respeito da posição das articulações, do grau de estiramento dos músculos e tendões, do grau de estiramento e tensão contrátil das vísceras ocas e do grau de contração dos vasos sanguíneos.

Também é possível classificar os estímulos da seguinte forma: exteroceptivos, quando provêm do mundo externo; proprioceptivos, quando provêm do aparelho neuromuscular; e interoceptivos, quando provêm dos órgãos internos e do aparelho circulatório. Cada uma dessas modalidades de percepção tem um receptor periférico ou interno, altamente específico, que realiza o **fenômeno da transdução**, compreendido como a codificação desses estímulos mecânicos, térmicos e químicos em pulsos elétricos que caminham através do sistema nervoso periférico. Isso ocorre quando os estímulos vêm dos braços, das pernas, do pescoço, do tronco e do abdômen; e dos pares cranianos, que são as fibras que inervam o rosto, a cabeça, a língua, os olhos e os ouvidos. Os estímulos provenientes de cada uma dessas modalidades têm fibras periféricas específicas e tratos nervosos na medula e no tronco cerebral, também específicos, de tal maneira que os impulsos desse sistema atingem o tálamo, o qual os distribui para áreas corticais apropriadas. Esse tipo de percepção é usado para orientar a atividade motora, cognitiva e afetiva.

A análise do sistema sensitivo se preocupa com a maneira como diferentes circuitos neuronais analisam a informação sensitiva, formando percepções do mundo externo e respostas aos estímulos por meio do movimento muscular voluntário e involuntário, como os circuitos que formam emoções e pensamentos e, principalmente, os circuitos neuronais que se integram para permitir o fenômeno da consciência.

4.1.1 Sistemas olfativo e gustativo

Estamos continuamente cercados por substâncias químicas que assinalam comida, veneno ou sexo. Elas estão no ar, na água, nos alimentos e basicamente em tudo aquilo que toca nossa pele. Nesse sentido, as coisas continuam as mesmas para os seres humanos e seus ancestrais há três milhões de anos.

Por meio de receptores específicos, é possível identificar o cheiro e o sabor dos alimentos que nos nutrem, como a doçura do mel e o aroma da feijoada. Também podemos sentir a presença de substâncias tóxicas, como o veneno de algumas plantas ou o cheiro de carne em decomposição. Dessa mesma maneira, se formos sensíveis o suficiente, podemos perceber quando alguém ao nosso lado corresponde ou não às nossas intenções.

Os registradores mais comuns pertencem ao sistema olfativo, que detecta cheiros, e ao sistema gustativo, especialista em discriminar sabores. Existem ainda os quimiorreceptores, como encontrados na pele, que assinalam a presença de substâncias irritantes. No mundo interno, há uma enorme variedade de receptores desse tipo, como os do tronco cerebral, que monitoram os níveis de açúcar, oxigênio e gás carbônico.

Os sistemas de olfação e gustação são separados e apresentam outro tipo de quimiorreceptores. Ambos apresentam receptores periféricos especializados no nariz e na língua, que enviam seus sinais primeiramente às estações receptivas no diencéfalo (centros infracorticais), para ser eventualmente integrados pelo córtex cerebral, motivando comportamentos como a fome, a sede, o medo e a sexualidade.

O sistema olfativo compreende os receptores nasais, que emitem sinais ao bulbo olfativo, o qual, por sua vez, encaminha esses estímulos para o sistema límbico e depois para as áreas corticais responsáveis pela integração desse sentido (Figura 4.1). Essa ligação estreita entre o sistema límbico e o córtex olfativo garante as associações emocionais bem conhecidas da capacidade de cheirar.

Figura 4.1 – Sistema olfativo periférico

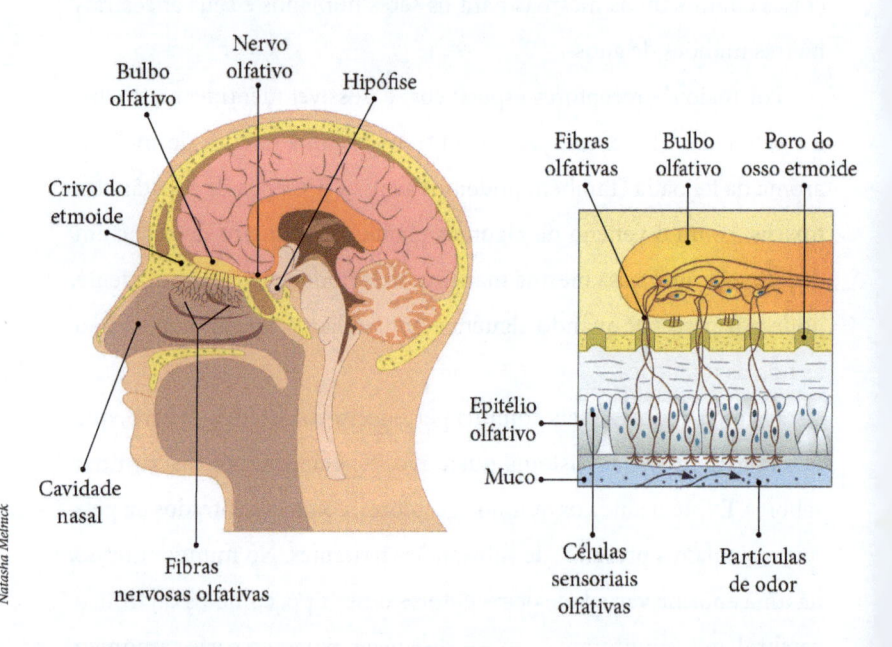

Nós, humanos, nos desenvolvemos como onívoros. Para isso, foi necessário que aprimorássemos um sistema sofisticado que distinguisse o útil, o aprasível e o tóxico – algumas de nossas preferências gustativas são inatas; outras, aprendidas pela cultura.

Os estímulos gustativos originam-se na língua, nas papilas gustativas, e caminham pelo tronco cerebral e pelo tálamo, chegando eventualmente à região da ínsula, mais especificamente à área opérculo-insular.

Apesar de a quantidade de substâncias químicas e a variedade de sabores serem enormes, é provável que só consigamos reconhecer os sabores básicos, como a salinidade, a amargura, o azedume e a doçura. Como, então, conseguimos distinguir o gosto do chocolate, do queijo e dos vinhos, por exemplo?

Primeiramente, cada alimento evoca uma combinação de sabores característica, que também envolve uma variedade de odores. Por exemplo, se não sentíssemos cheiro, seria mais difícil sentir a diferença entre morder uma maçã e uma cebola. Há, ainda, outras modalidades sensitivas, como a textura e a aparência. Isso significa que o processamento de sabores obedece a uma sequência hierárquica, saindo de níveis inferiores, como o das papilas gustativas, até níveis superiores, como os relacionados às áreas corticais associativas. É por isso que dizemos *sistema gustativo*: por englobar diversas características e funções. Isso vale também para os demais sistemas, como o visual, o auditivo, o emotivo e todos os componentes sistêmicos ligados ao sistema nervoso maior.

4.1.2 Sistema ocular

Nosso sistema visual é realmente notável. Ele pode distinguir um objeto entre muitos outros, sejam eles diferentes, sejam ele parecidos – como uma pessoa no meio de uma multidão. Esse sistema também é capaz de discernir sutilezas entre as cores e focar um objeto sobre um fundo menos nítido. Em nível mais elevado, isso agrega à visão conceitos mais sofisticados, como ideias e sensações estéticas – basta entrar em uma galeria de arte. Além disso, o sistema visual confere a capacidade de detectar posições e objetos e acompanhá-los quando estão em movimento.

A luz é energia eletromagnética emitida na forma de partículas e ondas. Vivemos em um turbulento mar de radiação eletromagnética, como em um oceano de pequenas e grandes ondas.

A sensibilidade à luz permite aos animais, incluindo o ser humano, que detectem objetos e situações de interesse, dando sentido a um mundo extremamente complexo. Justamente por isso, ainda é extremamente difícil mapear essas capacidades, mesmo por meio dos recursos mais modernos e sofisticados, como a ressonância magnética cerebral.

O sistema visual é composto por olhos, retinas, nervos ópticos, quiasma óptico, tratos ópticos, corpo geniculado lateral esquerdo e direito do tálamo (o púlvinar, que é um núcleo posterior do tálamo, não ilustrado nessas imagens) e, finalmente, o córtex visual com suas áreas associadas (Figura 4.2).

Figura 4.2 – O sistema visual

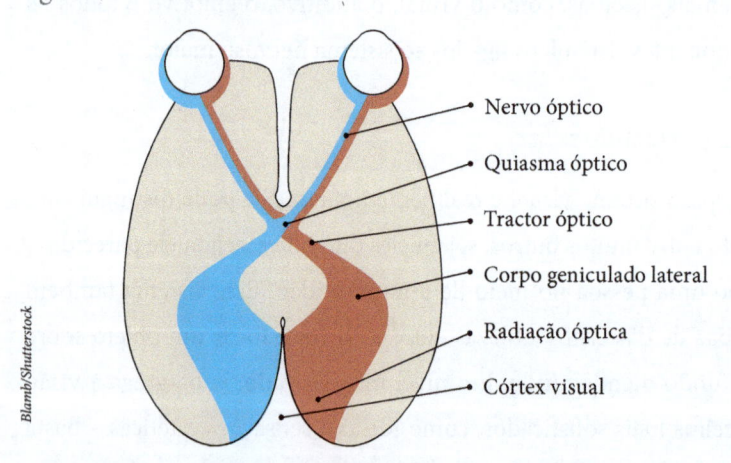

- Nervo óptico
- Quiasma óptico
- Tractor óptico
- Corpo geniculado lateral
- Radiação óptica
- Córtex visual

Blamb/Shutterstock

Os estímulos visuais chegam pela retina, cruzam o quiasma óptico e seguem pelos tratos ópticos, ligando-se dos colículos do tronco cerebral até os núcleos posteriores do tálamo, nos quais se realiza o caminho final até o córtex visual primário, na ponta do lobo occipital. De lá, a informação visual proveniente do mundo externo é processada nas áreas associativas do córtex cerebral.

4.1.3 Sistemas auditivo e de equilíbrio

Apesar de se diferenciarem em pontos importantes, o sistema auditivo e o sistema de equilíbrio (ou sistema vestibular) são muito semelhantes anatômica, fisiológica e funcionalmente, razão pela qual os consideraremos em conjunto.

O sistema auditivo nos capacita não apenas a localizar os sons, como perceber quando alguém abre uma porta, por exemplo, mas também a fazer distinções mais minuciosas, como reconhecer quem acabou de chegar pela maneira como a porta foi aberta. Essa percepção auditiva sofisticada, ao lado da capacidade de produzir sons significativos, é o que distingue os humanos de outros animais de maneira decisiva. Isso não quer dizer que baleias e golfinhos não possam emitir sons para se comunicar por meio de algum tipo de linha comunicativa, mas esses processos são tão especializados que até hoje não foi possível estabelecer uma linguagem direta e inconfundível entre as espécies.

As vias auditivas são mais complexas que as visuais, pois naquela ocorrem mais sinapses entre os órgãos sensitivos periféricos e o córtex, pois essas vias servem para duas funções distintas: interpretar os estímulos auditivos (centros de processamento no córtex auditivo dos lobos temporais) e regular a função do equilíbrio (centros vestibulares localizados no tronco cerebral). Os órgãos auditivos periféricos consistem em aferentes que partem do gânglio espiral e caminham do nervo auditivo até o tronco cerebral, fazendo sinapse nos núcleos cocleares e olivares. Então, esses estímulos seguem pelo lemnisco medial, fazendo mais uma sinapse nos colículos inferiores para, eventualmente, fazer uma quarta sinapse no corpo geniculado medial do tálamo. De lá, as vias auditivas alcançam o córtex cerebral nos giros temporais.

Os estímulos vestibulares concernentes ao equilíbrio originam-se das fibras receptoras do nervo vestibulococlear dos canais semicirculares do ouvido interno, que registram a posição da cabeça, assim como das fibras sensitivas na planta dos pés e nas articulações que percebem a posição do corpo no espaço.

Figura 4.3 – Sistema auditivo periférico

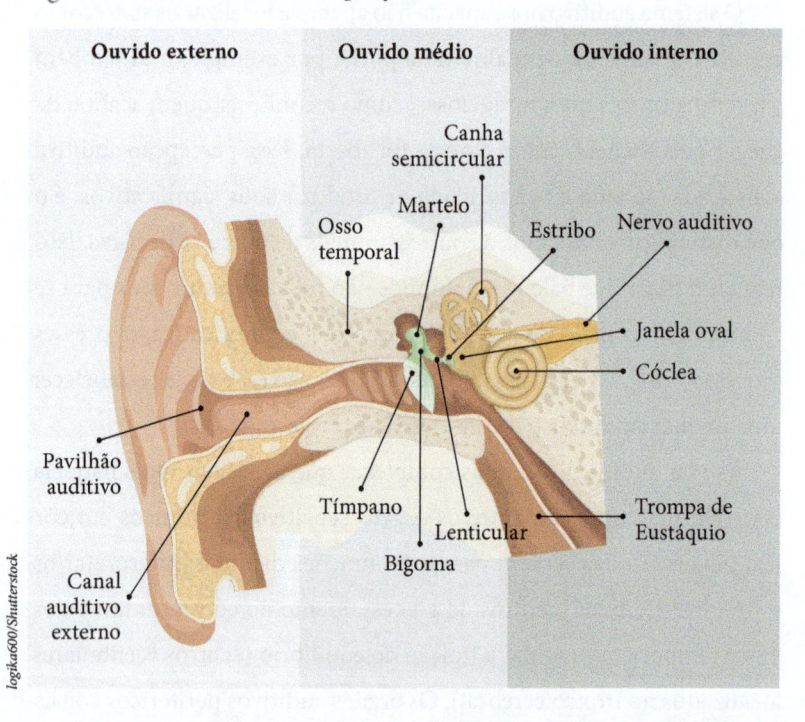

Ouvido externo	Ouvido médio	Ouvido interno

Canha semicircular
Martelo
Osso temporal
Estribo
Nervo auditivo
Janela oval
Cóclea
Pavilhão auditivo
Tímpano
Lenticular
Bigorna
Trompa de Eustáquio
Canal auditivo externo

logika600/Shutterstock

Os sistemas olfativos, auditivos e vestibulares têm uma representação no tronco cerebral muito maior do que a do sistema visual, talvez porque estejam mais associados às funções *bottom-up*, ou seja, às nossas funções básicas. No entanto, a função *top-down* também aparece, pois influências corticais podem determinar a sensibilidade e a seletividade da captação de estímulos. Lembre-se de que o tronco cerebral, o tálamo e o córtex primário processam propriedades dos estímulos, e que as áreas corticais associativas buscam seu significado.

Voltemos ao exemplo da porta. Imagine que a pessoa que ouve o barulho do trinco mexendo seja alguém que espera pelo companheiro de madrugada. Sua capacidade em discriminar exatamente quem está entrando é muito maior nesse caso em comparação a qualquer outra pessoa em qualquer outro momento. Pela mesma razão, os processos mentais basais geram processos mentais superiores e vice-versa, o que torna difícil argumentar a favor do dualismo de substância, visto que os pensamentos que aparecem quando alguém abre uma porta não são imateriais, mas funções emergentes de natureza biológica – algo favorável ao naturalismo biológico de Searle.

O sistema vestibular tem a função de monitorar a posição e o movimento da cabeça, o que nos confere a sensação de equilíbrio e ajuda a coordenar os movimentos dos olhos, além de fornecer informações para ajustes na postura corporal. O interessante é que, de todos os sistemas que descrevemos até agora, o vestibular é o que tem a menor representação cortical, isto é, ele deve ser especialista em funções *bottom-up*.

Os estímulos auditivos e de equilíbrio dependem de movimentos ciliares. Esses detectores relacionam-se a três estruturas no ouvido interno, que conferem uma seletividade para três tipos de energia mecânica: **ondas periódicas de pressão aérea** (som); **forças rotatórias** (movimento da cabeça); e **forças lineares** (inclinação da cabeça).

Também podemos fazer analogias entre os sistemas visual e auditivo com o sistema vestibular associado, o que comprova que a organização do sistema nervoso depende da interação de subsistemas que operam em conjunto para produzir as funções mentais.

4.1.4 Sistema somatossensitivo

O sistema somatossensitivo é dividido em três setores distintos: **exteroceptivos** (tato, pressão, temperatura e dor); **interoceptivos** (sensações viscerais de dor e distensão e contração); e **prorioceptivos** (noção de posicionamento articular e sensação vibratória). Ele é, sem dúvida, um dos mais importantes componentes da vida experimentada. Trata-se do tato cutâneo, da sensação de frio/calor, do posicionionamento corporal e da dor que nos aproximam dos daquilo que acontece tanto dentro quanto fora de nós (Figura 4.4).

Figura 4.4 – *Divisão funcional do sistema sensitivo*

	Categoria	Origem	Organização	Sensibilidade
Sistema nervoso sensorial	Somático	Exteroceptivo (fora do corpo)	Geral (Somestesia)	Calor e frio / Dor / Tato e pressão
			Especial (sentidos especiais)	Visão / Audição / Equilíbrio / Olfação / Gustação
		Proprioceptivo (própria do corpo)	Geral (cinestesia)	Propriocepção
	Visceral	Interoceptivo (órgãos viscerais)	Geral	Sentido visceral

Do ponto de vista cognitivo, um tópico extremamente importante para o estudo do sistema sensitivo é entender a relação entre **sensação** e **percepção**. Tanto uma quanto a outra são responsáveis pelas respostas mentais e neurais a estímulos físicos, e também contribuem para fenômenos superiores, como atenção e consciência. Para William Uttal (1931-) (2011), quatro tópicos são importantes no estudo dessa relação:

1. codificação sensitiva;
2. psicofísica;
3. percepção;
4. comparações neuro-psicológicas.

Nesse contexto, *codificação sensitiva* é a linguagem usada pelo sistema nervoso para transmitir informação. Isso reflete a tensão entre funcionalismo e naturalismo biológico, tendo em vista que declarar uma linguagem subjacente é dizer que ela pode ser reproduzida em outros sistemas que não o sistema nervoso. No entanto, para Searle e os naturalistas biológicos, a **inteligência artificial forte**, uma concepção funcionalista, pode ser substituída pelo conceito de **inteligência artificial fraca**, que entende que sistemas computacionais são úteis para a pesquisa neurofisiológica, mas não concorda com a ideia de que o cérebro seja um "computador molhado". Uttal defende seu ponto de vista da seguinte maneira: "A pesquisa da codificação sensitiva, portanto, não constitui realmente uma subdivisão da neurociência *cognitiva*; na verdade, trata-se de uma abordagem puramente neurocientífica, que apresenta ligações conceituais e empíricas distantes da atividade mental evocada." (Uttal, 2011, p. 49, tradução nossa, grifo do original).

Dessa maneira, o estudo da transmissão de informação sensitiva não requer a participação cognitiva do sujeito, podendo ser feito com animais. Além disso, Uttal se refere à codificação sensitiva no âmbito dos nervos periféricos e centros infracorticais. Há duas críticas a essas declarações: primeiramente, quando as experiências são realizadas em humanos, não se pressupõe que os organismos deixem de existir como entidades sistêmicas, mesmo sem o auxílio da consciência; em segundo lugar, estudos em animais ainda são estudos biológicos. A despeito

> Codificação sensitiva é a linguagem usada pelo sistema nervoso para transmitir informação.

disso, admite-se que o estudo eletroquímico dos sinais utilizados para transmitir dados pode ser um indício de um tipo de codificação envolvendo pulsos elétricos, que demonstram propriedades como amplitude e frequência aliadas àquelas pertinentes à composição e à combinação de neurotransmissores.

Os primeiros pesquisadores, como Ernst Weber (1795-1878) e Gustav Fechner (1801-1887), que iniciaram a psicologia experimental, rapidamente descobriram que mesmo diferindo em seus modos de recepção, todos os sentidos compartilhavam três características básicas:

1. estímulo físico;
2. eventos que transformam o estímulo em impulsos nervosos; e
3. resposta a esse sinal sob a forma de percepção ou de experiência consciente de sensação.

Esses estudos resultaram no estabelecimento das disciplinas de psicofísica – que se preocupa com a relação entre as características físicas de um estímulo e os atributos da experiência da sensação – e de fisiologia sensorial – que analisa como o estímulo sofre a transdução pelos receptores sensitivos para ser processado no cérebro.

Esses estudos mostraram que o mundo percebido não é formado simplesmente pelos encontros passivos com as propriedade físicas de objetos e estímulos. Na verdade, nossa percepção difere qualitativamente das propriedades físicas dos estímulos, pois o sistema nervoso extrai apenas parte da informação contida neles e ignora outras, para em seguida interpretar esse conteúdo no contexto da estrutura intrínseca do cérebro e das experiências passadas. Dito de outra forma, recebemos ondas eletromagnéticas que vibram em frequências diferentes.

Essa ondas são percebidas como cores, tons, odores e sabores, que são criações mentais construídas pelo cérebro com base nas experiências sensitivas. Essas criações não existem fora da mente. As percepções parecem corresponder às propriedades físicas dos objetos externos, mas não são registros exatos.

A moderna neurofisiologia da sensibilidade iniciou-se com o trabalho de Weber e Fechner, quando estes descobriram que, apesar da diversidade de sensações que somos capazes de experimentar, só existem quatro tipos de informação decorrentes de um estímulo: modalidade, localização, intensidade e relação temporal.

A **modalidade** define o tipo de energia que está sendo codificada. Na pele, os mecanorreceptores – como o nome deixa claro: receptores de energia mecânica – percebem sensações como tato leve, pressão, vibração e tato grosseiro; os nociorreceptores transmitem a sensação de dor. Há também a energia térmica, mediada pelos termorreceptores cutâneos. Em conjunto, todos esses receptores são chamados de **exteroceptores**, por transmitir informações do mundo externo por meio dos nervos periféricos – também são formas de exterocepção a visão, a audição, a gustação e a olfação. É válido ressaltar que a energia mecânica pode ser percebida de dentro do corpo, especialmente a sensação de deslocamento das articulações e de estiramento e tensão dos músculos.

Outro tipo de processamento de informação sensitiva é a **localização** do estímulo, representada pelo conjunto de receptores em fase ativa. Os receptores são distribuídos de maneira topográfica, de tal forma que sua atividade assinala não apenas a modalidade do estímulo, mas também o tamanho e a posição espacial.

A **intensidade** é assinalada pela amplitude de resposta de cada receptor, que reflete a quantidade total de energia percebida.

Já a **relação temporal** do estímulo é definida por quantas vezes o receptor começa ou para de disparar, algo determinado pela velocidade com que se ganha ou se perde energia (Figura 4.5).

Figura 4.5 – *Processamentos de estímulos sensitivos e modulação sináptica*

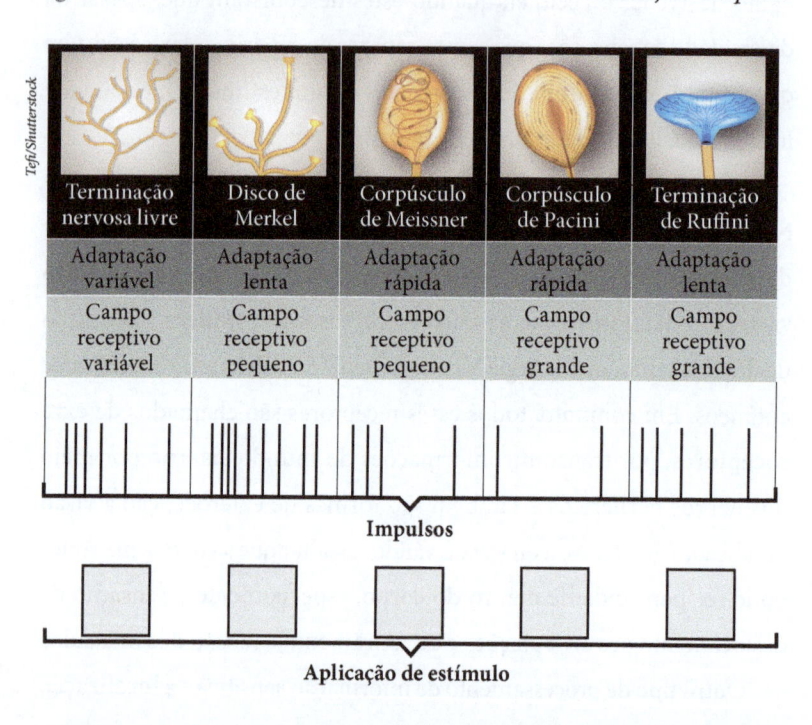

Terminação nervosa livre	Disco de Merkel	Corpúsculo de Meissner	Corpúsculo de Pacini	Terminação de Ruffini
Adaptação variável	Adaptação lenta	Adaptação rápida	Adaptação rápida	Adaptação lenta
Campo receptivo variável	Campo receptivo pequeno	Campo receptivo pequeno	Campo receptivo grande	Campo receptivo grande

Impulsos

Aplicação de estímulo

Em resumo, é possível afirmar que fenômenos relacionados ao sistema sensitivo dizem respeito ao que ocorre até as duas primeiras sinapses. Dali em diante, depois da terceira sinapse, diz respeito à percepção. Logo, só percebemos com o sistema nervoso intacto e com um cérebro consciente.

É importante também salientar que estímulos de ordem exteroceptiva cutânea, como dor, temperatura e coceira, têm seus receptores próprios, **via térmico-dolorosa**, como as terminações nervosas livres que, depois de cruzarem para o lado contralateral da medula, caminham pelo trato espinotalâmico lateral, passando pelo tálamo (núcleo ventral posterolateral) até chegar ao córtex sensitivo primário. É curioso notar esse fenômeno de contralateralidade: estímulos dolorosos provindos de uma picada na mão esquerda caminham pelo trato do lado oposto. Ainda não há uma explicação convincente para isso.

A **via tato leve** (folículos pilosos), **pressão ou toque contínuo** (receptores de Rufinni) – pressão profunda, vibração e propriocepção consciente – não cruza a medula e ascende pelas colunas dorsais da medula para o tálamo e córtex sensitivo. Esse caminho é o do tato e da pressão. Essas duas vias são consideradas exteroceptivas.

Por fim, temos as vias que fornecem informação para o **equilíbrio** e a **tonicidade muscular**. Essas entradas provindas da medula espinhal fornecem ao cerebelo informação essencial para o estado de contração de músculos isolados (trato espinocerebelar anterior para os músculos do membro inferior e cuneocerebelar para o membro superior), como também para grupos de músculos que atuam em sinergismo (trato espinocerebelar posterior). Dessa maneira, é possível controlar tanto o tônus muscular quanto a execução de movimentos.

O sistema espinocerebelar participa do tônus muscular graças aos receptores de Golgi e aos fusos musculares, que são os reguladores locais dentro dos músculos própriamente ditos.

O quadro a seguir oferece um resumo de tudo o que foi mencionado sobre a sensibilidade exteroceptiva e proprioceptiva.

Quadro 4.1 – *Sensibilidade exteroceptiva e proprioceptiva*

Trato	Coluna dorsal--lemnisco medial	Espinotalâmico anterolateral	Espinocerebelar
Sensação	Tato fino, pressão, vibração, propriocepção consciente e discriminação.	Toque contínuo, pressão, dor, cócegas e sensação térmica.	Propriocepção inconsciente.
Receptor	Folículos pilosos, Pacini e Meissner.	Ruffini e terminações livres.	Terminações livres, fusos musculares e receptores de Golgi.
Neurônio de primeira ordem	Gânglio do núcleo dorsal.	Gânglio do núcleo dorsal.	Gânglio do núcleo dorsal.
Neurônio de segunda ordem	Núcleo grácil e cuneiforme.	Coluna dorsal da medula.	Coluna dorsal da medula.
Neurônio de terceira ordem	Núcleo ventral posterolateral primário do tálamo.	Núcleo ventral posterolateral do tálamo.	Nenhum.

Os neurônios de terceira ordem, que saem da coluna dorsal e do trato espinotalâmico, terminam no córtex sensitivo primário contralateral. Os neurônios de segunda ordem, do trato espinocerebelar, terminam no cerebelo.

As áreas corticais que servem ao sistema somatossensitivo são divididas em: somatossensorial I, que transmite a sensação de dor e percebe a temperatura, e área somatossensorial II, responsável pela transmissão exclusiva dos estímulos dolorosos (Figura 4.6).

Figura 4.6 – Vias sensitivas ascendentes

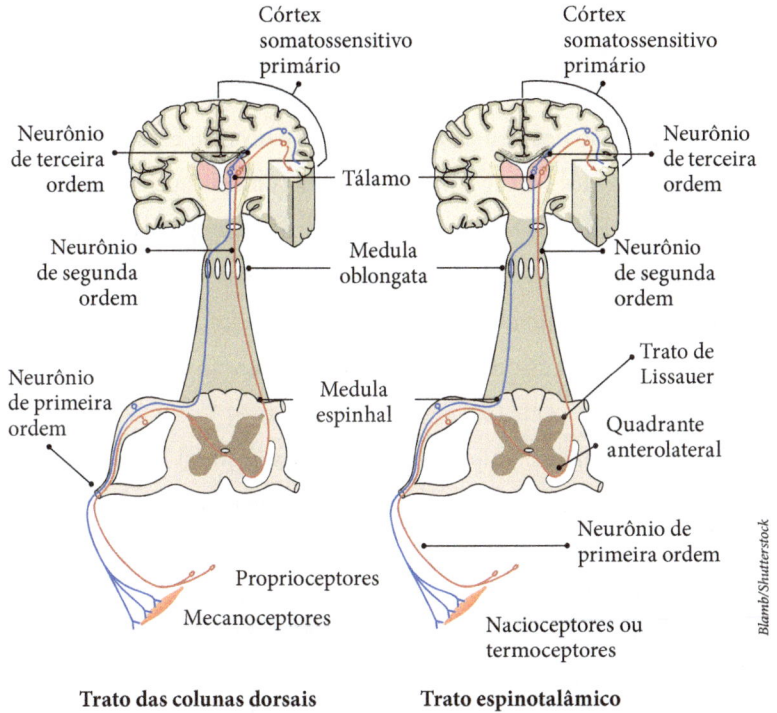

Trato das colunas dorsais **Trato espinotalâmico**

Assim como nas colunas dorsais da medula, as fibras táteis, fásicas, de pressão discriminativa e articular das pernas localizam-se mais medialmente que as provindas dos membros superiores. Os neurônios corticais que recebem esses estímulos também têm uma localização própria na área somatosensorial I – a representação da estimulação tátil das pernas é processada na região medial do córtex sensitivo (no sulco inter-hemisférico), ao passo que as sensações táteis, fásicas, de pressão discriminativa e articular provenientes dos membros superiores e face estão representadas na superfície lateral do córtex.

Isso tem grande importância neurológica, pois um tumor que comprime a parte lateral da medula afetará primeiramente as pernas, assim como um tumor inter-hemisférico o faria. Curiosamente, a área somatossensorial II tem organização similar, chamada de *somatotrópica*, mas a orientação dos neurônios receptores é inversa. Essa área recebe conexões do córtex sensitivo primário, assim como de núcleos talâmicos inespecíficos. Estudos recentes revelam que essa área pode estar relacionada à aprendizagem de localização de estímulos (Detorakis; Rougier, 2012). Estudos detalhados da citoarquitetura dessa região revelam ao menos quatro áreas distintas relacionadas à percepção dolorosa, atenção tátil e memória recente tátil (Eickhoff et al., 2006).

A excisão bilateral ampla da área somatossensorial I (Allison et al., 1991) provoca a perda dos seguintes julgamentos sensoriais:

- Capacidade de localizar discretamente as sensações específicas de diferentes partes do corpo. A localização grosseira, contudo, é preservada.
- Capacidade de analisar diferentes graus de pressão sobre a pele.
- Capacidade de avaliar o peso de um objeto (barestesia).
- Capacidade de reconhecer a forma dos objetos (estereoagnosia).
- Capacidade de reconhecer a textura dos objetos.

Estudos recentes sugerem o envolvimento do córtex somatossensorial no processamento emocional ligado ao processamento visual. Getov et al. (2015), ao avaliarem o desvio do olhar conjugado pré-consciente perante estímulos visuais envolvendo reconhecimento de face e confiança, descobriram a participação da área somatossensorial II, entre outras. Outro estudo (Saarimäki et al., 2016) que avalia o processamento emocional constatou envolvimento discreto do giro pós-central. Mais recentemente, Sel, Forster e Calvo-Merino (2014) mostraram que o processamento inicial de reconhecimento de face é seguido por ativação das áreas somatossensitivas não visuais.

As áreas de associação 5 e 7 (Figura 4.7) desempenham papéis importantes na interpretação dos significados mais profundos de informação sensorial. Por isso são chamadas de *áreas somatossensoriais*.

Figura 4.7 – *Córtex sensorial: áreas associativas primárias e secundárias*

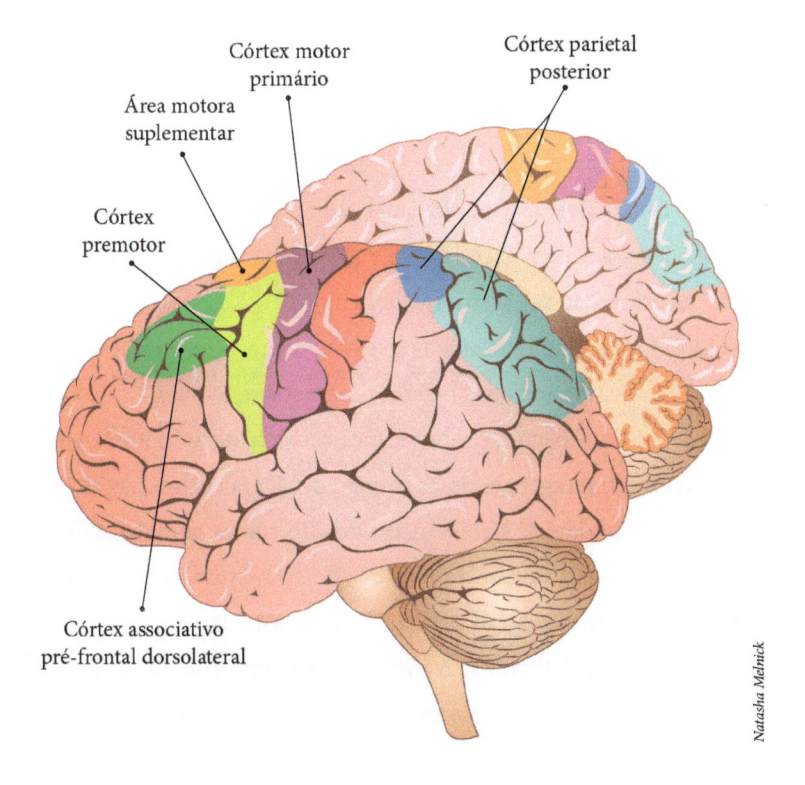

Fonte: Adaptado de Bear; Connors; Paradiso, 2002, p. 473.

A estimulação elétrica dessa área pode desencadear uma sensação corporal complexa, que parece combinar informações da área somatossensorial primária para interpretar o significado de uma sensação experimentada. Ao que parece, essa capacidade se deve às suas conexões com os núcleos ventrobasais do tálamo, do córtex visual e do córtex auditivo. Além disso, estudos recentes mostram que o ensaio espacial com a memória de curto prazo tátil opera em áreas somatotopicamente organizadas que foram recrutadas para o armazenamento de informação (Katus; Muller; Eimer, 2015).

Além dessa relação com a memória, as áreas de associação somatossensitivas também participam na integração audiovisual na categorização de objetos. Interações multissensoriais foram registradas por ressonância magnética funcional (fMRI) em sujeitos estimulados a categorizar sinais visuais e auditivos relacionados a objetos cotidianos. Foram observados três padrões de interação audiovisual: (1) no córtex auditivo primário; (2) no córtex auditivo secundário; e (3) no córtex pré-frontal motor, além das áreas visuais (Werner; Noppeney, 2010). Apesar de estar relacionado à função auditiva, esse modelo de integração cortical é exemplo de acontecimentos análogos no córtex somatossensitivo.

Um estudo específico sobre lesões do sistema somatossensitivo mostra como interagem as áreas somatossensitivas primárias em associação às secundárias. Nele, cinco tipos de córtex somatossensitivo têm representações somatotrópicas de citoarquitetura e conectividade: o córtex somatossensitivo primário (SI), os córtices de associação ventrolatrais (SII, SIII, SIV) e o córtex de associação dorsomedial (área sensitiva suplementar). Pacientes com lesões focais nessas regiões foram testados para funções somestésicas de nível básico, intermediário e complexo (reconhecimento tátil de objetos). As lesões dorsomediais causaram apraxia severa. Em contraste, lesões venteromediais causaram agnosia tátil. As diferenças funcionais entre os sistemas venteromediais e dorsomediais refletem um processamento paralelo entre sistemas somatossensitivos (Caselli, 1993).

4.2
Sistema motor

Ao apresentarmos a estrutura e a função do sistema sensitivo na seção anterior, vimos como os estímulos provindos do mundo externo na forma de sensações exteroceptivas (visão, sensação tátil, audição, sabor e olfato), interoceptivas (sensações viscerais) e proprioceptivos (posição das articulações, estado contrátil dos músculos) são processados para a elaboração de mapas mentais que informam o organismo a respeito de tudo o que se passa no interior e fora dele (mundo externo). Alguns desses mapas são atualizados a cada instante, outros são armazenados na memória para referência futura.

O sistema sensitivo funciona de maneira semelhante a uma central de notícias, como acontece nos telejornais, que mantêm o telespectador informado sobre tudo o que se passa no mundo, usando como referência acontecimentos anteriores que colocam a contingência em contexto. No sistema nervoso humano, acrescenta-se a contextualização fornecida pela subjetividade, que fornece a esse complexo de informações uma característica estritamente pessoal – coisa que os telejornais não podem fazer. No entanto, essa complexidade de dados teria pouca utilidade se não pudesse servir de motivação e orientação para o comportamento, que, nos seres humanos, se restringe quase que inteiramente à atividade motora.

Mapas sensitivos e mapas motores trabalham de maneira interativa para conseguir o tipo de comportamento que nos caracteriza. Para tal, o sistema motor se organiza em diversos subsistemas que agem de maneira integrada, desde os centros localizados na medula espinhal, que recebem estímulos de ordem superior para ativar os membros, até os centros localizados no tronco cerebral, que coordenam a atividade muscular da face e ainda os centros localizados no sistema límbico, que acrescentam o tônus afetivo ao comportamento motor. Acima de tudo isso estão as áreas motoras corticais, que são responsáveis pela atividade motora voluntária, assim como quaisquer atos motores involuntários que servem como auxílio.

A atividade motora existe graças ao mapeamento dos músculos necessários para a execução dos movimentos. Assim, veremos como esse tipo de atividade pode ser ajustada para tarefas que exigem força, como levantar peso, ou destreza, como tocar um instrumento musical – atividades que não seriam possíveis sem a coordenação entre a sensação e o movimento provindo da articulação do sistema sensitivo com o sistema motor.

4.2.1 Componentes neurofisiológicos responsáveis pela contração muscular

As fibras musculares esqueléticas, diferentemente das fibras lisas que promovem a contração visceral, são responsáveis pelo movimento articular e por funções motoras, como manipular, levantar cargas, andar e falar. Essas contrações podem ser **tônicas** (contrações sustentadas), fundamentais para a força muscular, ou **fásicas** (contrações rápidas), necessárias para a destreza dos movimentos.

As fibras musculares esqueléticas que compõem o músculo são inervadas por fibras nervosas mielinizadas cujo neurônio de origem parte do corno anterior da medula espinhal. Cada neurônio emite nervos para um grupo de fibras da unidade motora. Existem muitas unidades motoras para cada músculo: os de função predominantemente de carga, como o músculo gastrocnêmio na perna, têm muitas fibras no território de uma unidade motora; outros, como os músculos extraoculares, apresentam menos fibras no território de um neurônio motor, permitindo maior controle.

A **unidade motora** é formada por um neurônio motor, localizado na substância cinzenta do corno anterior da medula espinhal, e por todas as fibras musculares inervadas por ele, sendo essa a unidade funcional básica do sistema neuromuscular. Cada unidade tem funções tanto mecânicas quanto metabólicas. Sua organização depende do neurônio motor, cujo axônio apresenta ramificações que atingem apenas aquelas fibras que pertencem ao seu território (Figura 4.8).

Figura 4.8 – Noções fundamentais sobre a unidade motora

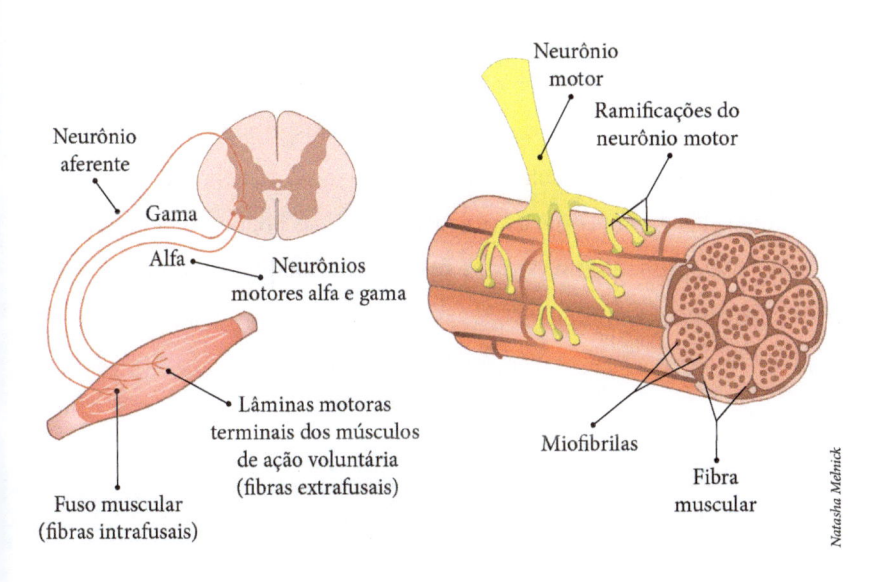

Na Figura 4.8, à esquerda podemos ver as vias aferentes e eferentes que ligam a placa motora ao neurônio motor na medula espinhal. À direita, podemos ter uma visão ampliada do nervo eferente, que termina em diversas miofibrilas. Note a seletividade das terminações nervosas, que poupam as miofibrilas que não pertencem ao território daquela unidade motora.

Cada neurônio recebe aferentes que são enviados pelo fuso muscular, que monitora informações como tensão e estiramento.

Outra fonte aferente é a dos receptores de Golgi, encontrados nos tendões, responsáveis por informações como grau de tensão e estiramento do músculo. Esse circuito é responsável pelo reflexo fundamental do controle muscular: o estiramento. Por sua vez, o neurônio motor recebe eferências do sistema nervoso central, por meio dos interneurônios do corno anterior, que modulam o reflexo de estiramento, causando a delicadeza e a força características da atividade motora humana.

Ao terminar em uma fibra, o neurônio motor eferente* estabelece uma sinapse, conhecida como **placa motora**, com a acetilcolina, agindo como seu neurotransmissor. A Figura 4.9 mostra uma placa motora típica, contendo as vesículas sinápticas e o axônio do nervo motor. Nela, é possível perceber como as vesículas sinápticas liberam o neurotransmissor (pontilhado) no espaço entre o bulbo sináptico e os receptores pós-sinápticos.

---

* Do sistema nervoso central para a periferia. O sistema aferente fornece informação através de fibras que se direcionam da periferia para o centro. Todo sistema nervoso apresenta esse *loop* de realimentação. No caso da contração muscular, as fibras aferentes informam o sistema nervoso central do estado das fibras musculares, informação que é enviada da medula espinhal até o córtex cerebral ou cerebelo.

Figura 4.9 – *Visão ampliada de uma placa motora em sinapse*

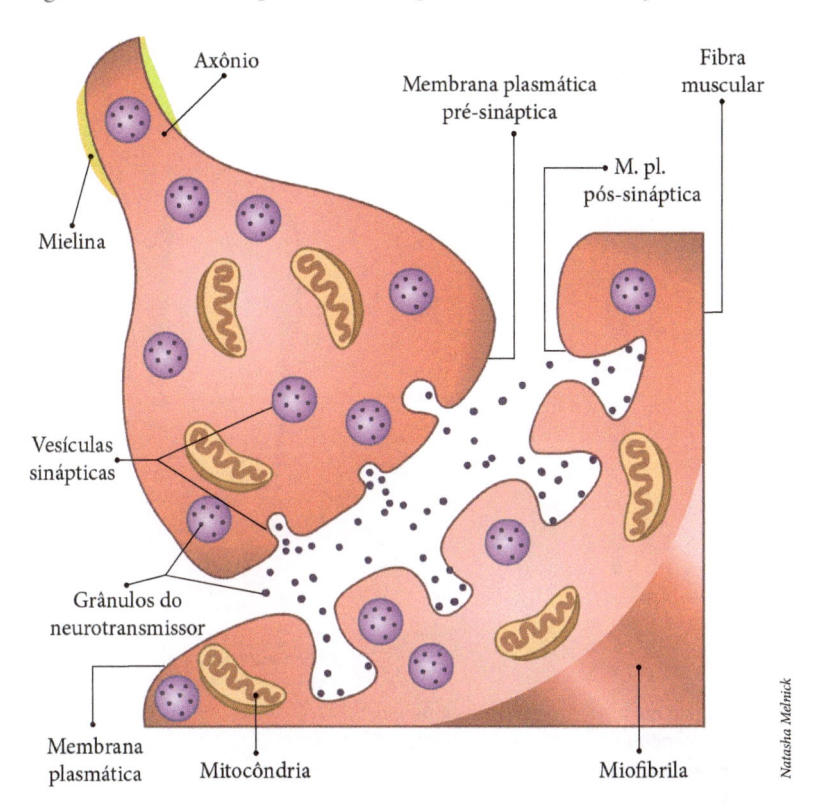

Essa organização respeita a segmentação da medula, de modo que determinados grupos musculares são administrados por níveis medulares específicos. Por exemplo, os centros administrativos de flexão do bíceps e de extensão do tríceps são o quinto e o sexto segmentos da medula cervical; já o movimento das pernas é governado pelo quarto e quinto nível lombar. A Figura 4.10 ilustra como neurônios estão arranjados em colunas ao longo da medula espinhal para que haja a coordenação entre vários grupos musculares.

Figura 4.10 – Neurônios da medula espinhal

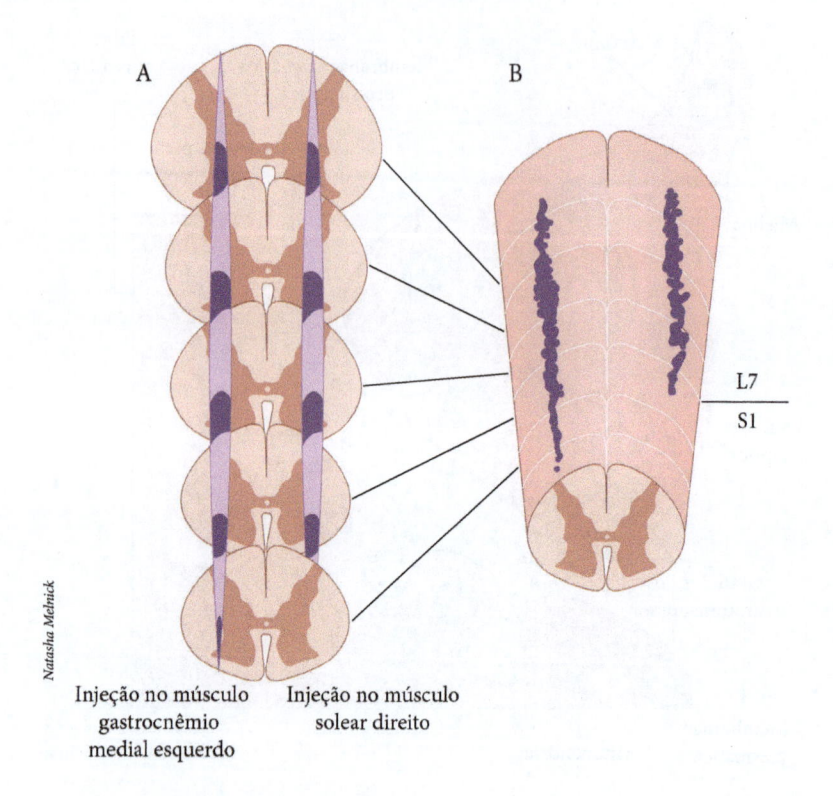

Injeção no músculo gastrocnêmio medial esquerdo

Injeção no músculo solear direito

(A): Tratos nervosos motores descendentes procedentes dos centros reguladores no córtex e tronco cerebral.

Em (A), as fibras descendentes de diversas regiões supramedulares convergem para influenciar as atividades dos neurônios motores localizados no corno anterior da medula. Isso pode ser visto na primeira fatia (de baixo para cima).

(B) Maneira como os neurônios motores localizados no corno anterior se arranjam em colunas ao longo da medula espinhal.

Para que haja controle de grupos musculares, é necessário que os motoneurônios se disponham em colunas, atravessando diversos níveis. Dessa forma, o controle do membro superior é feito por colunas de neurônios motores que se estendem desde o quarto nível cervical até o oitavo. Existem três tipos de neurônios no corno anterior da medula espinhal: (1) neurônios motores alfa; (2) neurônios motores do corno anterior de cada segmento da medula espinhal, responsáveis pela inervação de cada unidade motora; e (3) neurônios motores gama, que conectam o neurônio alfa aos centros controladores no encéfalo e interneurônios, coordenando os motoneurônios.

Receptores sensoriais musculares: fusos musculares e órgãos tendinosos de Golgi

O controle da função muscular não requer apenas a excitação dos neurônios motores. A retroalimentação pelo sistema aferente também é indispensável. Assim, cada músculo usa como fonte contrátil dados como comprimento do músculo, tensão sofrida naquele momento, velocidade de mudança no comprimento e variação da tensão. Esses dados, de caráter estático e dinâmico, informam a frequência e a intensidade de contração das fibras musculares. Quando precisamos carregar um peso, muitas fibras são recrutadas e disparadas de maneira intensa e tônica. Por outro lado, jogar uma partida de tênis requer contrações rápidas com uma força que precisa variar conforme a necessidade.

Figura 4.11 – Fuso muscular e órgão tendinoso de Golgi

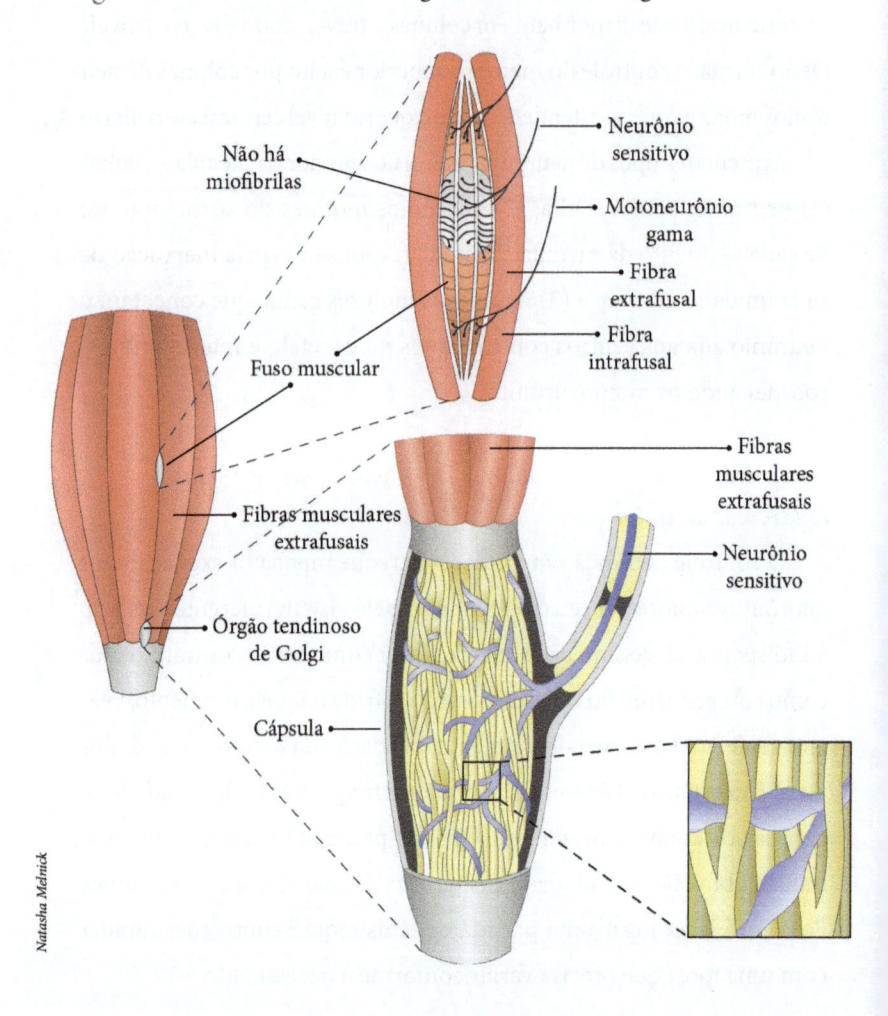

Fonte: Adaptado de Bear; Connors; Paradiso, 2002, p. 455.

Para fornecer essas informações, os músculos e seus tendões são supridos abundantemente com dois tipos especiais de receptores sensoriais (Figura 4.11): (1) os **fusos musculares**, que estão distribuídos no ventre de cada músculo e enviam informações para o sistema nervoso sobre o comprimento do músculo ou a velocidade de mudança do comprimento; e (2) os **órgãos tendinosos de Golgi**, que estão localizados nos tendões musculares e transmitem informações sobre a tensão no tendão e a velocidade de alteração na tensão do músculo. Esses receptores são dedicados ao controle intrínseco do músculo, mas a informação que eles colhem chega a centros superiores, como o córtex cerebral e o cerebelo. Esse é mais um exemplo do controle *top-down* e *bottom-up*, em que níveis superiores e inferiores operam em sinergia.

Inervação motora do fuso muscular

Cada fuso mede de 2 a 10 milímetros e é constituído de 3 a 12 fibras intrafusais, que parecem miniaturas da fibra muscular propriamente dita. A diferença é que sua região central é despida de moléculas de actina e miosina, os menores componentes do músculo em nível molecular, e por isso não apresenta capacidade contrátil. Em vez disso, ele funciona como um receptor sensorial, sendo envolvido por fibras aferentes primárias e secundárias que caminham até a raiz posterior da medula espinhal. As porções terminais do fuso, no entanto, têm função contrátil e são excitadas à contração por fibras nervosas motoras do tipo gama, que se originam dos pequenos núcleos motores tipo A gama no corno anterior da medula espinhal, ao lado dos neurônios motores. Essas fibras do tipo gama eferentes apresentam, portanto, uma terminação diferente das fibras maiores do tipo A alfa, que enervam os músculos extrafusais (Figura 4.12).

Inervação sensorial do fuso muscular

A parte receptora do fuso muscular pode ser excitada tanto pelo estiramento da porção central do fuso, que ocorre quando as partes terminais se contraem, quanto pelo estiramento dessa mesma porção central, que ocorre quando o músculo inteiro é contraído. Para perceber esse estiramento, para ambos os casos existem dois tipos de receptores: os primários e os secundários. Além disso, existem dois tipos de fibras intrafusais: as que apresentam um aglomerado de núcleos, conhecidas como **fibras intrafusais com saco nuclear**; e outras cujos núcleos se dispõem em cadeia, chamadas de **cadeia nuclear** (Figura 4.12).

Figura 4.12 – Tipos de fibras intrafusais

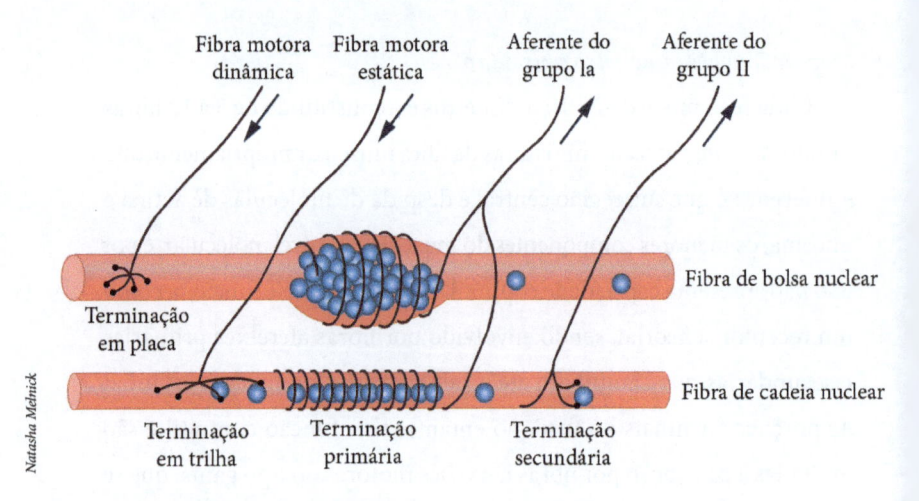

Os receptores primários se constituem de uma fibra sensorial pertencente ao grupo Ia, que envolve a porção não contrátil da fibra muscular intrafusal (dentro do fuso), sendo por isso chamada de **terminação ânulo-espiral**, que transmite impulsos sensitivos motores a uma velocidade de 70 120 m/s, a mesma que a maioria dos nervos no corpo. Os receptores primários podem envolver tanto fibras intrafusais com saco nuclear quanto fibras intrafusais com cadeias nucleares.

Os receptores secundários são formados por fibras aferentes do tipo II, que envolvem as fibras intrafusais como os ramos de um arbusto, com terminações em trilha. Esses receptores secundários só envolvem as fibras em cadeias nucleares.

Dependendo da velocidade com que a região receptora do fuso é estirada, observamos duas respostas distintas: a *resposta estática*, isto é, o estiramento lento e contínuo da região central do fuso, que estimula tanto as terminações primárias quanto as secundárias; e a chamada *resposta dinâmica*, referente ao momento em que o comprimento do fuso aumenta de maneira rápida e brusca e apenas as terminações primárias são estimuladas. Quando o estiramento cessa, tanto de forma rápida quanto lenta, são enviados sinais negativos para a medula, obedecendo-se ao princípio de que toda vez que um músculo ou uma fibra intrafusal é estirada, há uma contração reflexa. O papel do fuso é tornar o músculo mais ou menos sensível ao estiramento ou relaxamento.

Reflexo de estiramento muscular

Reflexo de estiramento muscular é a reação fisiológica básica por trás de toda atividade muscular. Em outras palavras, o segmento da medula espinhal, responsável por determinada atividade reflexa localizada, compreende dois corolários importantes. Primeiramente, há o fenômeno de **atividade reflexa cruzada**, cuja estimulação de determinado músculo ou grupo muscular acarreta o automático relaxamento do músculo ou grupo muscular oposto. Outro corolário relevante é o que acontece pelo **sistema gama**, que está conectado ao sistema nervoso central cortical (controlador da motricidade voluntária), diencefálico (sistema límbico que coordena sentimentos e emoções com a atividade muscular) e cerebelar (responsável pelo equilíbrio, postura e coordenação motora). Isso significa que graças a essas influências de ordem superior, o reflexo pode ser modulado para atingir as mais diversas funções. Os circuitos neuronais básicos para esse reflexo podem ser vistos na Figura 4.13.

Figura 4.13 – Componentes do reflexo de estiramento

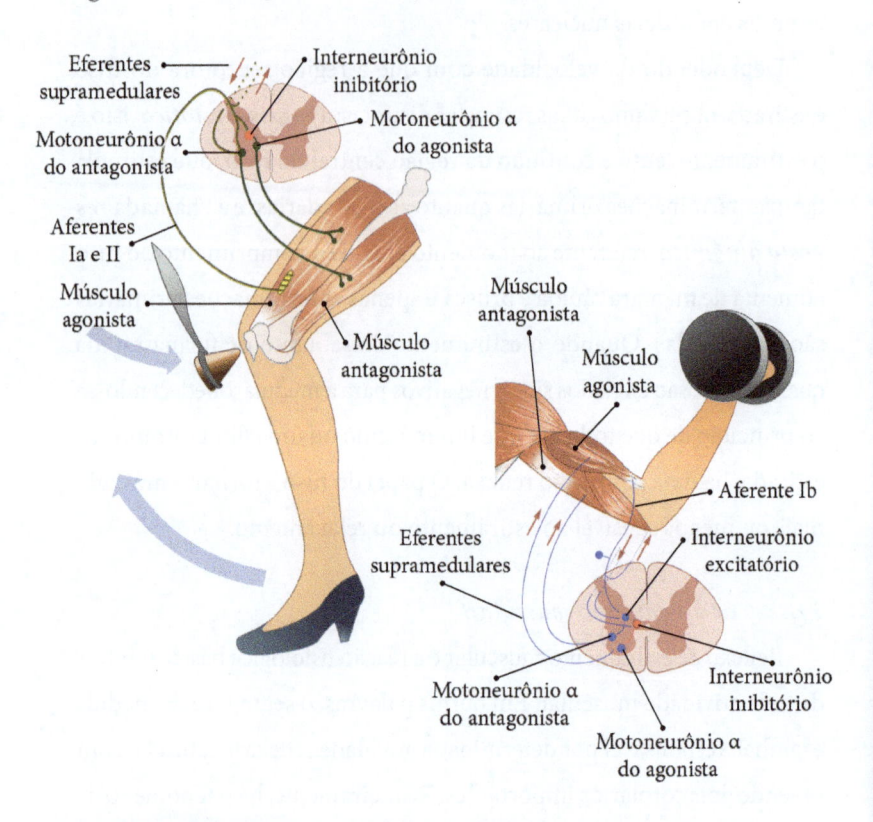

Esquema do reflexo patelar e seu circuito. A percussão provoca um estiramento do músculo agonista, que estimula os aferentes dos fusos musculares. Na medula, estes terminam em motoneurônios que ativam diretamente o próprio agonista e em interneurônios inibitórios que diminuem a ativação do antagonista.

Esquema do reflexo miotático inverso do bíceps branquial. O bíceps realiza uma contração isométrica, que aumenta a tensão no tendão estimulando os aferentes Ib dos órgãos tendinosos de Golgi. Na medula, estes terminam em interneurônios inibitórios (em vermelho) que causam o relaxamento do agonista, e em interneurônios excitatórios (em azul) que provocam contração do antagonista.

Fonte: Adaptado de Lent, 2010.

À esquerda, temos um exemplo de estiramento do tipo fásico com contrações rápidas, como acontece quando o médico bate o martelo no joelho do paciente. À direita temos um estiramento do tipo tônico, como acontece em uma queda de braço.

O reflexo de estiramento pode ser provocado por um sinal dinâmico causado por estiramento ou encurtamento rápido. Isso produz uma contração reflexa, ou redução da contração. Essa resposta é o reflexo dinâmico que acontece em um período de tempo extremamente curto, seguido imediatamente por um reflexo de estiramento estático, provocados por sinais contínuos transmitidos tanto pelas terminações primárias quanto secundárias. Esse reflexo de estiramento estático é importante porque ele mantém o grau de contração muscular razoavelmente constante, até que sinais provindos do córtex, gânglios da base ou cerebelo determinem que seja diferente.

Controle por meio dos neurônios motores gama

Os neurônios motores gama, que enervam os fusos musculares, são divididos em dois tipos: **gama dinâmico** (gama-d) e **gama estático** (gama-e). O primeiro excita principalmente as fibras intrafusais com saco nuclear, e o segundo, as fibras intrafusais com cadeia nuclear (Figura 4.12). Quando as fibras gama-d excitam as fibras com saco nuclear, a resposta dinâmica do fuso muscular aumenta muito, ao passo que a resposta estática dificilmente é afetada. Por outro lado, a estimulação das fibras gama-e, que excitam as fibras com cadeia nuclear, aumenta a resposta estática, com pouca influência sobre a resposta dinâmica.

É importante reconhecer que 31% de todas as fibras nervosas motoras para o músculo são fibras eferentes do tipo gama e o restante do tipo alfa. Sempre que os sinais são transmitidos pelo córtex motor, gânglios da base, cerebelo ou outras áreas motoras para os neurônios motores alfa, há uma estimulação concomitante dos neurônios alfa e gama, um fenômeno chamado de *coativação alfa-gama*, que acarreta uma contração simultânea das fibras intrafusais e extrafusais, impedindo que o reflexo do fuso muscular se oponha à contração do resto do músculo. Isso evita que uma contração do músculo inteiro encontre em algumas ocasiões um fuso relaxado. Esse fenômeno é denominado *amortecimento das fibras intrafusais*.

O sistema gama é controlado pela substância reticular do bulbo encefálico*, assim como pela do cerebelo, dos gânglios da base e do córtex cerebral. Uma das funções mais importantes do sistema gama é estabilizar a posição do corpo durante uma atividade muscular global. Por exemplo, quando um jogador de futebol flexiona a perna para chutar a bola, é o sistema gama que estabiliza seus outros músculos para que o chute seja preciso.

Controle das funções motoras pelo córtex

A maioria dos movimentos voluntários iniciados pelo córtex cerebral é obtida quando padrões de funcionamento previamente armazenados nas áreas cerebrais inferiores (medula, tronco cerebral, núcleos da base e cerebelo) são ativados. Esses centros inferiores, por sua vez, enviam sinais de controle específicos aos músculos. Contudo, para alguns movimentos, como manipulação de objetos pequenos, o córtex tem uma via praticamente direta até os neurônios motores do corno anterior

---

* Isso é importante na manutenção do tônus muscular durante a vigília.

da medula. Isso é muito importante para entender um princípio geral do funcionamento do sistema nervoso: padrões gerais são aprendidos e depois modulados em casos particulares.

O córtex motor se divide em córtex motor primário, área pré-motora e área motora suplementar. O **córtex motor primário** (Figura 4.14) apresenta uma característica marcante, que são as representações topográficas das áreas musculares do corpo, começando no sulco de Sylvius, com a área de Broca, e progredindo sucessivamente com mãos, dedos, face, braço e, finalmente, pernas. Nessa região, predominam os neurônios motores gigantes do córtex, chamados de *piramidais*. Esses neurônios têm os maiores axônios do sistema nervoso, indo da sexta camada cortical até o corno anterior da medula espinhal, local em que fazem as sinapses com os interneurônios, que, por sua vez, efetuam sinapses com os motoneurônios das unidades motoras que estimulam as placas motoras musculares. Esses neurônios piramidais também fazem sinapses com os neurônios das demais camadas corticais, como a primeira, por exemplo, que comunica os diferentes giros corticais, ou a terceira, que faz comunicação com o tálamo. Conectado dessa maneira, o neurônio piramidal pode fazer síntese com outros sistemas – como o sensitivo, por exemplo –, coordenando vários sistemas entre si e produzindo a atividade motora integrada.

Figura 4.14 – Centros corticais da contração muscular voluntária

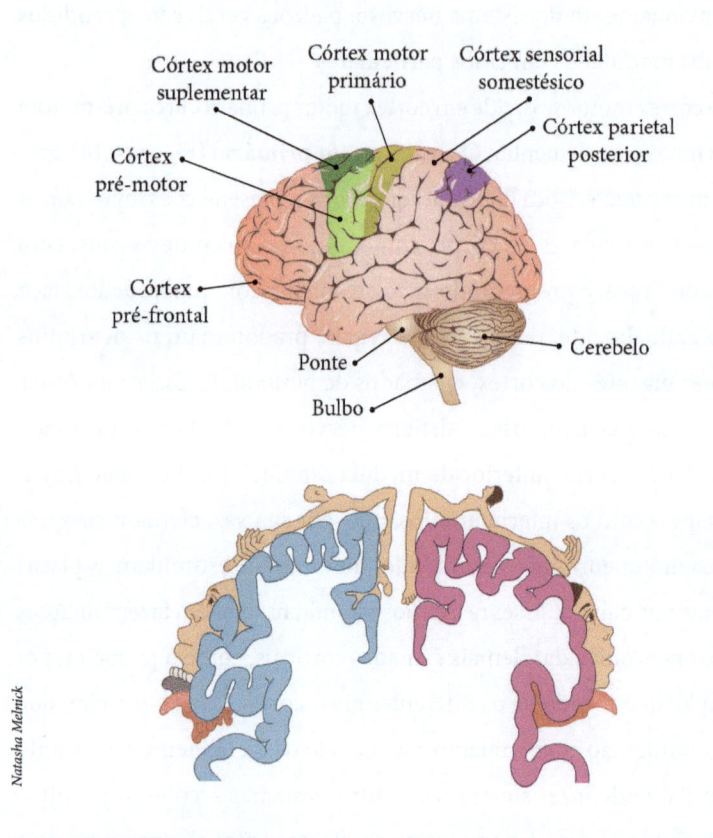

Fonte: Adaptado de Candelaria, 2014.

Na Figura 4.14, à esquerda estão representadas a áreas corticais motoras primárias, secundárias e terciárias; e à direita está representado o **homúnculo de Penfield**, que ilustra como as áreas da face e da mão têm maior número de neurônios, por causa da especificidade maior dos músculos dessas regiões. Observe que mais da metade do córtex motor primário está relacionada ao controle dos músculos da mão e da fala, o que prova que são características bastante humanas as funções de manuseio e linguagem.

Outro fato curioso é que, quando estimuladas eletricamente, essas áreas corticais dedicadas respondem com a contração de grupos musculares de um movimento específico, diferentemente da produzida pela estimulação medular, que contrai grupos musculares relacionados às articulações.

A **área pré-motora** situa-se na parte inferior da área primária e apresenta organização topográfica funcional semelhante à área maior. Os sinais neurais gerados por ela acarretam padrões muito mais complexos de movimento que a área anexa, como a posição dos ombros e braços de modo que as mãos estejam orientadas apropriadamente para realizar tarefas específicas. Para chegar a esses resultados, a parte anterior da área pré-motora primeiro desenvolve uma imagem do movimento muscular total que deseja realizar. Depois, no córtex pré-motor posterior, essa imagem excita cada padrão de atividade muscular, necessário para obter a imagem. Desse modo, o córtex pré-motor, os núcleos da base, o tálamo e o córtex motor primário constituem um sistema complexo e integrado para gerar atividade motora propositada e coordenada.

Por fim, existe a **área motora suplementar**, ao lado da área primária e acima da área pré-motora. As contrações provenientes de estímulos que partem dessa região costumam ser bilaterais, sendo uma das mais comuns agarrar algo com as duas mãos ao mesmo tempo. Em geral, essa área funciona em conjunto com a área pré-motora para gerar movimentos responsáveis pela postura do corpo todo: movimentos de fixação de diferentes segmentos do corpo, movimentos de posição da cabeça e dos olhos e assim por diante.

Uma vez evocados esses padrões básicos de movimentos, que poderiam ser chamados de *movimentos estereotipados*, os estímulos precisam descender até a medula por uma via própria, chamada de **trato corticoespinhal** ou **trato piramidal** (Figura 4.15).

Figura 4.15 – Trato corticoespinhal

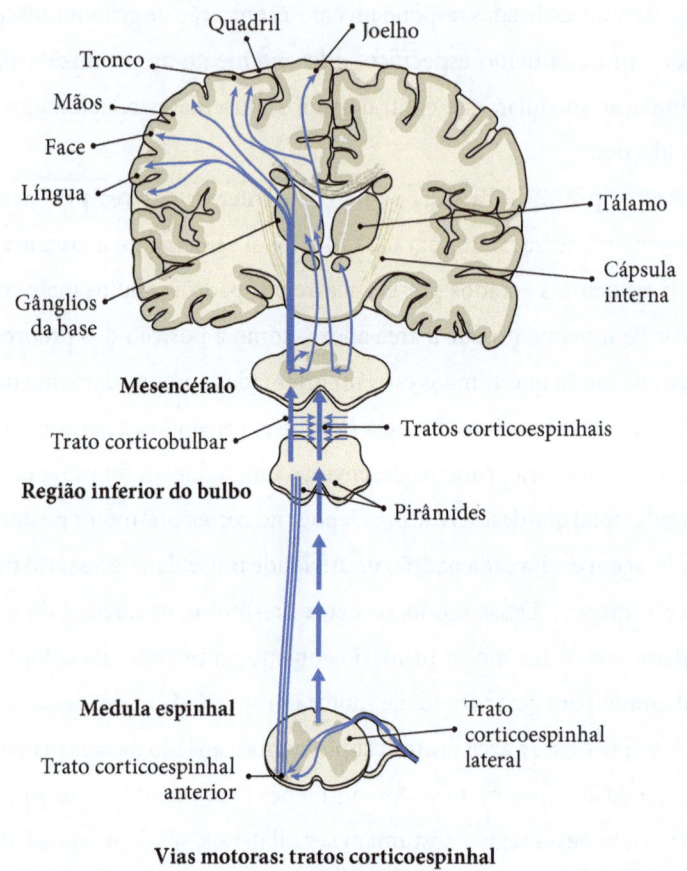

Vias motoras: tratos corticoespinhal e corticobulbar

Blamb/Shutterstock

    Este breve estudo sobre visão, audição, olfação, sensibilidade geral e motricidade geral não tem o intuito de servir como um texto exaustivo sobre essas funções cerebrais, objetivamos apenas apresentar uma noção da parte da organização sistêmica que tange às funções ligadas à periferia do corpo e, consequentemente, ao mundo externo.

    Agora, analisaremos como se faz a organização do cérebro na construção dos fenômenos mentais propriamente ditos, que compõem atividades conscientes, como estados de ativação cerebral, aprendizagem, memória e emoção.

4.3 Sistemas de ativação e motivação do cérebro

Quando falamos em consciência, geralmente temos em mente dois focos de estudo: o **conteúdo da consciência** e os **estados da consciência**. O primeiro grupo é formado pelos desejos, pelas emoções, pelos pensamentos e pelas atividades motora e sensorial. Já o segundo grupo engloba a atividade neural dos estados de consciência quando estamos dormindo, acordados, distraídos, em coma etc.

Tais situações refletem o grau de excitação geral do sistema nervoso. Assim, para que alguém esteja consciente, é preciso um alto grau de ativação do sistema nervoso como um todo. O nível dessa ativação depende do grau e do tipo de atividade elétrica e metabólica que se passa no tecido nervoso, constituído pelos neurônios e suas conexões, que se localizam em determinadas partes do eixo nervoso, cada uma responsável por determinado tipo de papel no tronco cerebral, no sistema límbico e córtex cerebral.

Toda a ativação do córtex cerebral origina-se de núcleos infracorticais, que têm como característica comum o fato de serem mediados por neurotransmissores, como a acetilcolina, a norepinefrina, a serotonina e a dopamina. Os diversos estados da consciência dependem do nível de ativação – excitatória e inibitória – que o córtex cerebral é sujeito através desse sistema conhecido como **substância reticular ascendente (Sara)**, que pode ocorrer de maneira tanto difusa quanto específica para determinadas regiões do córtex.

Figura 4.16 – Formação reticular

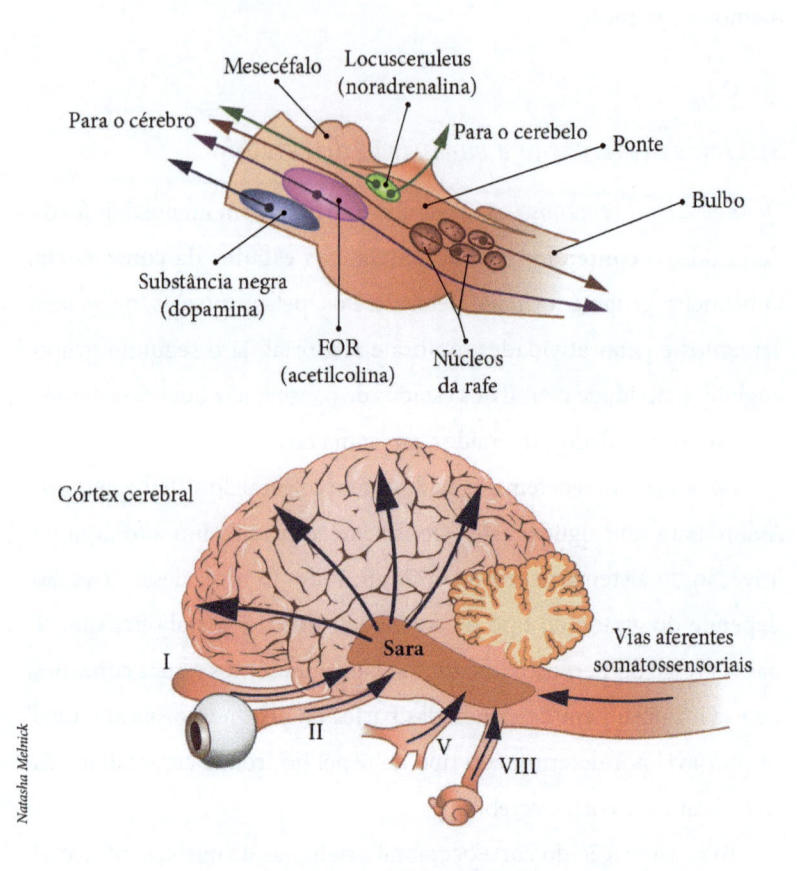

Essa estrutura é formada por núcleos interligados originários da ponte e do bulbo do tronco cerebral (mesencéfalo), conforme ilustrado na Figura 4.16, com sinapses no diencéfalo (tálamo, gânglios da base e sistema límbico). As fibras partem desse centro para o córtex cerebral, local em que podem exercer influência excitatória e inibitória da atividade cerebral e, consequentemente, do grau e da especificidade do estado da consciência.

Os núcleos da formação reticular que modulam atividades no córtex cerebral fazem parte do Sara, que tem seus principais núcleos localizados na ponte e no mesencéfalo. Suas fibras ascendentes alcançam praticamente todo o córtex cerebral, podendo exercer sua função ativadora de maneira difusa ou localizada. Além de mediar o estado da consciência, o Sara também apresenta outras funções:

- **Controle motor somático** – Alguns neurônios motores mandam seus estímulos, de natureza proprioceptiva, através do trato retículo-espinhal para neurônios da formação reticular com sinapses, principalmente para o cerebelo. Essas vias se preocupam com a modulação dos músculos antigravitários e dos reflexos medulares operados pelas placas e pelos fusos musculares. A formação reticular também envia sinais oculares e auditivos para o cerebelo, integrando movimentos musculares importantes para o equilíbrio e o controle do olhar.

- **Controle cardiovascular e respiratório** – Modulação da frequência cardíaca, pressão arterial e processos de inspiração e expiração pulmonar.

- **Modulação de impulsos dolorosos** – A formação reticular bloqueia ou diminui impulsos provindos do corno posterior da medula espinhal por meio do trato espinotalâmico em direção ao tálamo. Anatomicamente, a formação reticular é constituída por uma série de núcleos caracterizados pelo neurotransmissor usado em suas operações.

- **Substância negra** – Tem neurônios que secretam dopamina de natureza excitatória da consciência e terminam nos gânglios da base, importante para o controle dos movimentos.

- **Núcleos gigantocelulares da formação reticular** – Tem neurônios que secretam acetilcolina, também de natureza excitatória da consciência, que se difundem para todo o córtex cerebral.

- **Núcleos da rafe** – Secretores de serotonina com função principalmente inibitória da consciência.
- **Lócus cerúleo** – Secretor de norepinefrina e excitador da consciência.

A consciência resulta de um sistema de conhecimento a respeito do ambiente e do *self*, tendo como propriedade importante a capacidade de excitação e atenuação de seu nível de ativação conseguida por meio das atividades do sistema reticular ascendente, localizado no córtex cerebral e no tronco encefálico. De maneira geral, o estado de alerta certamente não é essencial para a atividade cerebral, pois durante o sono o encéfalo exibe um nível considerável de atividade, principalmente no que diz respeito aos diferentes estágios do sono, como a presença de sonhos vívidos nas fases de sono leve e do estado de relativa diminuição da consciência no sono mais pesado. No estado de alerta, por outro lado, impulsos aferentes provindos do ambiente, antes bloqueados parcial ou inteiramente durante o sono, passam a exercer influência positiva mediada pelo sistema reticular ascendente, que mantém o córtex em estado de atividade constante de maneira global e focal, o que pode ser exemplificado pelas funções que resultam na atenção seletiva.

4.4
Centros excitatórios difusos do córtex cerebral

Os *centros excitatórios* difusos do córtex cerebral são responsáveis pela manutenção do nível adequado de estimulação cortical para manter os estados da consciência ativos e capazes de reagir a estímulos exteriores e autônomos. Esses centros, além de serem responsáveis pelas variações do estado de vigília e sono, também contribuem para a manutenção da atenção. Seus efeitos são mediados por sistemas colinérgicos e adrenérgicos e transmitem estímulos tanto de natureza rápida (curta duração) quanto estímulos lentos (longa duração). Lesões extensas desses sistemas podem levar a pessoa rapidamente ao coma.

4.4.1 Centros colinérgicos (mediados pela acetilcolina)

Considerada uma das maiores (e talvez a mais importante) área de facilitação de todo o sistema nervoso, a estrutura central é constituída por células gigantes ou gigantocelulares, formadas por fibras descendentes e ascendentes. Os estímulos facilitadores descendentes chegam à medula espinhal pelo trato retículo-espinhal, importante na regulação dos músculos antigravitários e na mediação do nível de atividade dos reflexos medulares. Os estímulos excitatórios ascendentes que ativam o córtex cerebral são de dois tipos: um origina-se de corpos neuronais grandes, disseminados por toda a área reticular do tronco cerebral, e é conduzido pelas fibras grandes de alta velocidade até o tálamo com terminações sinápticas que secretam a acetilcolina, um agente excitatório forte, porém pouco duradouro, que desaparece depois de alguns milissegundos.

A outra estimulação provinda da substância reticular da ponte e do mesencéfalo origina-se de pequenos neurônios, também disseminados por toda essa região que contém terminações no núcleo intralaminar do tálamo, de onde pequenas fibras de condução lenta se disseminam pelo córtex cerebral. Esse sistema, que tem fibras menores com maior tempo de condução, causa um efeito excitatório que aumenta progressivamente por diversos segundos ou até minutos, sugerindo que esses circuitos são importantes para o controle a longo prazo do nível de excitabilidade do cérebro.

4.4.2 Centros adrenérgicos

Também de efeito excitatório difuso do córtex cerebral, o sistema nervoso adrenérgico é mediado pela norepinefrina, cuja origem é o lócus cerúleo da substância reticular do tronco cerebral. Apesar de seu efeito excitatório generalizado, a norepinefrina também exerce um efeito inibitório em algumas áreas cerebrais em virtude da presença de receptores inibitórios nesses locais. Isso indica que os efeitos de um neurotransmissor dependem não apenas da sua estrutura química, mas também da natureza dos diferentes receptores sobre os quais ele age.

4.5
Centros excitatórios específicos do córtex cerebral

Os impulsos originários da substância negra enviam suas fibras para o núcleo caudado e putâmen dos gânglios da base, local em que a dopamina age inibitoriamente sobre atos motores. Algumas fibras também são encaminhadas para o sistema límbico e hipotálamo, com efeito excitatório nas emoções primárias e secundárias. Uma situação clínica que exemplifica a ação motora dessas áreas é a doença de Parkinson, que decorre da destruição da substância negra.

Em relação ao sistema límbico e hipotálamo, níveis diminuídos, ou melhor, bloqueados sinopticamente, são observados em casos de depressão. Um exemplo comum que demonstra níveis elevados de dopamina são os efeitos alucinatórios de drogas como o ácido lisérgico (LSD).

Na linha média da ponte e do bulbo existem estruturas chamadas de *núcleos da rafe*, liberadoras da **serotonina**. Essas fibras encaminham-se para o diencéfalo, onde são importantes na geração do sono normal, com algumas fibras destinadas ao córtex cerebral. Outras fibras ainda descendem para a medula espinhal com a função de suprimir a dor.

4.6
Córtex cerebral: funções das áreas corticais específicas

Estudos realizados por neurofisiologistas e neurocirurgiões confirmam a hipótese de que o cérebro humano funciona pela integração de áreas corticais específicas. Quando algumas áreas são estimuladas eletricamente, os pacientes respondem ao estímulo com movimentos, sensações e, segundo relatam, até com pensamentos e memórias. Com essas informações, é possível construir um mapa funcional geral, como o da Figura 4.17.

Figura 4.17 – *Áreas corticais de funções específicas*

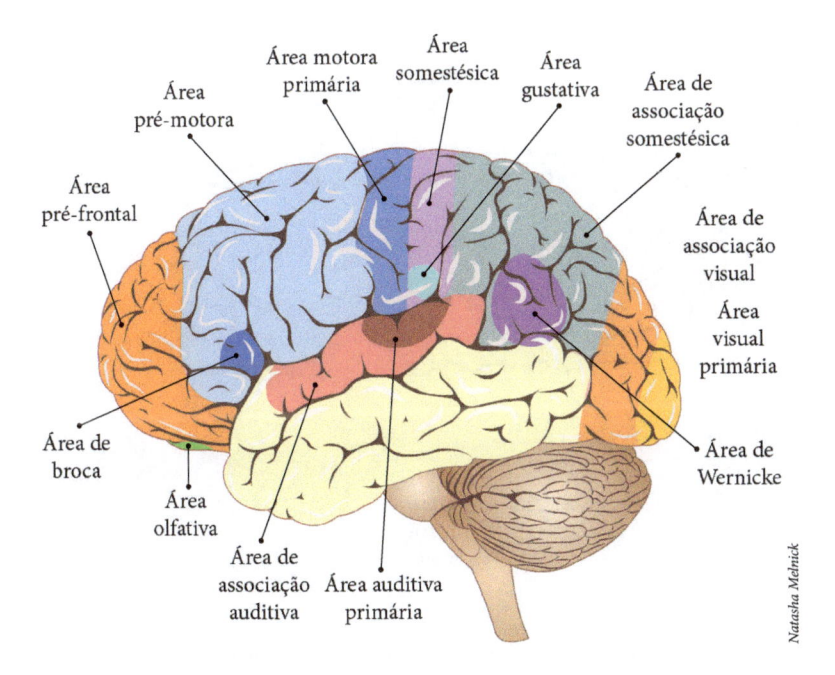

A estimulação elétrica da superfície do cérebro humano revelou a existência de dois tipos de áreas funcionais: as específicas e as gerais.

As áreas específicas são as de motricidade, senso de percepção cutânea, visão e audição. Seus neurônios, chamados de *piramidais*, ocupam as camadas IV e V do córtex cerebral e mantêm contato direto com as placas motoras e os fusos, quando imanentes das áreas primárias e secundárias motoras, e com os receptores da pele, do ouvido, do nariz, da língua e da retina, quando emissoras para as áreas primárias e secundárias da sensação cutânea, visão e audição, olfação e gustação.

Figura 4.18 – As áreas corticais associativas

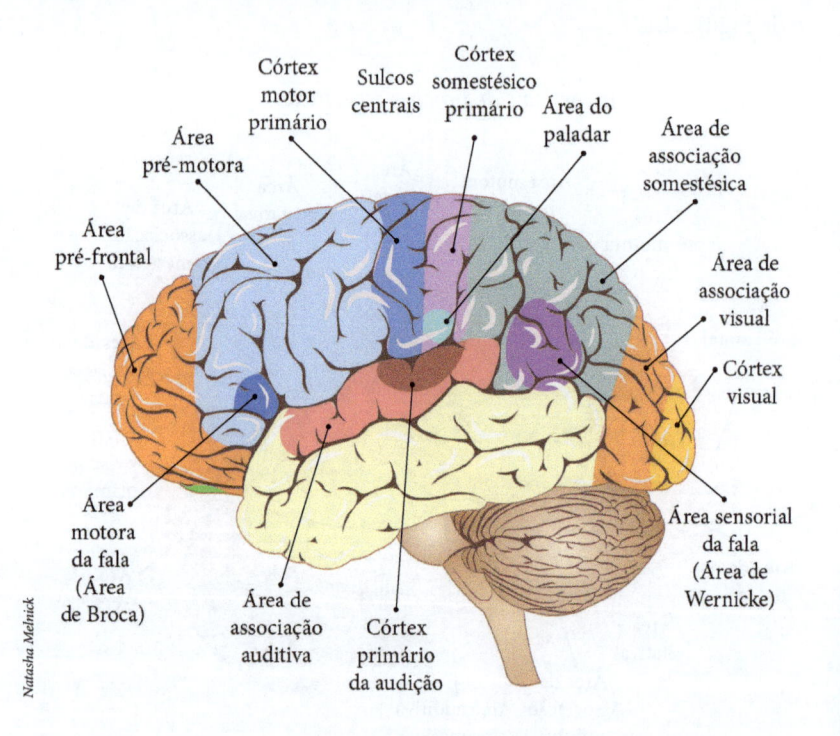

Outras áreas não apresentam representações específicas e, quando estimuladas isoladamente, evocam pouca ou nenhuma resposta. No entanto, se essas áreas forem lesionadas por tumores, acidentes vasculares, doenças infecciosas e doenças degenerativas, que acabam por desconectá-las de suas áreas primárias e secundárias correspondentes, há perdas funcionais importantes, como dificuldade com a coordenação espacial do corpo, compreensão da linguagem, nomeação de objetos e reconhecimento de faces. A Figura 4.18 mostra a localização dessas regiões, chamadas de *córtex associativo*. Apesar dessa denominação genérica, essas áreas têm funções definidas e são nomeadas de acordo com a atividade correspondente.

4.6.1 Área associativa parieto-occipito-temporal

O córtex cerebral tem basicamente dois tipos de áreas relativas ao seu tipo de função e à maneira que este se conecta ao tálamo. Primeiramente, existem as áreas cujas fibras provêm de núcleos talâmicos com conexões específicas para um tipo de córtex, denominadas *primárias sensitivas*. Essas áreas recebem fibras aferentes da periferia, como é o caso das fibras sensitivas que trazem estímulos dos receptores periféricos, como os táteis, visuais e auditivos. Também existem as áreas que emitem fibras longas para as placas motoras nos músculos esqueléticos. Essas fibras longas provêm da área primária motora, que operam no tálamo em núcleos especificamente motores.

Esses tipos de córtex primário lidam apenas com os estímulos estritamente ligados a determinado tipo de função, ou seja, as áreas motoras não carregam estímulos sensitivos e vice-versa.

Tendo em vista o que apresentamos na primeira parte do livro, podemos afirmar que aqui existe uma relação ontológica do tipo dependente entre o estímulo e a resposta. Por outro lado, existem áreas, como as corticais associativas, que guardam uma relação ontológica de tipo independente, pois nelas vários tipos de estímulos são associados para gerar um sentido de compreensão da natureza dos estímulos que, conjuntamente, definem a natureza mais ampla do objeto, da situação ou da pessoa que está sendo contemplada.

Análises das coordenadas espaciais do corpo

As análises das coordenadas espaciais do corpo iniciam-se na região do córtex parietal posterior e estendem-se até o córtex occipital. É um ponto de confluência entre a informação vinda do córtex somatossensitivo primário e secundário e as informações visuais oriundas do córtex visual primário e secundário. Também recebe estímulos das áreas auditivas primárias e secundárias. Uma lesão nessa região causa dificuldade de coordenar as informações necessárias para criarmos um mapa corporal relacionado à orientação do corpo. Nesses casos, as regiões motoras carecem de informações para orientar um movimento em direção a um objeto visual, somestésico ou auditivo.

» *Área para a nomeação de objetos*

Na parte lateral e inferior do córtex visual, logo abaixo da área de Wernicke (Figura 4.18), está a área responsável por associar o reconhecimento visual de um objeto a seu nome. Uma consequência típica de uma lesão nessa região são os casos em que um paciente consegue manusear e usar um objeto, como uma chave, mas, ao mesmo tempo, é incapaz de dizer que aquilo é uma chave.

» *Área para a compreensão da leitura*

Localizada no giro angular, logo atrás da área de Wernicke, essa área promove a associação entre a visualização da palavra escrita, o som produzido pela vocalização e sua compreensão. Consequentemente, uma lesão nessa região impossibilita o paciente de compreender o significado da palavra escrita, apesar de reconhecer que é uma palavra. Essa condição muito comum é chamada de *dislexia* ou *cegueira para palavras*.

» *Área interpretativa geral*

Nessa área também existe um ponto de confluência importante, localizado no hemisfério dominante, que reúne toda a informação somestésica, visual e auditiva necessária para gerar aquilo que chamamos, nesse sentido, pelo menos, de *inteligência**. Em função disso, essa região tem recebido nomes que sugerem sua importância global (área interpretativa geral, área gnóstica, área do conhecimento, área associativa terciária), mas é mais comumente conhecida como *área de Wernicke*.

A estimulação elétrica dessa região em uma pessoa consciente forma pensamentos complexos, sobretudo quando o eletrodo é colocado profundamente no córtex dessa região, aproximando-se do tálamo. Os pensamentos evocados dessa forma incluem cenas visuais complicadas da infância e alucinações auditivas, como música ou palavras. Por essa razão, costuma-se dizer que a ativação da área de Wernicke aciona padrões complicados de memórias que envolvem mais de uma modalidade sensorial, mesmo quando essas memórias individuais tenham sido armazenadas em outros locais.

Apesar de, tradicionalmente, o processamento da compreensão da linguagem ter sido restrito à porção posterior do giro temporal superior esquerdo (área de Wernicke), estudos recentes demonstram que a parte anterior do giro temporal superior também está envolvida nisso. Por isso entendemos que a área de Wernicke tem duas partes: uma para

---

* Isso torna possível, à primeira vista, a compreensão de que a inteligência humana parte de um só ponto do cérebro, fato coerente com a teoria da identidade da mente, vista nos capítulos anteriores. No entanto, "confluência" é diferente de "função pontual", tendo em vista que pressupõe uma função global da mente. Além disso, do modo como o termo *mente* está sendo considerado aqui (naturalismo biológico de Searle), não há exclusão do conceito de *qualia*.

processar estímulos auditivos na formação e palavras; e outra, anterior, para processar a função de "discurso interno" (DeWitt; Rauschecker, 2013).

Outro dado interessante é que alucinações auditivas e verbais estão frequentemente associadas à ativação do giro temporal superior dominante (área de Wernicke) e ao giro frontal inferior (área de Broca), assim como os homólogos do lado oposto estão associados a ambas as áreas, tendo sido proposto que um possível mecanismo seja a desconexão entre essas duas áreas. Ćurčić-Blake et al. (2013) demonstraram um influxo reduzido de estímulos entre as áreas de linguagem temporais e frontais na esquizofrenia. Talvez isso aconteça, na opinião dos autores, em razão de uma dessincronizarão entre essas áreas, que leva o esquizofrênico a imaginar que um discurso interno seja de origem externa.

4.6.3 *Áreas associativas pré-frontais*

Uma região no córtex frontal – área de Broca – é responsável pelo fluxo das palavras na fala. A ligação entre essa área e a área de Wernicke permite que o discurso interno se transforme em discurso externo. É nessa área que ocorre o planejamento motor da fala por meio de padrões motores preestabelecidos. É possível também que frases curtas e palavras simples possam ser processadas sem consulta às outras áreas da fala.

Figura 4.19 – As diferentes afasias e as áreas corticais correspondentes

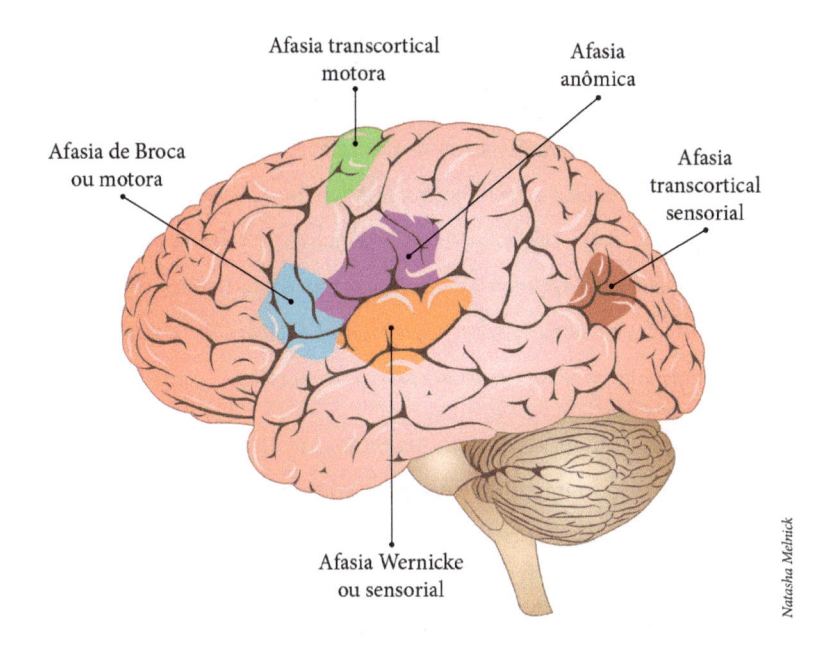

Por exemplo, em uma lesão dessa região, conhecida como *afasia motora* (em oposição às afasias sensitivas e transcorticais, típicas da área de Wernicke), o paciente continua tendo uma noção exata do que quer dizer, mas é impedido de expressar seus pensamentos pela dificuldade em articular as palavras. No entanto, estudos mais recentes sugerem que a relação entre as áreas sensitivas da fala e o processo de articulação da palavra é mais complexa do parecia anteriormente (Flinker et al., 2015, p. 2871, tradução nossa):

durante o processamento das palavras, uma cascata temporal de atividade neural realiza uma representação sensorial de palavras no córtex temporal até gestos articulatórios no córtex motor. Contrariamente às noções clássicas, enquanto existe uma articulação da fala, a Área de Broca permanece misteriosamente silenciosa. Além do mais, quando novas correntes de gestos articulares têm que ser produzidas durante estímulos não verbais, a atividade na Área de Broca se encontra aumentada, porém não no córtex motor. Esses dados fornecem evidência de que a Área de Broca coordena a transformação da informação por meio de redes neurais extensas envolvidas na produção da palavra. Nesse novo papel, a Área de Broca formula um código articulatório apropriado a ser implementado pelo córtex motor.

Nessa visão mais recente da fisiologia de articulação da palavra, existe um recrutamento da área de Broca durante diferentes estados da produção da palavra: a) o processamento fonológico; b) a geração do código articulatório; e c) a coordenação dos articuladores.

Outra área importante é a área **associativa límbica**, que processa informações emocionais produzidas por regiões inferiores, como os núcleos diencefálicos – a confluência para o tálamo de impulsos provindos do tronco cerebral, hipotálamo, septo e hipocampo, para a amígdala. Quando se adicionam áreas associativas superiores, como o córtex sensitivo e a área associativa pré-frontal, está completo aquilo que se chama de *sistema límbico*.

Figura 4.20 – Componentes do sistema límbico

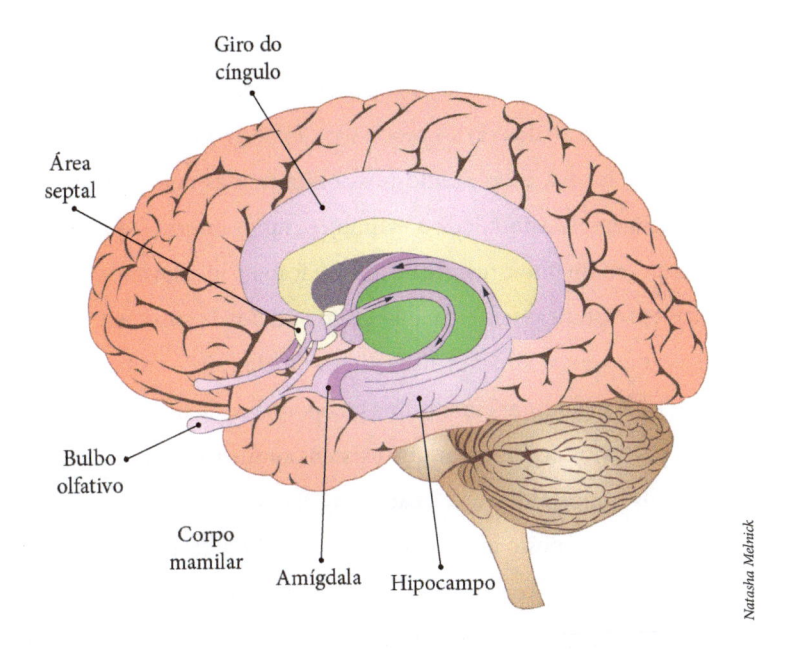

A amígdala é uma estrutura cerebral essencial para decodificar emoções, em particular, estímulos que possam representar ameaças à integridade física ou psíquica da pessoa. Dessa forma, na amígdala são detectados sistemas básicos de alarme contra o perigo. Uma das fontes de conexão importantes que convergem para a amígdala vem do córtex pré-frontal. Essas conexões parecem estar envolvidas em um processo de extinção, em que um estímulo gerado por sistemas infracorticais é atenuado ou extinto pelo córtex associativo pré-frontal. Isso acontece quando o estímulo é apresentado de maneira repetitiva na ausência do estímulo inicial que desencadeou o processo.

Dessa forma, é possível dizer que medo é a emoção gerada por um estímulo perigoso presente e iminente, e ansiedade é a emoção evocada por estímulos provindos da memória ou simplesmente imaginados.

4.7
Neurociência da atenção

O estudo da atenção humana só pode ser empreendido depois de se considerar a interação dos vários processos cerebrais que a tornam possível. Da mesma forma, estar atento possibilita tarefas como motricidade, aprendizagem, sensibilidade a estímulos, tanto internos quanto externos, armazenamento e resgate de informação na memória, exercício da linguagem e praticamente qualquer outra atividade consciente. Ao que parece, todas essas funções necessitam de atenção – cada qual à sua maneira. No entanto, apesar de uma taxonomia da atenção parecer tarefa difícil, podemos argumentar que existem ao menos três componentes funcionais importantes: a **seleção**, a **vigilância** e o **controle**.

Como será exposto mais adiante, a atenção resulta de um mecanismo de retroalimentação entre vários sistemas hierárquicos, respeitando-se o princípio de que funções de ordem inferior, como as encontradas nos córtices primário e secundário, interagem com funções de ordem superior, como as das áreas associativas. Esse mesmo processo retroalimentativo entre as funções de propriedades fundamentais (inferiores) e as funções que atribuem significados (superiores) é encontrado entre as primeiras camadas corticais I; camadas II e III; e as demais camadas, como as IV, V e VI.

4.7.1 Seleção

Certamente, um componente importante da atenção é a capacidade de operar um processo de discriminação entre estímulos concorrentes e competitivos, de maneira a selecioná-los para cumprir uma tarefa sem interferências entre eles próprios, pois a atenção precisa ser de natureza específica e focalizada. Quando isso não acontece, geralmente ocorrerão estados de perplexidade e confusão. Imagine, por exemplo, uma pessoa que procura por outra no meio de uma multidão. Se ela souber a altura, a cor dos cabelos, o modo de se vestir etc. de quem ela busca, será muito mais fácil retirar do campo visual pessoas sem as características descritas.

Mais recentemente, Dudeney, Sharpe e Hunt (2015) concluíram que crianças com ansiedade demonstram um viés para estímulos potencialmente ameaçadores maior do que o grupo de controle, sugerindo que a valência emocional é capaz de modular a atenção. Usando estímulos de natureza positiva e não aversivos, Anderson (2015) mostrou que quando um estímulo está associado a uma recompensa, em uma localidade espacial e não em outra, a captura daquele estímulo é seletivo para a localidade, o que demonstra que a positividade de um estímulo e sua valência modulam a atenção. Nesse estudo, a valência emocional e a localização concorrem para dirigir o foco de interesse.

Buscando ainda mais evidências de que a atenção não é um processo unitário, e sim a colaboração entre regiões corticais distintas, Luo e Maunsell (2015) sugerem que os efeitos comportamentais da atenção na detecção de estímulos podem ser separados em componentes distintos.

De fato, já se sabe que existem áreas distintas para processar o reconhecimento de objetos na área occipito-parietal inferior, em contraste com outra área, localizada na região occipito-parietal, relacionada à localização espacial de objetos.

Em resumo, é possível afirmar que a seletividade de processamento é necessária em virtude das limitações computacionais impostas pelo processamento, assim como ocorre na mente humana. No entanto, é diferente questionar se a seletividade da atenção deriva de um processo inibitório, facilitatório ou de ambos, e se existem dúvidas a respeito da especificidade de localização de estímulos como fator importante para a modulação da atenção. O que importa é que, sem essa seletividade, os organismos estariam mal equipados para reagir de maneira coerente a fontes que distraem ou competem com o verdadeiro foco da atenção.

4.7.2 Vigilância

O comportamento proposital depende de duas características básicas: da atenção seletiva, que inicia e dá coerência ao processo; e da atenção distinta, que permite que esse comportamento objetivo se mantenha por determinado tempo. Na verdade, alguns estudos sugerem que essas duas modalidades atuam em conjunto na busca por um equilíbrio dinâmico da atenção. Essa dicotomia já foi mencionada por Posner et al. (1984), quando estes demonstraram que a estimulação repetida em alta frequência era mais propícia a aumentar a atenção focalizada do que a diminuir a vigilância.

Um estudo bem mais recente, de De Joux et al. (2015), propõe que os aspectos hierárquicos envolvidos na vigilância podem ser críticos para uma conceituação da *performance* da atenção, assim como de sua localização hemisférica – um exemplo de organização *top-down* e *bottom-up*. Tudo isso ganha importância quando consideramos que a manutenção da vigilância é, muitas vezes, crítica ao comportamento humano. Por exemplo, já existe o desafio de manter-se atento a tarefas cotidianas, como ler ou assistir a uma aula – em que falhas podem ser inconvenientes e frustrantes. Já em tarefas mais complexas, como pilotar um jato comercial, dirigir um caminhão por um longo tempo ou fazer uma cirurgia, falhas na atenção podem ter consequências bem mais graves.

Já é um fato conhecido que a monotonia de uma tarefa pode causar um desvio da atenção para pensamentos internos ou distrações externas. Em outras situações, a obrigação de manter a atenção por longos períodos de tempo em tarefas difíceis pode exaurir os recursos para a manutenção do estado atento. Nesse sentido, Thomson, Besner e Smilek (2015) propõem que os estudos da área devem incluir tanto a distratibilidade quanto o controle de falhas como arcabouço metodológico.

Nakayama e Mackeben (1989) publicaram um estudo que mostra evidências de que existem dois sistemas: um sistema sustentado de vigilância e um sistema transiente. Com base nisso, os autores revelam que entre os dois sistemas, nas primeiras fases do processamento cortical visual, opera o componente transitório.

Para finalizar, é importante ressaltar a importância dos modelos psicopatológicos associados a estudos com fMRI, que podem trazer novas luzes sobre a neurobiologia da vigilância sustentada. Rubia et al. (1999) fizeram estudos com fMRI em adolescentes com déficit de atenção e hiperatividade. Como a maioria dos adolescentes mostrou hipofrontalidade, ou seja, respostas atenuadas no córtex mesial pré-frontal direito, os estudos revelaram a existência de um componente cortical anterior, importante na gênese dessa doença.

4.7.3 Controle

A habilidade de sustentar as atividades de processamento de informação, apesar dos efeitos da distração, é apenas uma maneira de mostrar como o indivíduo pode aderir a várias coisas ao mesmo tempo. Além disso, é necessário que possamos interromper a atividade para responder a outras informações importantes e, posteriormente, retomá-la de onde paramos. Imagine que você estava concentrado escrevendo um texto e parou para atender ao telefone: nesse caso, você precisou interromper a escrita e só pôde retomá-la mais tarde. A isso chamamos de **controle da atenção**. Para isso, são necessários outros fatores, como memória de trabalho (Baddeley, 1986) e planejamento (Norman; Shallice, 1986).

Michael Posner (1936-) (1994a) faz uma boa revisão daquilo que se sabia até 1994 sobre redes de atenção, cuja maioria dos fatos persiste até hoje. A atenção seletiva tem sido objeto de estudo desde o final do século XIX, mas até então não se sabia se era um mecanismo único ou uma somatória de fatores. Também já era fato conhecido que a atenção não é um tipo de *qualia*, como a visão ou a audição, assim como ela não produz necessariamente um comportamento motor.

Na década de 1980, cientistas descobriram que células do lobo parietal aumentavam seu ritmo de disparo, em resposta à estimulação de seus campos receptores, quando símios atendiam a estímulos periféricos, mesmo na ausência de movimentos oculares (Wurtz; Goldberg; Robinson, 1982). Foi também nessa época que se demonstrou que nós, seres humanos, poderíamos mudar o foco de atenção para captar estímulos visuais no campo periférico por meio de respostas rápidas com grande amplitude elétrica – dependendo da parte do cérebro em que ocorrem esses estímulos. Isso sugere que existem áreas corticais, provavelmente de natureza associativa, no lobo parietal, especializadas em localizar objetos no espaço. Como confirmação, os pesquisadores perceberam que lesões parietais posteriores aboliam essa modalidade de atenção visual. Em um estudo mais completo, Humphreys e Chechlacz (2015) mostraram que a capacidade para operações de busca visual diminui quando as áreas do giro occipital médias, angular (parietal posterior) e dos córtices temporais (giro temporal superior, estendendo-se até a ínsula) são lesionadas.

4.7.4 *Neuroanatomia da atenção visual*

A maioria dos estudos que temos discutido atém-se ao sistema visual por ser o assunto mais abundante na literatura especializada. Além disso, considerando que as pesquisas referentes a estímulos auditivos, assim como as que tratam do córtex olfativo, apresentam resultados semelhantes (Moisala et al., 2015; García-Cabezas; Barbas, 2014), podemos traçar alguns mecanismos fundamentais, como o papel da organização cortical, os modelos para a atenção dirigida e a influência do sistema límbico no processamento da atenção a partir do sistema visual.

O primeiro princípio está relacionado aos estados de **organização cortical** e estabelece que as áreas visuais se dividem em duas regiões distintas: o caminho ventral, ou occípito-temporal, importante para o reconhecimento visual de objetos, ou seja, para saber o que é que se olha; e o caminho dorsal, ou occipito-parietal, importante para a percepção espacial, ou seja, onde está tal objeto (Maunsell; Newsome, 1987). Mesulam (1990) expande esse conceito para a linguagem e a memória.

É necessário entender que o processamento de informação do cérebro humano não é serial, como na maioria dos computadores digitais, mas paralelo, o que oferece as seguintes vantagens:

- possibilidade de lidar simultaneamente com informações e limitações;
- mesmo em situações ambíguas, o processamento em paralelo pode exercer um papel importante na tomada de decisões;
- problemas são resolvidos pela tentativa de satisfazer um número amplo de limitações, de tal forma que o sistema pode "relaxar" a um estado de menor conflito;
- em tais modelos, a aprendizagem pode ocorrer espontaneamente como um produto adicional à atividade de processamento; e
- o processamento paralelo é muito mais ágil que o serial.

Um segundo princípio foi descrito por Mesulam (1990), que propõe um modelo para a **distribuição da atenção dirigida**. Alterações profundas desse sistema ocorrem quando há lesões no hemisfério direito do cérebro, ocasionando síndromes de negligência observáveis no lado oposto do corpo. Pacientes nesse estado não apresentam distúrbio motor ou sensitivo primário, mas não conseguem atender a um estímulo dentro do espaço negligenciado. Um exemplo são as lesões do lobo occipital fora da área primária, que tiram a capacidade do indivíduo de enxergar determinado objeto, mas não de nomeá-lo ou de indicar sua localização no campo visual. Se um examinador pedir ao paciente que aponte para um objeto no campo visual esquerdo, na maioria das ocasiões, ele não vai conseguir localizá-lo, porém, no campo visual direito, essa função estará intacta, o que indica que o lado direito é dominante para a distribuição da atenção no mundo externo. Esse comportamento de negligência pode ser de natureza perceptual, com consciência (*awareness*) diminuída para estímulos perceptivos, especialmente na presença de estímulos competitivos no espaço contralateral. A dificuldade em dirigir atenção suficiente para virar a cabeça, os olhos ou os membros para o hemisfério negligenciado é o componente motor dessa síndrome.

Há ainda um terceiro princípio que diz respeito ao **componente límbico ou motivacional**, de maneira que o paciente não dá importância ao fato de que negligencia determinado lado do corpo – comportamento que ocorre tanto em símios quanto em humanos. Na prática clínica, a síndrome do lado negligenciado envolve as funções de linguagem, motricidade, campo visual e sistema límbico. Estudos similares podem ampliar esse conceito para as outras funções, como linguagem, motricidade e preocupação com o estado doente.

Tanto em humanos quanto em símios, as lesões corticais mais frequentes na síndrome do hemicampo visual negligenciado se encontram: a) na porção dorsolateral posterior do córtex parietal, correspondendo à área do córtex parietal posterior; b) no córtex frontal pré-motor (área frontal dos campos visuais); e c) na área do cíngulo 23 e 24 (Figura 4.20). Essas áreas estão ligadas por uma extensa rede de conexões monossinápticas.

Além disso, participam desse processo o corpo geniculado lateral, o corpo estriado e o núcleo púlvinar do tálamo (Figura 4.21).

Essas considerações levam a crer que a atenção direcionada organiza-se como uma ampla rede distribuída contendo três componentes corticais (ou redes locais), cada uma fornecendo sistemas coordenados ligeiramente diferentes entre si, destinados a mapear o ambiente. O componente parietal posterior (centrado em torno da área de giro parietal) fornece uma representação sensorial do espaço extrapessoal. O componente frontal (centrado em torno dos campos visuais frontais) fornece um mapa para a distribuição, que orienta e dirige movimentos exploratórios, e o componente límbico fornece meios para se estabelecer um mapa valorativo para coordenadas espaciais. O colículo superior está mais relacionado ao componente motor, enquanto o corpo estriado e púlvinar estão relacionados ao conjunto desses componentes corticais. Outra contribuição ainda é fornecida por uma série de projeções diversas do tronco cerebral e dos componentes do tálamo ligados à substância reticular, importante para estabelecer o nível de ativação do sistema todo. (Mesulam, 1990, p. 598, tradução nossa)

Nesse trecho, Mesulam (1990) oferece dados que nos permitem compreender a maneira como a atenção visual resulta de uma estruturação específica dentro do sistema nervoso para cada modalidade da atenção, sendo isso um fator decisivo para o estabelecimento do comportamento adaptativo. Fatos como esses tendem a dar reforço para as ideias de Searle, o qual afirma que os processos mentais são oriundos de processos biológicos.

O fato de que tais funções componentes da atenção visual resultam de circuitos neurais específicos poderia criar um espaço para evocar outras concepções sobre a mente, como a teoria da identidade – embora esta se afaste pelo fato de que a função **atenção visual** não é idêntica às estruturas subjacentes, tendo em vista que o pulvinar e o córtex visual podem ser responsáveis por outras funções do sistema visual além da atenção. Argumentar contra o funcionalismo seria uma tarefa mais difícil, visto que, nessa teoria, as estruturas neurais podem ter múltiplas funções e que processos mentais como a atenção visual podem ser reproduzidos em sistemas artificiais.

> Para Searle, o funcionalismo é aceitável contanto que seja enquadrado no argumento de que sistemas computacionais podem assumir funções parecidas com os estados mentais humanos, porém com uma diferença importante: até o momento, sistemas artificiais não são capazes de demonstrar sinais de subjetividade. Caso isso seja realizável algum dia, sistemas computacionais e biológicos passariam igualmente no Teste de Turing, tornando inúteis os argumentos que intencionam separá-los.

Figura 4.21 – Neurofisiologia da visão

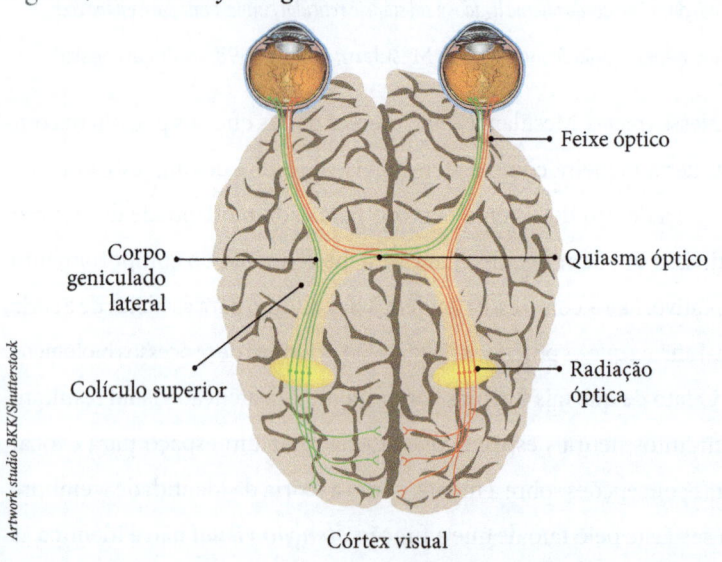

- Feixe óptico
- Corpo geniculado lateral
- Quiasma óptico
- Colículo superior
- Radiação óptica
- Córtex visual

Artwork studio BKK/Shutterstock

A atenção, de maneira geral, é importante porque otimiza os recursos computacionais do cérebro de maneira considerável. Caso contrário, muita energia teria de ser despendida para realizar todas as ocupações que a mente precisa no seu funcionamento cotidiano. Focalizar a atividade cerebral nas tarefas mais necessárias no momento atrai a consciência para tais atividades, deixando as outras em segundo plano.

O uso do termo *inconsciente* tem mudado desde os tempos de Freud, em que todas as atividades mentais fora do foco da atenção ativa adquiriram a forma de uma entidade ontológica com estrutura e função própria. Atualmente, autores como Uleman e Bargh (1989) apontam que existem muitos processos inconscientes, tais como:

- atividades mentais em que um indivíduo não está ciente por não a descrever de maneira explícita, como dirigir enquanto está conversando;
- atividades mentais que são realizadas sem esforço, como resgatar itens da memória silenciosamente enquanto se executa uma outra tarefa;
- atividades mentais executadas sem uma intenção específica, como trocar o nome de alguém sem querer;
- processos mentais de natureza autônoma, como acontece quando alguém regula o despertador para determinada hora e acorda um pouco antes; e
- processos mentais que resistem ao controle consciente, como acontece quando, por mais que se esforce, um indivíduo não consegue impedir o aparecimento na mente de pensamentos obsessivos, muito comum em patologias como o transtorno obsessivo-compulsivo.

Dessa forma, a atenção pode ser considerada como um processo seletivo constituído por uma representação otimizada das entradas sensitivas que enfatizam os detalhes relevantes da situação do momento. É por esse motivo que podemos classificar diferentes modalidades da atenção restritas aos diversos sistemas sensoriais, como as atenções auditiva, tátil, olfativa e gustativa. Entre essas atenções, a atenção visual tem sido objeto de muitos estudos neurofisiológicos da atualidade por ser considerada por autores como Crick e Koch (1990) como a modalidade dominante para os processos de atenção.

4.8
Redes para a formação da linguagem

As operações cognitivas que processam a linguagem são divididas em componentes fonéticos, sintáticos e semânticos. Desde os estudos de Paul Broca, no século XIX, é sabido que as áreas dedicadas à fala e à linguagem se encontram na área de Broca, no opérculo frontal para a fala articulada; e na área de Wernicke, na região temporoparietal, que processa os aspectos semânticos. As áreas corticais e seu mapeamento não diferem muito dos sistemas de atenção dirigida de uma maneira geral. Impedimentos causados por lesões nessas áreas recebem o nome genérico de *afasia*.

Os pacientes com afasia de Wernicke apresentam fala fluente, bem articulada e melodicamente intacta, mas demonstram defeitos parafrásticos, isto é, atribuem interpretação e explicação novas às palavras, dando novo sentido ao que é dito. Essas representações podem desencadear permutações associativas, especialmente quando se incluem as áreas auditivas, que estão por trás dos significados em geral, assim como do pensamento.

Os pacientes com afasia decorrente de lesões na área de Broca apresentam uma prosódia pobre e monossilábica, também conhecida como *telegráfica*. Um sinal característico de lesões nessa região é a dificuldade de repetir as palavras ditadas pelo examinador, o que indica que a área de Broca se encontra no polo sintático-articulatório da produção da rede neural responsável pela fala. Essa região pode fornecer um sítio receptor que transforma representações semânticas da fala, produzidas na área de Wernicke, em articulações propriamente ditas.

As áreas de Broca e de Wernicke não são as únicas envolvidas na produção da fala, pois agem em harmonia com outros sítios de processamento, como a área motora suplementar e a área heteromodal pré-frontal. Lesões nessas áreas, incluindo os circuitos de conexão, podem produzir uma afasia não fluente como a de Broca, mas com preservação da palavra repetida – é a **afasia transcortical motora**. Isso porque a área motora suplementar, ao que parece, tem um papel fundamental na iniciação e no planejamento da fala, assim como o córtex heteromodal pré-frontal ajuda a resgatar palavras a partir de categorias de ordem superior, como pensamentos. Vítimas de lesões no córtex heteromodal pré-frontal apresentam sintomas semelhantes aos da afasia transcortical motora ou fluência anormal quando tentam resgatar palavras a partir de categorias específicas. Assim, as áreas associativas heteromodais, localizadas na região temporoparietal, têm uma importância no processo que une a palavra a seu sentido. Danos nessa região podem levar a uma **afasia transcortical sensitiva**, que se caracteriza por uma afasia fluente com dificuldade de compreensão, mas com repetição preservada. Afasias desse tipo acontecem em lesões do hemisfério dominante, mas devemos lembrar da importância do hemisfério não dominante para a modulação da prosódia emocional ligada a atitudes.

4.9
Redes para aprendizagem e memória

Assim como em outros campos cognitivos, a memória e a aprendizagem dependem de circuitos que geram mecanismos importantes na neurofisiologia da memória, como o registro do traço de memória (codificação), o armazenamento dos fatos a serem lembrados (retenção) e o resgate da lembrança (trazer o traço de memória armazenado para a consciência). Esse resgate pode ser do tipo declarativo (relato verbal de memórias conscientes), procedimental (aprendizagem de uma habilidade motora) ou autonômica (resposta visceral associada à experiência).

A memória também é classificada de acordo com sua modalidade, podendo ser de natureza auditiva, sensorial ou motora (incluindo a fala). Visto dessa maneira, a neurofisiologia da memória depende tanto de sua modalidade quanto dos circuitos neurais envolvidos em seu processamento.

Outra memória essencial para os mecanismos de atenção é a **memória de trabalho** (*working memory*), um sistema cognitivo que consiste em memórias relacionadas ao comportamento ligado a finalidades* que nos permitem reter uma quantidade limitada de informação a serviço da cognição complexa. A memória de trabalho está associada a atividades do tipo: realização de múltiplas tarefas, regulação emocional e praticamente qualquer tarefa que necessite de determinada quantidade de informação para integrar uma tarefa consciente.

Veremos a seguir três categorias amplas de memória de acordo com a literatura específica (Shipstead et al., 2014).

4.9.1 Memória primária

Em relação à memória de trabalho, a memória primária limita o armazenamento de informação e retém de três a cinco itens de cada vez:

---

* Propósito que se deseja alcançar por meio de determinada ação, atitude, estilo, hábito ou prática. Por exemplo: escrever um livro, montar um quebra-cabeça, fazer uma planilha de despesa. Esse tipo de comportamento requer planejamento e fixação de uma meta.

O fato de a capacidade de reter informação se limitar a tão poucos itens se deve a quatro razões distintas: (1) como proteção de sobrecarga de itens de informação; (2) quando outras medidas precisam ser tomadas para bloquear os estímulos evitando pedaços [chunks] maiores; (3) em descontinuidades de desempenho causadas pelo limite de capacidade; e (4) devido a vários efeitos indiretos relacionados ao limite de capacidade. Sob essas condições, fica difícil usar o ensaio e a memória de longo prazo para combinar estímulos em pedaços de um tamanho desconhecido; tampouco é possível que mecanismos de armazenagem que não são limitados por capacidade, como é de costume acontecer com a memória sensorial, sejam recarregados em mecanismos de memória limitados pela capacidade. (Cowan, 2001, p. 87, tradução nossa)

Assim, a função desse sistema é proteger o indivíduo da interferência de outros pensamentos ou tarefas que possam ocorrer simultaneamente e relacionar unidades de informação aparentemente desconectadas (Oberauer et al., 2007). Alguns pesquisadores acreditam que os aspectos primários da memória têm mais uma função de ligadura do que simplesmente de armazenamento. Especificamente, a capacidade de manutenção das 3-5 unidades é, às vezes, interpretada como a habilidade humana de formar e romper associações temporárias entre unidades de memória aparentemente não relacionadas.

4.9.2 Controle da atenção

A capacidade da memória de trabalho é operacionalizada pela informação consciente ou por aquela que pode ser rapidamente resgatada para a consciência. Considerando que, em geral, o ambiente está permeado de distrações, principalmente quando as informações são conflitantes, escolher o foco crítico para a atenção é de suma importância. A capacidade executiva da memória de trabalho se equilibra com o uso da atenção para selecionar informação relevante do ambiente e, ao mesmo tempo, reter o acesso a memórias que estão fora do foco da consciência naquele momento. Kane e Engle (2000) indicam uma função para o processamento da atenção, talvez de natureza inibitória, ao nível da codificação e do resgate. Em outras palavras, a capacidade da memória de trabalho parece ser dirigida por sua habilidade de manter o foco na informação crítica, resistindo às distrações.

4.9.3 Memória secundária

Ocasionalmente, é necessário manejar mais informação que o limite de 3-5 unidades. Nesses casos, parte da informação precisa ser deslocada para uma fonte de armazenamento com mais capacidade: a memória secundária. Essa fonte guarda a informação contextualmente relevante que não está armazenada na memória primária, o que reduz ainda mais a possibilidade de interferências, tendo em vista a maneira específica como a busca é realizada em relação a períodos de tempo, informação associada etc.

> *Preste atenção!*
>
> *Murphy (2002),* **fundamentando-se nos estudos cognitivos de Eleanor Rosch a respeito de como as pessoas criam suas categorias, propõe duas teorias do estudo psicológico de conceitos: a teoria de protótipos e a teoria dos exemplares.**

A teoria de protótipos compreende os conceitos como representações guardadas na memória de longo prazo por meio de suas melhores ou mais típicas instâncias. O conceito de *ave*, por exemplo, seria armazenado com a imagem de uma águia, e outros candidatos a essa categoria seriam comparados a essa imagem prototípica para se decidir se seriam aves ou não.

Já na teoria dos exemplares, os sujeitos armazenam informação a respeito de muitas ou de todas as instâncias de determinada categoria em vez de uma versão condensada ou típica. Dessa forma, *ave* seria o resgate de todas as memórias de aves que já foram armazenadas.

A categorização, de acordo com a teoria dos exemplares, envolve a comparação de um item a todos os exemplos armazenados de uma categoria em particular e determinação do número de exemplares a que a figura alvo é similar, assim como o grau de similaridade. É claro que essas categorizações são úteis no nível empírico, pois baseiam-se nas experiências armazenadas. Extrapolar isso para o mundo das ideias, *a priori*, é uma tarefa bem mais complicada e ainda pouco estudada, mas é possível que alguns princípios gerais sejam úteis para formar um projeto de pesquisa nesse sentido. Essas seriam teorias fundamentadas no conhecimento em geral (*knowledge based theories*).

Síntese

Neste capítulo, abordamos o estudo sistemático do sistema nervoso por meio de uma análise de sistemas. Assim como os níveis molecular e celular, a complexidade do sistema nervoso fica ainda mais evidente quando analisamos a organização de seus vários níveis sistêmicos, que se dividem em sistemas aferentes ou sensitivos, sistemas eferentes ou motores e sistemas de ativação e motivação do cérebro.

Primeiramente, direcionamos nossa atenção para o sistema sensitivo, composto pela olfação e gustação, pela visão, pela audição e pelo equilíbrio. Em seguida, tratamos do sistema somático-sensitivo e das áreas sensoriais corticais. Esses módulos têm uma estrutura comum, composta por receptores específicos para o tipo de estímulo que está sendo registrado, vias que podem ser nervos periféricos ou cranianos, tratos específicos para cada modalidade de sensação que ascendem pela medula espinhal, fazem sinapse no tronco cerebral e terminam no tálamo, onde serão irradiadas para partes específicas do córtex cerebral.

Em seguida, apresentamos o sistema motor, responsável pelos movimentos voluntários e involuntários. Iniciamos com um breve estudo sobre os receptores e efetores contidos nos fusos intramusculares e nos órgãos tendinosos de Golgi. Essa unidade básica pode operar de maneira independente do córtex cerebral e, portanto, da vontade, regulando reflexos involuntários a nível segmentar da medula. Impulsos sensitivos podem ser enviados por um processo do tipo *bottom-up* para informar os centros superiores sobre essa atividade motora involuntária. Ao mesmo tempo, impulsos provenientes do córtex cerebral e dos gânglios da base influenciam o comportamento desses fusos, em um processo *top-down*, permitindo um controle fino da atividade motora voluntária e postural.

Depois disso, apresentamos os sistemas que intermedeiam a ativação e a motivação do sistema nervoso. Primeiramente, existe o módulo que intermedeia a capacidade que o sistema nervoso tem de excitar ou atenuar seu nível geral de ativação, como acontece nos estados de vigília e de sono por meio de sinais excitatórios de natureza contínua, provenientes do tronco cerebral. Esse sistema é basicamente de natureza interna, porém, a ativação ou a atenuação da consciência pode vir do mundo externo por intermédio da substância reticular ascendente, que reúne a média dos estímulos sensitivos em dado momento. Essas informações nos permitem abordar o assunto da atividade mediada pelos centros difusos do córtex cerebral. No entanto, é válido ter cuidado especial ao analisar a influência da atividade colinérgica e adrenérgica nessas regiões. Também examinamos o papel das áreas associativas corticais, principalmente aquelas provindas da área associativa parieto-occipito-temporal e das áreas associativas pré-frontais.

O assunto que exploramos em seguida diz respeito aos módulos que intermedeiam o fenômeno da atenção, algo observado nas situações de vigilância. Ainda, tratamos do interessante assunto da atenção seletiva e detalhamos um pouco os sistemas de controle. Também analisamos os mecanismos da linguagem, estabelecendo a atividade linguística proveniente da área de Wernicke, em que a linguagem é concebida, e da área de Broca, onde ficam os centros de controle da parte motora da fala.

O último assunto que apresentamos neste capítulo foram os módulos funcionais responsáveis pela memória, com especial atenção para os diversos tipos de memória, como é o caso da memória primária (de curta duração), da memória de longo prazo e da memória operante, importante nos processos executivos e na aprendizagem.

Indicações culturais

Site

O *site* a seguir apresenta uma visão geral da anatomia do sistema nervoso.

AULA DE ANATOMIA. **Conheça os sistemas**. Disponível em: <https://www.auladeanatomia.com/novosite/>. Acesso em: 26 nov. 2017.

Artigo

O artigo a seguir apresenta uma correlação entre ciência da linguagem e filosofia.

IMPROTA, A. A interface linguística – neurociência da linguagem. **Caderno de Estudos Linguísticos**, Campinas, v. 49, n. 2, p. 151-165, 2007. Disponível em: <https://periodicos.sbu.unicamp.br/ojs/index.php/cel/article/view/8637184/4906>. Acesso em: 26 nov. 2017.

Atividades de autoavaliação

1. Estímulo sensitivo do tipo proprioceptivo é proveniente:
    a) do próprio pensamento.
    b) do mundo externo.
    c) dos músculos e das articulações.
    d) das vísceras.

2. Assinale a alternativa correta:
   a) Os estímulos visuais chegam pela retina, cruzam o quiasma óptico e seguem pelos tratos ópticos.
   b) Os estímulos visuais chegam pela retina, cruzam a pineal e seguem pelos tratos ópticos.
   c) Os estímulos visuais chegam pela retina, cruzam o nervo ocular e seguem pelos tratos ópticos.
   d) Os estímulos auditivos chegam pela retina, cruzam o quiasma óptico e seguem pelos tratos ópticos.

3. São exemplos de contrações musculares do tipo fásica:
   a) movimentos caracterizados por destreza.
   b) movimentos caracterizados por força.
   c) movimentos caracterizados por forca e destreza.
   d) Nenhuma alternativa está correta.

4. No processamento da linguagem, a área de Broca é responsável:
   a) pelo significado das palavras.
   b) pela articulação motora da fala.
   c) pela articulação sensitiva da fala.
   d) Nenhuma alternativa está correta.

5. São três componentes funcionais importantes da atenção:
   a) motricidade, articulação e controle.
   b) seleção, vigilância e controle.
   c) atenção vigilância e controle.
   d) seleção, articulação e controle.

Atividades de aprendizagem

Questões para reflexão

1. Leia o trecho a seguir.

> Eu tenho argumentado em diversos escritos que a parte filosófica (embora não a parte neurobiológica) do tradicional problema mente-corpo tem uma solução óbvia e razoavelmente simples: todos os nossos fenômenos mentais são causados por processos neuronais de nível inferior no cérebro e são, eles mesmos, percebidos [*realized*] no cérebro como características de nível alto ou de sistema. A forma de causação é "de baixo para cima" [*'bottom up'*], de modo que o comportamento de elementos de nível baixo, presumivelmente neurônios e sinapses, causa as características da consciência e da intencionalidade, que são de nível alto ou de sistema. (Esta forma de causação, a propósito, é comum na natureza; por exemplo, a característica de nível alto da solidez é causalmente explicada pelo comportamento dos elementos de nível baixo, as moléculas.) Porque essa posição enfatiza o caráter biológico do mental, e porque trata fenômenos mentais como partes comuns da natureza, eu a rotulei como "naturalismo biológico".

Fonte: Searle, 2014, p. 105.

Com base nesse excerto, responda: Qual foi a estratégia mais útil na sua vida: Tentar resolver seus problemas por meio da razão pura ou por meio do ensaio e erro? Por quê?

2. Leia o artigo a seguir e responda as questões.

> GODOY, R. **Memória**. Sociedade Brasileira de Neurociência. Artigos. Disponível em: <http://www.sbneurociencia.com.br/html/a10.htm>. Acesso em: 26 nov. 2017.

   a. Como funciona o modelo neuroquímico da memória?
   b. Qual o modelo de memória que melhor explica a atenuação das lembranças?
   c. Quantos tipos de amnésia existem? Quais são eles?

Atividade aplicada: prática

1. Você já imaginou o uso dos conceitos *top-down* e *bottom-up* em outra área que não seja no campo das neurociências?

   Para refletir sobre isso, leia a dissertação de Leonardo Alves Siqueira e discuta com um colega quais as diferenças e semelhanças dessa metodologia nas ciências e nas vendas.

   > SIQUEIRA, L. A. **Previsão de vendas *top-down* ou *bottom-up*?** Um estudo de caso. 70 f. Dissertação (Mestrado em Administração) – Universidade Federal do Rio de Janeiro, Rio de Janeiro, 2008. Disponível em: <http://www.coppead.ufrj.br/upload/publicacoes/Leonardo_Siqueira.pdf>. Acesso em: 29 nov. 2017.

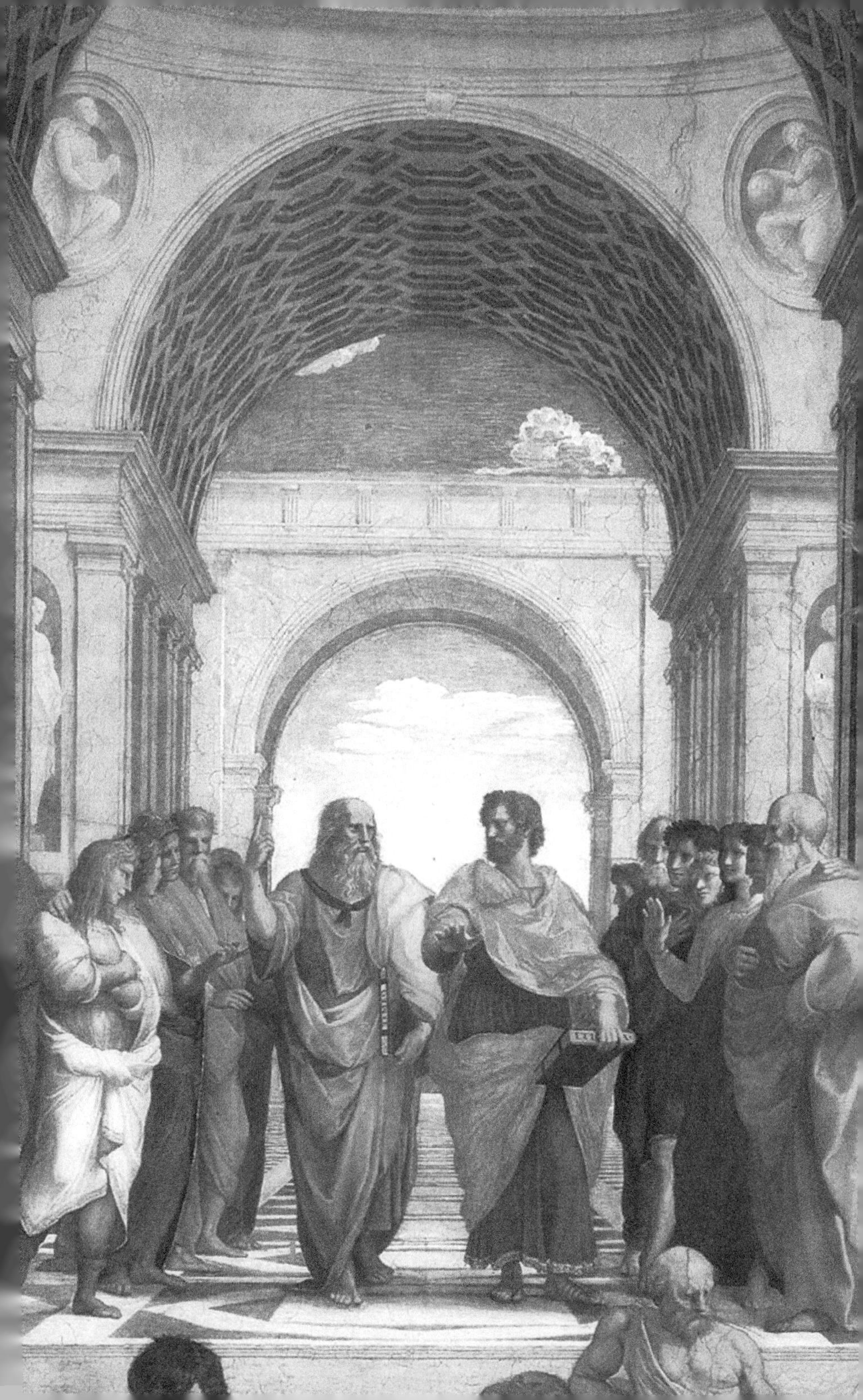

5

Consciência

Estudar a consciência é mergulhar no desconhecido. Assim, um possível caminho de pesquisa é começar por aquilo que ela **não é**. Para isso, retomaremos alguns conceitos abordados anteriormente, principalmente no segundo capítulo, em relação à consciência.

Quando há muitas teorias sobre um mesmo tema, e que se contradizem em menor ou maior grau, o erro talvez não esteja na teoria em si nem seja fruto da dificuldade inerente ao assunto. O mais provável é que essas contradições partam de problemas metafísicos, ontológicos e, principalmente, epistemológicos. Por isso, o modo como essas teorias são abordadas é fundamental no estudo apropriado das categorias de fenômenos mentais como **consciência, intencionalidade, subjetividade e causalidade mental**. O dualismo, por exemplo, não acha saída para a relação causal entre uma coisa material e outra que não é, motivo pelo qual o problema mente-corpo fica insolúvel, visto que essa teoria entende que as propriedades mentais são irredutíveis à massa cerebral.

Um dos motivos para essas teorias se contradizerem é a dificuldade em se definir as categorias dos fenômenos mentais. Há uma dimensão da mente que continua um mistério, motivo pelo qual não podemos avaliá-la apenas com base em um campo da ciência. Assim, para complementar nossos estudos filosóficos, escolhemos tratar da neurobiologia – pois, para analisar a consciência, é necessário certo conhecimento de neuroanatomia e de neurofisiologia. Não é nosso objetivo aqui o estudo detido de um assunto tão extenso e complexo, mas esperamos que esta breve abordagem do conteúdo sirva de estímulo para o aprofundamento do assunto. Tivemos também bastante cuidado na escolha das referências bibliográficas, que incluem tanto os trabalhos clássicos quanto os estudos mais recentes e relevantes.

Um dos maiores problemas para se definir a consciência é a **subjetividade**, pois a experiência fenomênica é propriedade exclusiva dos seres humanos. A subjetividade torna a definição de consciência praticamente impossível, seja do ponto de vista filosófico, seja do ponto de vista neurobiológico. Quando ouvimos nossa música predileta, temos uma experiência intransferível que nos remete a toda uma maneira de ser que outra pessoa jamais compreenderá. Experiências desse tipo atribuem uma **qualidade** de existência – daí o termo *qualia*. São os estados fenomênicos que determinam como é ser algo ou alguém. No entanto, a questão não é saber se a subjetividade surge em algum outro lugar que não o cérebro. Apenas um dualista de substância poderia admitir que a experiência subjetiva pertenceria a uma mente desincorporada e, mesmo assim, considerando o interacionismo, o cérebro estaria envolvido de alguma maneira. Um dualista de propriedade não teria problema algum em associar a experiência a processos físicos, pois a subjetividade seria apenas mais uma propriedade do cérebro e, portanto, estaria conectada a processos físicos. O problema é saber como e por que um processo físico estaria associado à experiência fenomênica.

Tendo isso em vista, neste capítulo, procuraremos comparar os fundamentos das teorias dualistas e materialistas aos fundamentos neurobiológicos, a fim de integrar o número crescente de dados experimentais a respeito da mente e de suas propriedades, principalmente da consciência.

5.1
Revisão das teorias filosóficas da mente

Poderíamos considerar a consciência como algo universal, uma propriedade intrínseca da natureza, como acreditam os adeptos do **pampsiquismo** de Roger Penrose (1931-), David Chalmers (1966-) e Stuart Hameroff (1947-)*. No entanto, essa concepção destrói a utilidade do termo, sobretudo àqueles que consideram a consciência como algo em si, pois faltariam as categorias que diferenciam **estar consciente** de simplesmente **existir**. Não podemos estudar coisa alguma começando pela negação

---

* Já discutimos os prós e os contras dessa teoria em capítulos anteriores.

de sua existência. Se considerássemos a premissa de que a consciência é indefinível, esta obra seria como a pedra de Sísifo*.

A **corrente idealista**, para a qual tudo o que existe é mental, também apresenta dificuldades. Nesse ponto de vista, a realidade, assim como a conhecemos, é composta inteiramente por mentes e suas ideias. Assim, aqui há o mesmo problema do pampsiquismo, que é trivializar aquilo que nos parece intuitivo.

Outra forma de conceituar a consciência é colocá-la em um plano substancial diferente do mundo físico. Para o **dualismo de substância** ou **cartesiano**, a mente e o corpo são compostos por substâncias diferentes, com propriedades distintas, que interagem entre si de forma paralela e livre, uma podendo modificar a outra.

O termo *substância*, nesse caso, se refere àquilo que apresenta características essenciais ou intrínsecas, que não podem ser mudadas, e propriedades acidentais, que podem mudar. Por exemplo, existem propriedades em uma maçã, como sua composição genética, que, se forem alteradas, fazem com que ela deixe de ser o que é. Por outro lado, maçãs podem ter tamanhos, cores e odores diferentes e continuarem a ser maçãs. Com base no mesmo princípio ontológico, a mente pode estar inconsciente e continuar a ser o que é. Se o dualismo de substância for levado ao pé da letra, corpos e mentes interagiriam de maneira paralela, um afetando o outro; todavia, quando o corpo morresse, a alma continuaria existindo. Essa alma imaterial não é idêntica a nenhuma parte do corpo porque não é constituída de substância física. O erro de René Descartes (1596-1650), se nos é permitido citar a expressão de António Damásio (1944-), foi pensar que *res extensa* e *res cogitans* eram coisas diferentes.

---

* De acordo com a mitologia grega, Sísifo foi condenado pelos deuses a repetir a mesma tarefa para sempre: empurrar uma pedra até o topo de uma montanha. Contudo, antes de atingir o cume, a pedra rolava novamente para a base.

Uma maneira de contornar esse problema é por meio do **dualismo de propriedade**, que concebe a mente como uma propriedade do cérebro, porém, sem a capacidade de transferências paralelas – ou seja, o corpo pode operar transformações na mente, mas a mente não pode transformar o corpo. Essa ideia, defendida por essa vertente do dualismo, se chama *epifenomenalismo*. Em um exemplo mais comum, uma pessoa pode projetar uma sombra, mas uma sombra não pode projetar uma pessoa. Entretanto, esse conceito também não é adequado para definirmos a consciência, pois naturalmente percebemos os pensamentos mudarem nosso corpo. Aliás, se o epifenomenalismo fosse verdade, todas as técnicas de psicoterapia seriam falsas e ninguém resolveria um problema só pensando nele.

Considerando o pampsiquismo, o idealismo e os dualismos (de substância e de propriedade), podemos afirmar com certa segurança que a consciência não é uma propriedade intrínseca da natureza, comum a tudo que nela existe, nem apenas uma ideia ou essencialmente imaterial. Todas essas correntes apresentam o mesmo erro categórico apontado por Gilbert Ryle (1900-1976), crítico do dualismo cartesiano que cunhou a expressão *the ghost in the machine* (*o fantasma na máquina*), como visto anteriormente.

Para Ryle, as operações da mente são iguais às operações do corpo, e o termo *mental* é apenas uma expressão para descrever essa ação. Em suma, Ryle é o proponente do chamado **behaviorismo lógico**, o qual propõe que o comportamento é o resultado de determinadas disposições da pessoa. A mente é apenas uma abstração, como o nome de determinada universidade é apenas um termo para descrever o comportamento de diversos departamentos que agem com propósitos parecidos. No entanto, jogar fora a existência da mente parece contraintuitivo para alguns, o que torna necessário explorar outras abordagens.

Outra teoria que também aborda a consciência, como visto no segundo capítulo, é o **funcionalismo***. Trata-se de uma doutrina da filosofia da mente que entende que o estado mental (pensamentos, desejos etc.) não depende de sua constituição interna, mas do papel que exerce no sistema cognitivo.

Essa teoria tem três fontes distintas. Primeiramente, Hilary Putnam (1926-2016) e Jerry Fodor (1935-) consideraram os estados mentais sob o aspecto de uma teoria computacional empírica da mente, entendendo que eventos psicológicos poderiam ser explicados como uma "organização funcional", assim como um *software* determina o comportamento do *hardware*. Para desenvolver sua pesquisa, Putnam (1973) cunhou o conceito de *externalismo semântico*, isto é, a aquisição de um termo não implica a aquisição de um método de reconhecimento do termo – que é, em parte, determinado pelo ambiente. Desse modo, o termo não necessariamente se altera em virtude de mudanças no nosso conhecimento do ambiente. Por exemplo, o termo *dor* pode corresponder a vários estados físicos diferentes, não sendo necessário que esteja ligado apenas ao disparo de fibras C, em que uma reação pode ser parecida em várias espécies, apesar de cada uma apresentar um tipo próprio de funcionamento do sistema nervoso. Esses argumentos são contrários aos de Herbert Feigl (1902-1988) e John Smart (1920-2012), que defendem a ideia da teoria da identidade, ou seja, para cada estado mental, existe um estado neural correspondente.**

Essa ideia foi levada adiante com a teoria de David Rosenthal (1939-), que ficou conhecida como *high-order thoughts* (HOT) – ou "pensamentos

---

* Não consideraremos as teorias eliminativistas porque elas ou eliminam a consciência, ou a deixam em último plano.

** Para ler um artigo interessante sobre Putnam, veja Fonseca, 2015.

de ordem superior", em tradução livre –, que, em última análise, é uma volta a Ryle e à sua maneira de lidar com categorias. A análise "topicamente neutra" de Smart (1959) levou David M. Armstrong (1926-2014) e Daniel Lewis (1941-2001) a uma abordagem funcional dos conceitos mentais. Já Ludwig Wittgenstein (1880-1951) elaborou uma teoria de significado e uso que levou a uma versão do funcionalismo desenvolvido por Wilfrid Sellars (1912-1989) e Gilbert Harman (1938-), em que estados mentais são entidades teóricas identificadas como estados funcionais, um pouco parecidas com as teorias da "psicologia popular" de Daniel Dennett (1942-).

*Por isso, podemos compreender um conceito como uma abstração para o uso de uma palavra cujo significado é definido pela comunidade. Introduzir conceitos em termos de prática social os torna intersubjetivos, dependentes de reconhecimento público, isto é, a linguagem adquire significado por se referir às coisas do mundo (ou internas, mas definidas publicamente). Por isso, se o significado de uma palavra é seu correto uso público, ele não pode ser a significação particular do agente e sim o que **outras mentes** concordariam em aceitar como tal.* (Maroldi, 2009, p. 25, grifo do original)

Esses pontos de vista seguem dois princípios básicos. Em primeiro lugar, as pessoas estruturam o comportamento em representações mentais simbólicas, que obedecem a regras preestabelecidas, que, em conjunto, são chamadas de *sintáticas*. Logo, a parte biológica do cérebro não é negada, mas tem sua importância diminuída pelo segundo princípio: o exercício dessa sintaxe linguística é uma forma de computação, que pode ser executada em sistemas não biológicos com a mesma eficiência. Se o funcionalismo fosse verdade, futuramente poderíamos criar seres humanos inteiramente artificiais, com características idênticas a pessoas biológicas. Muitos acreditam que isso nunca será possível; portanto, salvo algumas surpresas tecnológicas futuras, **a mente não é um computador**.

Outra teoria, também já discutida, é a da identidade, para a qual os estados mentais equivalem a estados neurais. Essa corrente é representada principalmente por Ullin Place (1924-2000), Feigl, Smart e Armstrong. Contrário ao funcionalismo, que correlaciona estímulo e resposta, Place afirma que as hipóteses do vínculo entre consciência e estado neural se baseiam em uma relação de **identidade** entre determinado comportamento ou sensação e o estado do sistema nervoso naquele momento.

Alguns autores, como Smart, Pace e Feigl, adotam uma análise behaviorista dos estados mentais como crenças e desejos (apesar de não serem estreitamente behavioristas, levam essa teoria apenas um passo adiante). Outros autores, como Armstrong, declaram que estados mentais, na verdade, são estados neurais.

De todas as visões da natureza da consciência apresentadas até agora, é a teoria da identidade que mais parece se aproximar de uma teoria biológica da mente, pois seu foco central são os estados neuronais. Dessa forma, os pensamentos encontrariam uma correspondência exata com as atividades neurais.

Os argumentos contra a teoria da identidade podem se organizar em torno dos aspectos espaciais (extensão) da mente, da unicidade de cérebros e da variabilidade das experiências em períodos de tempo.

O primeiro argumento leva em conta a **Lei de Leibniz**: quando duas coisas são idênticas, tudo sobre elas precisa ser idêntico. Assim, processos mentais precisam ter extensão porque o cérebro tem extensão.

Contudo, podemos colocar um pedaço de cérebro em uma vasilha, mas não um pensamento. Pensamentos não têm extensão e, portanto, não são idênticos ao material cerebral. Ainda assim, ressonâncias magnéticas funcionais sempre mostram atividade cerebral coincidente com as atividades mentais, fato que parece confirmar a teoria da identidade.

Por outro lado, lembremos que a percepção de uma árvore não é o mesmo que a árvore, logo, a Lei de Leibniz não foi violada e, dessa forma, prova-se que a teoria da identidade é equivocada.

O segundo argumento tenta provar que relatos feitos em primeira pessoa demonstram a diferença entre estados mentais e cérebro físico. Um exemplo de que já tratamos é o da pessoa que sente uma dor não demonstrável em ressonância. Talvez as imagens indiquem a causa da dor, mas isso não é o mesmo que ver a dor em si. Novamente, a Lei de Leibniz prova com facilidade que uma sensação não é aquilo que a causou.

Outro argumento forte contra a teoria da identidade está na proposição de pesquisadores como Armstrong, que afirma que estados neuroquímicos são idênticos a seus efeitos. Um exemplo no campo teórico é o caso de Lewis, que já analisamos anteriormente, que descreveu como uma pessoa normal, um louco e um marciano poderiam sentir a mesma dor por motivos diferentes. Esse argumento foi extensamente usado contra o funcionalismo e a teoria da identidade. Um exemplo mais concreto é a secreção de dopamina em terminais sinápticos. Dependendo do tipo de receptor pós-sináptico que foi estimulado, o mesmo neurotransmissor pode surtir efeitos sobre a atividade muscular, a pressão arterial ou a sensação de bem-estar.

Há outros argumentos que já examinamos nessa obra e que não há necessidade de retomarmos, como a teoria de Saul Kripke (1940-) sobre designadores rígidos. De qualquer maneira, podemos argumentar com segurança que a consciência não é idêntica ao cérebro, mas algo que surge como o efeito de seu funcionamento. Fica cada vez mais fácil imaginar que a consciência é uma propriedade biológica do cérebro. Isso não é dualismo de propriedade, porque a consciência pode afetar a estrutura cerebral, como já mencionamos; e não é dualismo de substância, pois a consciência é produto de algo material, e não outra coisa.

David Rosenthal (1998) segue uma abordagem diferente. É uma prática comum na investigação científica examinar separadamente os componentes de um fenômeno ou de um objeto até ele ser entendido. Em um caso comum, você pode olhar para um relógio até se cansar e não aprender nada de novo sobre seu funcionamento. No entanto, se ele for desmontado e cada parte for examinada, o princípio geral surgirá. Deduções corretamente conduzidas sempre são sobre verdades absolutas.

Por outro lado, como vimos anteriormente, induções podem ser mais fortes ou mais fracas. Dizer que o carteiro se atrasou porque choveu tem uma possibilidade de ser verdade, mas não é absoluta, pois ele pode ter se atrasado porque discutiu com a esposa, por exemplo. Por outro lado, dizer que choveu porque o carteiro atrasou é uma indução fraca a ponto de ser errônea. Rosenthal (1998) leva adiante esse argumento dizendo que muitos pesquisadores acreditam que, como a intencionalidade e a sensação são radicalmente diferentes, é mais proveitoso estudá-las à parte se quisermos entender sua relação com a consciência. Em sua opinião, essa divisão de trabalho é impossível porque não se pode estudar o caráter da intencionalidade ou da sensibilidade como estados mentais, sem considerar como esses estados tomam consciência. Tampouco podemos entender o que faz um estado ser consciente se não soubermos como um estado consciente pode ser intrínseco a seu caráter sensorial ou intencional. Presumindo que alguns estados mentais são inconscientes e outros são conscientes, é de suma importância saber a diferença entre essas situações. Se ela for biológica, que circuitos neurais e secreções de neurotransmissores as caracterizam? Se essa diferença não for essencialmente biológica, mas de natureza sintática e semântica, como acreditam os funcionalistas, qual seria a diferença entre intencionalidade, sensação e consciência? Trataremos disso nas próximas seções.

5.2
Níveis e tipos de consciência

Antes de prosseguirmos com nossa análise, precisamos entender a diferença entre os diversos níveis da consciência. Esses níveis já foram enumerados no início da obra, mas em uma ordem diferente. São eles:

- Integração de informação por meio de um sistema cognitivo.
- Foco da atenção.
- Habilidade para discriminar, categorizar e reagir a estímulos ambientais que possam ser determinantes para o pensamento e o comportamento sofisticado e integrado.
- Habilidade para elaborar relatórios sobre os estados mentais.
- Controle deliberado do comportamento.
- Habilidade para discriminar, categorizar e reagir a estímulos ambientais primitivos, como a dor localizada.
- Habilidade de ter acesso a estados internos.
- Diferença entre estado de vigília e sono.

Singh e Singh (2011) propõem uma classificação diferente, mais focada no estado de vigília e em sua topografia, conhecida como a *tétrade da consciência*:

- Consciência *default* – O estado que separa os vivos dos mortos.
- Consciência vigil – O espectro que cobre o estado vigil, passando da sonolência até o sono. Também inclui alterações da consciência, como o delírio.
- Consciência operacional – É um estado suficiente para a operação de motricidade, sensibilidade, estado emocional, estética e criatividade.
- Consciência exaltada – Forma de conscientização que algumas pessoas consideram como contato espiritual com o divino.

Esses diferentes níveis de consciência correspondem a determinados sistemas corticais e infracorticais, que analisamos no capítulo anterior. O primeiro depende da integridade do sistema nervoso como um todo, e o segundo, do trabalho coordenado das áreas primárias (visual, auditiva e sensitiva cutânea) por meio do tálamo, do córtex frontal e dos colículos superiores. Já o terceiro e o quarto níveis de consciência citados estão sujeitos à integração de informação por meio da área de Wernicke. O quinto nível depende do bom funcionamento das áreas motoras primárias, pré-motora e do motor suplementar. Os últimos três níveis dependem quase que exclusivamente da integridade do tronco cerebral. A determinação da integridade desses níveis pode ser avaliada de diversas formas, desde o exame direto das funções corticais superiores até uma avaliação grosseira de pacientes com traumas ou outras lesões graves.

Por exemplo, médicos em pronto-socorro usam a escala de Glasgow para determinar essa questão. Quando avaliado dessa forma, o grau mais intenso de diminuição da consciência é o coma, seguido por vários níveis de estupor, sendo a obnubilação, quando a pessoa está apenas confusa e desorientada, o grau mais leve de diminuição do estado de consciência.

Quadro 5.1 – *Escala de coma de Glasgow*

Variáveis		Escore
Abertura ocular	Espontânea	4
	À voz	3
	À dor	2
	Nenhuma	1
Resposta verbal	Orientada	5
	Confusa	4
	Palavras inapropriadas	3
	Palavras incompreensíveis	2
	Nenhuma	1
Resposta motora	Obedece comandos	6
	Localiza dor	5
	Movimento de retirada	4
	Flexão anormal	3
	Extensão anormal	2
	Nenhuma	1
Total máximo	Total mínimo	Intubação
15	3	8

Fonte: Adaptado de Silva, 2012.

Essa escala, embora muito útil na prática clínica diária e, portanto, capaz de refletir acuradamente as regiões cerebrais responsáveis pela manutenção dos requisitos mínimos para a consciência, é falha para indicar quais regiões são responsáveis pela existência da consciência em um sentido mais amplo e para elucidar de maneira mais refinada fenômenos como orientação e linguagem. Koch et al. (2016) assinalam que, embora nenhuma área cortical ou infracortical possa ser atribuída como diretamente responsável pelo estado de consciência, alguns locais, principalmente uma área conhecida como *zona cortical quente posterior*, têm sido aventados. Dessa forma, o entendimento atual suporta a tese de que as estruturas medianas do cérebro, que incluem o tronco cerebral e mesencéfalo, são as responsáveis pelo estado de alerta, e às regiões corticais seria atribuída a faculdade da experiência no sentido subjetivo.

5.3
Correlatos neurais da consciência

A *organização do* sistema nervoso central e periférico obedece a uma lógica que pode ser útil na investigação da consciência: uma de natureza horizontal, caracterizada por redes neuronais; e outra vertical, caracterizada pela organização de cima para baixo, ou seja, de uma complexidade maior para uma menor (*top-down* e *bottom-up*) e vice-versa.

5.3.1 Organização horizontal – redes neuronais

Desde a última década, o estudo de redes complexas tem se expandido dramaticamente em diversos campos científicos, abrangendo desde as ciências sociais até a física e a biologia.

A ciência tem se preocupado cada vez mais com a estrutura, o comportamento e a evolução de sistemas complexos, como células, cérebros, ecossistemas, sociedades e até economia global. Para compreender esses sistemas, precisamos não apenas conhecer seus componentes elementares, mas também entender a maneira como estes interagem e quais são as propriedades emergentes por eles produzidas. Tudo depende do modo como ocorrem as interações moleculares, metabólicas e sinápticas, que evoluem para a relação entre áreas primárias, secundárias e associativas, que, por sua vez, criam estruturas sintáticas e semânticas.

Os capítulos anteriores desta segunda parte da obra, em que focamos na análise empírica da mente, podem nos dar uma ideia da complexa forma de organização.

Em sistemas multiescala, os níveis não operam isoladamente. Em vez disso, os padrões de cada nível dependem inteiramente daquilo que acontece em níveis superiores e inferiores. Nessa hierarquia não existe privilégio de uma região ou de um nível sobre outro. As redes que reúnem células em organizações coerentes criam regiões funcionais no cérebro, integrando-as para formar um sistema com propriedades funcionais e ligando-as a outros sistemas que fundem o organismo em uma unidade funcional única. Assim, o primeiro conceito fundamental é a **hierarquia***.

A hierarquia é considerada o fator central da organização do sistema nervoso (Kaiser; Hilgetag; Kötter, 2010). Esse conceito pode se aplicar a redes topológicas, que contêm pequenos circuitos funcionais, chamados *circuitos canônicos*; a rede espaciais, que abrangem desde áreas corticais até colunas de células nas camadas corticais; e a redes temporais, que envolvem processos de aprendizagem. Isso significa que o processamento de informação pode seguir padrões de localidade, tamanho, frequência e amplitude de estímulos ou agrupamento por função, todos envolvidos com o controle, a eficiência e o desenvolvimento do sistema em questão.

Outra maneira de conceber a hierarquia no sistema nervoso é a identificação de **unidades anatômicas**. A construção de redes neurais funcionais e estruturais segue alguns passos indispensáveis. O primeiro é definir os *nodos*, considerados a menor unidade funcional dessas redes. Eles são constituídos por um neurônio que recebe sinais de entrada pelos dendritos, integrando-os para dispará-los ou não, dependendo do tipo do sinal (inibitório ou excitatório). O disparo de um neurônio propaga um sinal para outros neurônios, geralmente por um processo de tudo ou nada. No mínimo, dois neurônios de entrada estão modulados por um neurônio-alvo, conforme ilustrado na Figura 5.1.

---

*   Muitos conceitos derivam de uma visão funcionalista, isto é, de estudos de inteligência artificial em modelos computacionais ou por meio de dados histológicos e mapeamento por fMRI.

Figura 5.1 – Rede neuronal simples

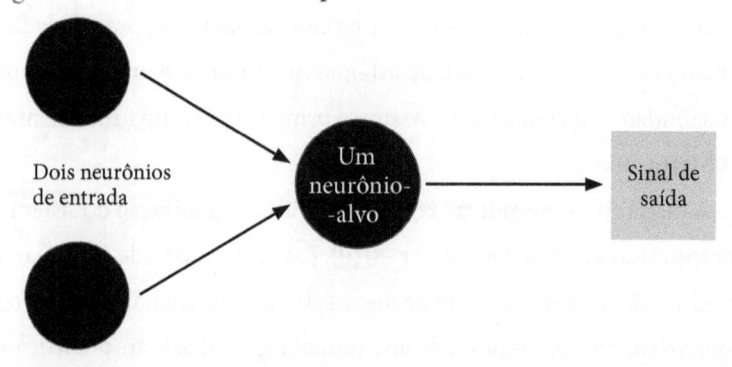

Dois neurônios de entrada → Um neurônio-alvo → Sinal de saída

Fonte: Adaptado de lngbrain, 2017.

A Figura 5.1 ilustra um encapsulamento de elementos menores em unidades maiores. Por exemplo, uma coleção de nodos forma um módulo. Vários módulos formam um *hub*, uma espécie de central que faz as vezes de um eixo, terminal ou concentrador. Neurônios conectados dessa forma codificam ou decodificam informação por meio de sinais elétricos que se propagam de baixo para cima, sofrendo processamento a cada etapa. Cada nível fornece respostas de complexidade crescente, assim como em escalas temporais diferentes. A Figura 5.2 apresenta uma versão mais complexa do mesmo princípio. Circuitos com essa conformidade podem operar de duas formas: a informação é segregada, de maneira que a informação sensitiva não se mistura com a informação motora, por exemplo; ou a informação é integrada. Circuitos assim constituídos podem ter uma função convergente, divergente ou integradora. Evidências recentes têm mostrado que a capacidade do sistema nervoso de se equilibrar entre segregação (especialização) e integração é facilitada por esse tipo de organização.

Figura 5.2 – *Arquitetura neural de redes*

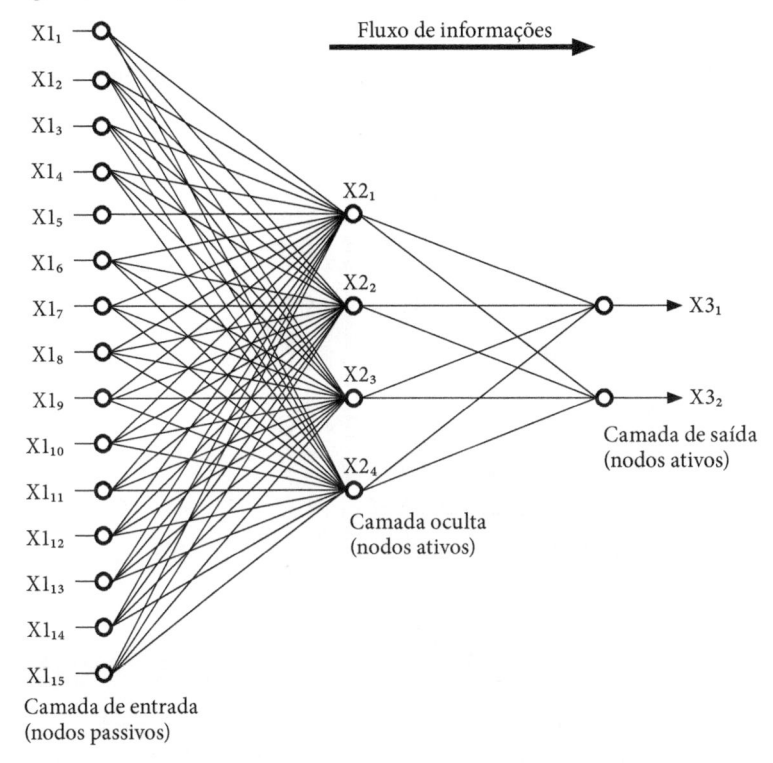

[Figura: Arquitetura de rede neural com três camadas. Camada de entrada (nodos passivos): $X1_1$, $X1_2$, $X1_3$, $X1_4$, $X1_5$, $X1_6$, $X1_7$, $X1_8$, $X1_9$, $X1_{10}$, $X1_{11}$, $X1_{12}$, $X1_{13}$, $X1_{14}$, $X1_{15}$. Camada oculta (nodos ativos): $X2_1$, $X2_2$, $X2_3$, $X2_4$. Camada de saída (nodos ativos): $X3_1$, $X3_2$. Fluxo de informações da esquerda para a direita.]

Fonte: Adaptado de Smith, 1999, p. 459.

A estrutura ilustrada na Figura 5.2 é a mais comum de redes neurais. Ela é composta por três camadas com interconexões extensas. Os nodos da camada superior (nodos passivos) recebem os estímulos de entrada de 15 neurônios de entrada enviando-os para 4 neurônios alvo (camada oculta-nodos ativos). Essa camada, por sua vez, encaminha todos esses estímulos processados para dois neurônios da camada externa-nodos ativos.

Um dos problemas fundamentais da análise gráfica do cérebro é diferenciar nodo de aresta (Sporns, 2011). Para fazer uma comparação, transferindo o problema para outro tipo de rede, como a internet, os nodos representariam os indivíduos que formam um grupo social, como os grupos de amigos no Facebook, e as arestas, os *hiperlinks* entre páginas da *web* e estudos de citações ou padrões de colaboração, como Google.

Figura 5.3 – Hierarquias como aglomerações de módulos

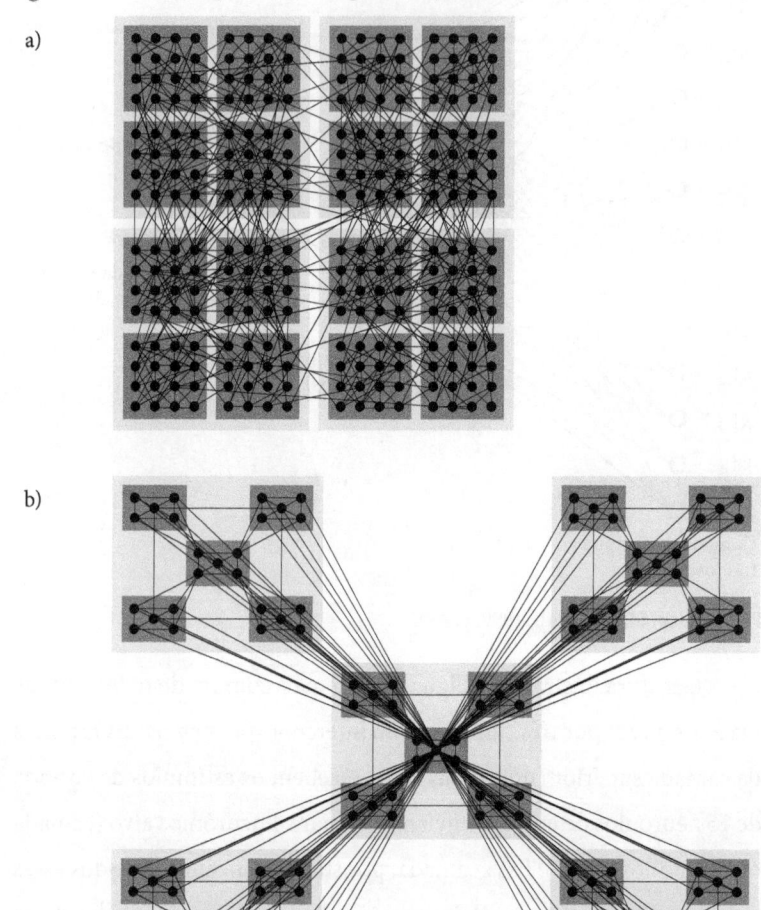

a)

b)

c)

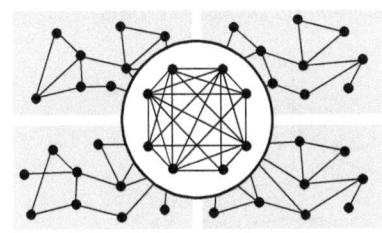

No sistema nervoso, ao que parece, a partição mais lógica seria entre neurônios e suas conexões sinápticas. Entretanto, no nosso atual estágio tecnológico, ainda não conseguimos representar neurônios individualmente. Por esse motivo, a definição de um nodo geralmente envolve o parcelamento anatômico em regiões coerentes na base de estudos histológicos e de neuroimagem. A definição de arestas envolve a estimação de associações de pares de nodos.

5.4
Núcleos talâmicos e suas projeções específicas para o córtex cerebral

O *tálamo é* uma estrutura dividida em dois lados, unidos pela chamada *massa intermediária* (Figura 5.4), e se localiza no centro do cérebro. Cada hemisfério talâmico tem o tamanho aproximado de uma castanha. Existem dois componentes principais: os núcleos ventrais, que emitem projeções específicas para as áreas motoras e sensitivas do córtex; e as áreas ventrais, que mandam projeções principalmente para os lobos frontais.

Figura 5.4 – O tálamo visto no plano sagital e coronal

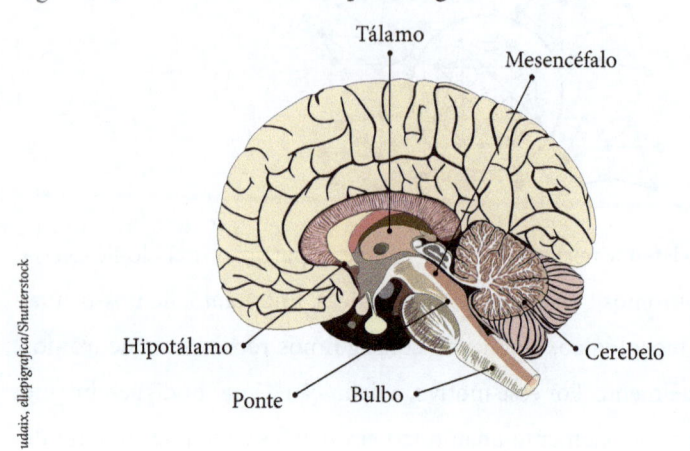

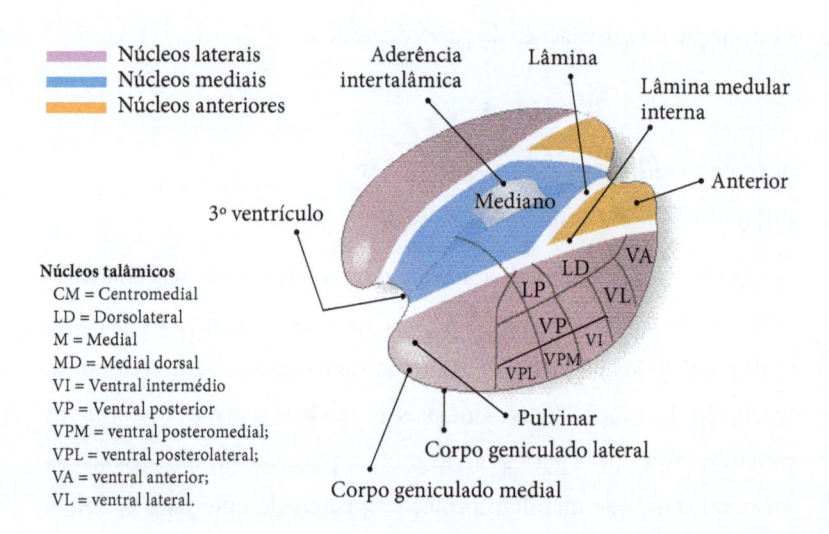

- Núcleos laterais
- Núcleos mediais
- Núcleos anteriores

Núcleos talâmicos
CM = Centromedial
LD = Dorsolateral
M = Medial
MD = Medial dorsal
VI = Ventral intermédio
VP = Ventral posterior
VPM = ventral posteromedial;
VPL = ventral posterolateral;
VA = ventral anterior;
VL = ventral lateral.

A maior parte dos núcleos talâmicos projeta suas fibras para as camadas 4 e 5 do córtex, com exceção das fibras que terminam difusamente na camada 1 por todo o córtex. O principal papel do tálamo é modular o fluxo de informação ao córtex. De fato, toda a informação que chega ao córtex passa pelo tálamo, por isso ele ocupa essa posição estratégica. A informação visual precedente da retina, por exemplo, não segue diretamente às áreas corticais occipitais dedicadas à visão, mas passa pelo corpo geniculado lateral do tálamo.

5.5
Núcleos talâmicos e suas projeções inespecíficas para o córtex cerebral

Foram vistas até aqui duas funções distintas do tálamo. Uma é servir como conduto para áreas corticais específicas, tendo como meio de operação a segregação de estímulos; e a outra, que parece mais ligada ao sistema reticular, é colaborar na operação da atenção difusa e atenção focal. De qualquer maneira, esse componente difuso provém de uma série de núcleos talâmicos específicos.

O **núcleo centromediano** é o maior núcleo de irradiações inespecíficas. Ele recebe entradas pelo córtex cerebral, formação reticular, estímulos nociceptivos da medula espinhal e algumas fibras do globo pálido, estrutura pertencente aos gânglios da base e envolvida no controle da atividade motora. Uma curiosidade é que o núcleo centromediano é o único que projeta para os gânglios da base. Apesar de seu papel inespecífico, esse núcleo ainda envia algumas fibras para as áreas somatossensitivas, de modo que esse centro talvez esteja envolvido, de alguma forma, com as respostas motoras aos estímulos dolorosos.

Os **núcleos talâmicos reticulares** diferem-se de outros núcleos talâmicos por não apresentarem projeções corticais de uma maneira estrita, como o sistema difuso e o sistema específico. Esses núcleos geram relés com fibras tálamo-corticais ascendentes e descendentes. Pouco se sabe dessa região do cérebro, mas a evidência maior aponta para algum papel na regulação do sono e do despertar.

5.6
Regulações top-down e bottom-up

Até aqui apresentamos dois tipos gerais de conexões do sistema nervoso e suas funções. Em primeiro lugar, existe a transmissão de estímulos nervosos que podem ser separados em módulos de acordo com sua função sensitiva nas regiões corticais, como é o caso das áreas primárias e secundárias visuais, auditivas e somatossensitivas, além de outras dedicadas à recepção de estímulos sensitivos provindos da periferia em direção ao cérebro. Por terem uma direção de transmissão de estímulos que vai dos pés para a cabeça, são chamados de *sistemas caudocranianos*. Outro sistema, também de sentido vertical, transmite estímulos motores do córtex para a periferia. Esses sistemas são chamados de **craniocaudais**, pois vão da cabeça para os pés (isto é, de baixo para cima). Na literatura internacional, tal organização de transmissão de estímulo é chamada de ***top-down*** e ***bottom-up***, respectivamente.

Existem também os sistemas **transcorticais integrativos**, de sentido predominantemente horizontal, administrados por uma espécie de *hub*, que interconecta as áreas primárias e secundárias na forma de córtex associativo.

Essa organização neural talvez seja uma das mais importantes do sistema nervoso, uma vez que está presente em quase todo lugar e toda função e permite diferenciar funções primárias de funções de associação, experiências conscientes de experiências inconscientes. Por exemplo, quando manipulamos uma chave, os níveis inferiores de processamento, como os cornos posteriores da medula espinhal, são apenas capazes de processar informações relativas às propriedades fundamentais do objeto, criando uma representação codificada em pulsos elétricos rica em propriedades, mas pobre em significados; e o que é mais importante: sem experiência consciente. Isso é demonstrável quando há lesões do córtex somatossensitivo primário e o paciente apresenta uma espécie de cegueira sensitiva. Pela mesma razão, um objeto manuseado por um paciente com lesão da área somatossensitiva secundária, região funcionalmente superior à área somatossensitiva primária, pode evocar reflexos motores de apreensão; no entanto, quando o paciente é questionado sobre o objeto, ele não consegue descrever corretamente seu significado e, muitas vezes, nem mesmo o nome do objeto.

Essa organização também é constatada no sentido inverso: comandos corticais somatossensitivos podem aguçar o tato para situações específicas. McMains e Kastner (2011), com base em seus estudos específicos do sistema visual, apontam que a quantidade de modulação da atenção visual varia linearmente, dependendo do grau de competição neural, de forma que a atenção é maior quando a competição é pouco influenciada por mecanismos *bottom-up*, e menor quando essa influência é maior. Esses achados sugerem que a intensidade da modulação visual está restrita pelo grau com que as interações competitivas são atenuadas por processos *bottom-up*. Em outras palavras, prestar atenção em algo restringe o campo visual e provém de influências superiores, assim como diminuir o fluxo ascendente de informação diminui a atenção.

Nestor et al. (2011) estudaram o fato de estímulos relacionados ao uso de drogas atiçarem o viés da atenção, possivelmente aumentando o processamento *bottom-up*, que, por sua vez, eleva a possibilidade de incentivo de recompensa, um fato considerado importante na manutenção da drogadição. Da mesma maneira, diminuir a influência *top-down* reduz o controle cognitivo e auxilia na manutenção do uso de nicotina em fumantes. Quando esses pesquisadores tentaram identificar em imagens de ressonância magnética funcional (fMRI) os locais da influência *top-down* e *bottom-up* em seus experimentos, eles descobriram que existem diferenças corticais e subcorticais em fumantes e não fumantes, pois os abstêmios demonstraram maior influência *top-down* das áreas pré-frontais.

Esse processamento pode ocorrer de várias formas. Observe:

> Primeiramente, existe o sentido craniocaudal, ou seja, o estímulo é transmitido pelas grandes vias aferentes, que conectam os receptores periféricos aos locais de processamento cortical ou infracortical. No caso das sensações somatossensitivas, por exemplo, o que é registrado são as qualidades do toque no objeto – se causa dor, se é suave ou grosseiro, enfim, tudo aquilo que é registrado pelos receptores cutâneos e encaminhado pelo trato espinotalâmico, quando o estímulo é de natureza nociceptiva; ou pelas colunas posteriores, quando é o toque leve e a sensação de vibração, por exemplo, que estão sendo registrados. Esses estímulos, depois de fazer sinapse no núcleo ventral posteromedial (VPM) e ventral posterolateral (VPL) no tálamo, são encaminhados ao córtex somatossensitivo primário. No caso da visão, são os receptores da retina que enviam estímulos visuais para o córtex occipital. Processos semelhantes ocorrem para os estímulos auditivos e olfativos. Tudo isso pode ser considerado *bottom-up*, porque a periferia estimulou centros de processamento centrais. Quando o sentido é *top-down*, é o córtex e os núcleos infracorticais, como o tálamo, que influenciam os receptores periféricos, regulando sua sensibilidade.
>
> Em seguida, existem os sistemas intermediários, que influenciam o córtex e vice-versa. Um exemplo é o sistema de atenção, que opera por circuitos que envolvem a substância reticular do tronco cerebral, os colículos superiores, o corpo estriado e o núcleo púlvinar do tálamo. Quando a influência é *bottom-up*, esse sistema regula a sensibilidade cortical. Quando é *top-down*, acontece o contrário.

É válido ressaltar que não estamos defendendo aqui uma versão do funcionalismo: o argumento é mais complexo que isso. Em primeiro lugar, a teoria da identidade pode ser descartada, pois fica evidente que, diante da complexidade e, principalmente, da multiplicidade de função dos circuitos que formam a mente, uma identidade ponto a ponto de circuitos com função é uma versão extremamente simplificada de uma teoria de consciência. Dizer que a função supera a estrutura também é duvidoso, porque assim ignora-se a questão dos *qualia*, o que, como insistimos até aqui, é contraintuitivo. Dessa forma, fica difícil acreditar naquilo que Searle chama de *inteligência artificial forte*, isto é, na possibilidade de que qualquer conjunto de circuitos opera funções idênticas à consciência humana e animal. No entanto, Searle também desenvolveu o conceito de *inteligência artificial fraca*, em que os circuitos artificiais serviriam de modelo para o entendimento daquilo que se passa em seres vivos e conscientes. Ao que parece, essa é a linha predominante de pesquisa atual, ainda que haja quem acredite que é só uma questão de tempo até chegarmos à plenitude da inteligência artificial forte.

Há muitas vantagens em uma abordagem empírica como método para os estudos dos conceitos de consciência em relação a uma abordagem puramente analítica. Estudar o cérebro considerando a mente e a consciência como suas propriedades principais permite grandes progressos, visto que essa linha é baseada nas informações colhidas do próprio objeto de estudo, que é o cérebro, respeitando-se, assim, sua natureza essencialmente biológica. Concluímos, então, nossa investigação sobre aquilo que a mente não é: com certeza a mente não é um computador. Searle (1997, p. 191, tradução nossa, grifo do original) aponta isso de maneira clara e incisiva:

Eu, por outro lado, insisto que, no tocante à consciência, **cérebros têm crucial importância***. Sabemos, de fato, que são os processos cerebrais que* **causam** *a consciência, o que deixa claro que qualquer outro sistema que causasse consciência teria de ter poderes causais pelo menos equivalentes aos poderes causais do cérebro. Um "cérebro artificial" pode gerar consciência mesmo se for feito de uma substância totalmente diferente dos neurônios. No entanto, seja lá qual tenha sido essa substância, é essencial que a estrutura resultante tenha o mesmo poder causal do cérebro. Ele deverá fazer o que os outros cérebros fazem. (Compare: corações artificiais não precisam ter sido feitos de tecido muscular cardíaco, mas seja lá qual for a substância de que são feitos, eles precisam ter o mesmo poder causal de bombear sangue). A teoria computacional nega tudo isso. Ela está comprometida com a ideia de que a relação entre cérebro e consciência não é causal. Ela simplesmente consiste em programação.*

Para Searle, a dificuldade está em explicar exatamente como os processos neurobiológicos causam estados de conscientização e ciência (*awareness*). Evidentemente, causalidade e atenção são indispensáveis em uma teoria biológica da consciência.

Grandes avanços foram feitos por pesquisadores como Tononi e Koch (2015), que desenvolveram a teoria da informação integrada. Para essa perspectiva, os correlatos comportamentais e neurais não bastam para explicar algumas questões básicas.

Posso relatar aqui uma experiência que tive como neurologista clínico que ilustra bem o mistério da preservação de funções mentais mesmo depois de grandes lesões provocadas por um trauma cerebral:

O paciente G deu entrada no pronto-socorro em coma depois de um acidente de carro. Aplicamos a escala de Glasgow, que deixou evidente que havia uma grande lesão produzindo sinais de decorticação. O paciente apresentava sinais de preservação das funções de tronco cerebral vegetativas, como respiração espontânea e manutenção da pressão arterial, porém, não respondia a estímulos dolorosos. Além disso, G não tinha reflexo óculo-gírico, apresentava anisocoria e sinal de Babinski e clônus nos membros inferiores. Uma arteriografia revelou hemorragia intracraniana, a qual foi drenada cirurgicamente.

O paciente ficou na terapia intensiva por vários dias até ser transferido para a enfermaria, onde permaneceu em estado vegetativo – embora tenha saído eventualmente do respirador.

Naquela época, fui para a Inglaterra cursar um *fellowship*, que durou dois anos. Alguns meses após meu retorno, fui surpreendido no ambulatório do hospital universitário onde trabalhava, em Curitiba, com a chegada desse paciente e de sua família, que foram me visitar. Ele já tinha recuperado muitas de suas funções e vivia uma vida normal. Para mim, foi uma grande surpresa, pois estava certo de que ele já tinha morrido. Não havia naquela época exames de ressonância magnética, mas uma pneumoencefalografia havia revelado perda de massa frontal.

Edelman e Tononi (2000) mencionam que correlatos neuronais não são suficientes para explicar como o córtex cerebral propicia o estado de consciência, tendo em vista que, na prática clínica, é fato conhecido que apenas lesões extensas e difusas do córtex ou tronco cerebral são capazes de resultar em perdas da consciência de maneira significativa.

Não existe, portanto, evidência de que lesões em áreas discretas possam contribuir de maneira isolada para alterações do estado da consciência, fato que constitui uma significativa crítica à teoria dos correlatos neurais. Por exemplo, tumores cerebelares só produzem alterações da consciência quando acompanhados por edema cerebral difuso. Para melhor explicar essas questões, precisamos não apenas de mais dados, mas também de uma teoria que explique o que é a experiência e que tipos de sistemas físicos a acompanham. Tanto na visão de Tononi quanto na de Koch, a teoria integrada da informação faz exatamente isso, considerando o próprio fenômeno da experiência por meio de alguns axiomas fenomenológicos. É por esse fato que Tononi e Koch (2008) criaram a teoria integrada da consciência, baseada em cinco axiomas fundamentais, que apresentaremos na sequência.

5.6.1 Experiência subjetiva

De acordo com Descartes, a existência como fenômeno experienciado na primeira pessoa não pode ser negada. Todo o resto é inferência, que pode ser corroborada por relatos na terceira pessoa. No entanto, alguns aspectos precisam ser esclarecidos. Aliás, é justamente pelo dilema da subjetividade que a filosofia da mente nasceu e prosperou.

Atualmente, a ciência progrediu a ponto de entender que a consciência é mediada principalmente no cérebro, e não no coração, como acreditavam os gregos antigos, e muito menos em outros órgãos, como o fígado ou os rins. Isso não significa que a consciência independe do corpo, a menos que se aceite o dualismo. O que queremos dizer é que em um organismo integrado, o cérebro é indispensável – basta olhar para uma pessoa em coma.

Nesse contexto, algumas dúvidas têm despertado a curiosidade dos pesquisadores: Por que o cérebro é a sede da consciência? O que acontece quando dormimos? Em que consiste a experiência subjetiva? A tentativa de responder a essas questões gerou uma abundância de teorias, como as três teorias dualistas, o eliminativismo, a teoria da identidade, o funcionalismo, o pampsiquismo e as demais teorias vistas na primeira parte desta obra. Apesar de bastante diversas entre si, todas convergem em alguns pontos fundamentais:

- É pouco provável que a consciência não seja constituída por matéria física (exceto na visão de alguns religiosos).
- A mente é uma propriedade do cérebro, mas não é um epifenômeno.
- A experiência subjetiva, também conhecida como *qualia*, não pode ser eliminada, provando que a abordagem reducionista, que funciona tão bem em outras áreas da ciência, pouco contribui para uma completa compreensão do fenômeno da consciência no homem e nos animais.

Uma conclusão mais acertada sobre quais seriam realmente os correlatos neurais da consciência que melhor explicam a localização e a natureza das estruturas cerebrais responsáveis pelo estado da consciência ainda está para ser elaborada na literatura. Porém, para Tononi e Koch (2008), mesmo que cheguemos perto desse objetivo, ainda resta explicar quais os correlatos neurais que apresentam uma relação privilegiada na questão do fenômeno da subjetividade. Os autores levantam os seguintes questionamentos: Por que uma lesão dos centros tálamo-corticais traz uma óbvia alteração da consciência e outras lesões de neurônios cerebelares, que têm um número maior de neurônios, não produzem o mesmo efeito? Como as estruturas tálamo-corticais que exibem padrões de disparo semelhantes na vigília e no sono podem resultar em diminuição da consciência quando são injuriados?

Ao que parece, além da existência de estruturas dedicadas à consciência, é necessária sua integração com outras estruturas cerebrais na gênese do fenômeno da consciência. Ainda resta muita confirmação empírica a respeito do fenômeno da consciência, porém uma coisa é certa: ideias filosóficas, como o funcionalismo e naturalismo biológico, prestam grande contribuição para a elucidação desse mistério.

5.6.2 Correlatos neurais mínimos (composição)

Esses correlatos neurais são os elementos mínimos para uma experiência consciente. Esse conceito parte do princípio de que a consciência é estruturada. Não é necessário que o cérebro todo funcione para que ocorra o fenômeno da consciência, ainda que, de forma limitada, baste analisar os casos de lesões cerebrais. Por exemplo, lesões do tronco cerebral eliminam a consciência inteiramente ou em grande parte, assim como a perda de grandes extensões do córtex cerebral, principalmente do córtex pré-frontal. É certo também que a perda de algumas áreas primárias, como o córtex visual, motor e somatossensitivo, diminui a qualidade de vida experimentada e prejudica a experiência subjetiva, embora não seja capaz de eliminar por completo a consciência unificada. Isso é ainda mais verdadeiro quando há perda de córtex associativo. Por isso que, ao falarmos de consciência, precisamos definir se falamos de consciência de algo, consciência de uma maneira global ou, principalmente, consciência de si mesmo. Pelo menos, uma coisa é certa: de todos os sistemas que podem ser lesados, é o reticular o que mais faz falta para o estado global de consciência. Sem ele, pouco acontece. Explicar a consciência é, sem dúvida, difícil, talvez até impossível, como muitos creem. Seja como for, é certo que o mais difícil de explicar é a existência subjetiva.

5.6.3 A informação (consciência e complexidade)

A consciência é específica e altamente diferenciada. Ela é selecionada entre uma miríade de possibilidades, cada uma levando a um comportamento específico e às respectivas consequências (Edelman; Tononi, 2000). Por isso, os processos neurais acompanhantes devem ser altamente diferenciados no que diz respeito ao conteúdo de informação.

De acordo com Slagter et al. (2010), a escolha de um estímulo resulta de uma competição neural. Usando a técnica de fMRI, esses pesquisadores estudaram o **reflexo automático de piscar** (AB – sigla para a expressão inglesa *attentional blink*) por meio de estímulos que ativam áreas distintas envolvidas na categorização e representação neural dos estímulos. Os dados apresentados por eles confirmaram que AB está relacionado a demandas de atenção para a seleção de determinado estímulo que refletem no nível do córtex visual.

O estudo supracitado foi baseado no princípio de que a capacidade de processamento da mente humana é limitada, o que determina que, quando dois estímulos competem entre si em determinado intervalo de tempo, apenas um é selecionado. Esse processo seletivo depende, em grande parte, da participação da memória de trabalho, que constitui uma importante parte da nossa habilidade para interagir efetivamente no mundo. No entanto, esse processo tem limitações, de maneira que o sistema nervoso é construído para prestar atenção e reagir a um limitado número de estímulos de cada vez. Por outro lado, Slagter et al. (2010) mostraram que esse processo, antes de ser uma limitação, é uma estratégia (Wyble; Bowman; Nieuwenstein, 2009). De qualquer maneira, a consciência depende mais de processamento paralelo que de processamento em série.

Edelman e Tononi (2000) criaram uma medida estatística para o conteúdo de informação do sistema nervoso, chamado de *complexidade neural*. Isso pode, à primeira vista, parecer em sintonia com a teoria da identidade, mas a própria característica de multiplicidade de realizações desmente essa associação.

Assim, a consciência teria uma natureza definida, tanto em relação ao conteúdo quanto às suas características têmporo-espaciais. Cada experiência individual apresenta um conjunto de distinções fenomenológicas inerentes à sua natureza (nem mais, nem menos) e flui com a velocidade que tem (nem mais depressa, nem mais lenta). Em síntese, a estrutura de causa e efeito precisa ser definida e especificada por um conjunto único de elementos. Essa estrutura de causa e efeito maximamente irredutível forma a estrutura conceitual da consciência.

5.6.4 Integração

Um dos princípios fundamentais do comportamento complexo é o conceito de *convergência e divergência*. Podemos concluir, ao rever os conceitos básicos de neurofisiologia aqui expostos, que todos os sistemas – sensitivos, motores, emocionais, autonômicos e relacionados ao estado de vigília e sono – compartilham um mecanismo semelhante.

No caso do sistema sensitivo, são os receptores disseminados pelo corpo que levam informação para o centro até culminar em uma área restrita do córtex primário, que, em seguida, encaminha pelos circuitos divergentes a informação até uma malha composta por extensas redes neuronais – inicialmente sensitivo-específicas e, posteriormente, multissensitivas associativas – e, finalmente, às redes de nível máximo de integração.

Com o sistema motor acontece algo parecido, mas em direção contrária: o processo parte das regiões de integração máxima para os locais em que as grandes regiões motoras executam seus planejamentos, até chegar às áreas que se preocupam com grupos musculares discretos. Nesse sistema, tudo culmina em instruções detalhadas para inúmeras placas motoras contidas nos músculos.

> Retomemos o exemplo da maçã. Imagine uma pessoa diante de uma maçã: inicialmente, seus receptores visuais informam a cor e a forma do objeto, mesclando-se em seguida a outras informações sensitivas, como aroma, textura e sabor. Essas percepções ajudam a formar a imagem da maçã, que adquire um nome, seguido de um significado, que vai se expandindo à medida que surgem recordações associadas a conceitos cada vez mais amplos (históricos, filosóficos, biológicos etc.). Tudo isso se transforma em instrução para o grupo muscular localizado na mandíbula, culminando, finalmente, em uma dentada e, posteriormente, na mastigação.

Um trabalho recente da equipe de Hanna Damasio (Man et al., 2013) faz uma revisão abrangente e precisa desse tema, que considera uma estruturação fundamentada de maneira heurística anátomo-funcional, acrescida de nova informação provinda de estudos de neuroimagem. Um dos grandes valores desse estudo está na discussão de princípios que seriam caros a um funcionalista – em cenário restrito ao córtex de mamíferos –, provando-se, mais uma vez, que o fracionamento do conhecimento representa apenas a dificuldade que humanos têm em abordar problemas complexos. O trabalho também reafirma o conceito de Searle de *inteligência artificial fraca*, em que modelos funcionais, que antecedem esse estudo, servem para fundamentar observações de natureza biológica.

Um trecho extraído desse importante trabalho define de maneira mais precisa o que foi dito anteriormente:

De interesse particular, os são estudos fundamentais neuroanatômicos conduzidos em primatas não humanos, efetuados, entre outros, por E.G. Jones, T.P. Powell, Deepak Pandya, Gary W. Van Hoesen, Kathleen Rockland e Marsel Mesulam, revelaram uma sucessão de conexões intrigantes projetadas desde as regiões sensitivas primárias até regiões sucessivas do córtex associativo. Essas conexões estavam organizadas de acordo com uma arquitetura ordenada e de natureza hierárquica, cujos resultados funcionais demonstraram uma convergência de sinais sensitivos diversos para certas áreas corticais, as quais, por necessidade, se tornaram multissensoriais. Esses estudos também revelaram que, por sua vez, as projeções convergentes tinham elementos recíprocos, divergindo em sucessão de volta para as regiões sensitivas primárias. Por exemplo, Jonas e Powel (1970) descobriram que as áreas sensitivas primárias se projetam de maneira unidirecional até suas áreas adjacentes associativas. Dessa maneira, a topografia inicialmente restrita das áreas sensitivas primárias foi sendo perdida progressivamente, por meio de um fluxo de processamento associativo. As áreas sensitivo-específicas também se convergiram até as áreas associativas multimodais, mais precisamente nas profundezas do sulco temporal superior, que originaram projeções divergentes recíprocas de volta para os córtices associativos sensitivo-específicas. **O grande desenho desse tipo de arquitetura se torna transparente pela maneira como as conexões provindas de várias regiões sensitivas, tais como a visual e auditiva, convergem gradualmente para dentro da região do hipocampo, via córtex entorinal, um encruzilhamento crítico para dentro do hipocampo; e, por sua vez, pela maneira como o córtex entorinal inicia projeções que tornam recíprocas esses caminhos convergentes de volta até os córtices originários.** *[...] As projeções convergentes* **bottom-up** *encontram reciprocidades que desaguam em forma de cascata a partir de estruturas do lobo temporal médio até as regiões multissensoriais associativas, e daí de volta para as áreas primárias. (Man et al., 2013, p. 2, tradução e grifo nossos)*

Esse padrão de convergência e divergência demonstra como trajetos circulares que têm uma origem de destino comum (recíprocos), como os sinais sensitivos primários, que divergem para regiões associativas e voltam para as áreas primárias, podem descrever circuitos de tamanhos variados, desde aqueles restritos às camadas corticais até aqueles que incluem receptores e efetores periféricos ligados a regiões corticais. Tudo isso significa que os mecanismos *top-down* e *bottom-up* representam uma espiral, em que o ponto de retorno está um pouco mais acima do anterior em nível de significado. Se adotarmos esse exemplo como um caso de aquisição progressiva de conhecimento, é fácil imaginar que a informação se retroalimenta, um conceito que se tornou famoso pela epistemologia de Karl Popper (1902-1994), que argumenta que o conhecimento científico (nesse caso, a maneira como sistema nervoso toma conhecimento do mundo interno e externo) não se assenta no método indutivo, mas em uma contínua interação entre conjecturas (suposição, hipótese, opinião fundamentada em indícios ou possibilidades) e refutações (contestar, desmentir, rebater com argumento).

As ideias de Thomas Kuhn (1922-1996) também poderiam ser extrapoladas para uma teoria de processamento de informação pelo sistema nervoso, pois o aspecto mais importante de sua teoria reside na ênfase dada ao caráter revolucionário do próprio conhecimento científico.

O conhecimento científico se dá, segundo Kuhn (1998), mediante saltos, e não em linha contínua. Se essa analogia fosse realmente útil, poderia se dizer que cada vez que a informação parte de uma área primária para uma área associativa e de volta para seu local de origem, o nível do conhecimento nunca mais será o mesmo. Isso faz com que verdadeiros "saltos epistemológicos" sejam executados, o que torna nossa compreensão cada vez mais rica. De fato, esse conceito já está implícito no problema de integração e reentrado de informação no sistema nervoso, como exposto por Edelman e Tononi (2000).

Síntese

Neste capítulo, retomamos os conceitos de consciência apresentados no segundo capítulo, tecendo uma crítica às teorias dualistas e idealistas ao afirmar que a consciência não é uma propriedade intrínseca da natureza nem apenas uma ideia, e que seu caráter não é essencialmente imaterial. Negar a existência da mente, como Ryle o faz, pode parecer contraintuitivo, embora existam vários proponentes dessa ideia, como Dennett. Por essa razão, prosseguimos com o exame do termo *funcionalismo*, cuja teoria concebe que os estados mentais (pensamentos, desejos etc.) não dependem de sua constituição interna, mas do papel que estes exercem no sistema cognitivo – ao se comparar os estados mentais com operações computacionais empíricas. Analisamos diversas variantes do funcionalismo, como a divisão do trabalho linguístico de Putnam, com seu externalismo semântico; o trabalho de Lewis, que apresenta uma análise funcional de conceitos mentais; e a versão social desenvolvida por Sellars e Hart.

As ideias funcionalistas foram colocadas em contraposição com versões da teoria da identidade de Place, Feigl, Smart e Armstrong. Para contrapor a teoria da identidade, mencionamos alguns exemplos, como a Lei de Leibniz, tentando provar que pensamentos, ao contrário do material cerebral, não têm extensão. Lembremos que a percepção de uma árvore não é o mesmo que a árvore; logo, a Lei de Leibniz não foi violada e, dessa forma, prova-se que a teoria da identidade é equivocada.

Em seguida, tratamos das ideias de Searle, que concebe a consciência como uma propriedade biológica do cérebro. Para avaliar essa hipótese, apresentamos dados sobre os correlatos neurais da consciência, examinando primeiramente os níveis da consciência como uma de suas propriedades mais básicas. Duas versões foram apresentadas: uma de caráter essencialmente funcional e outra, proposta por Singh, que considera a consciência detentora de aspectos *default*, vígeis e operacionais. Essas classificações são apresentadas como complementares em vez de opostas.

A organização da consciência é vista como um sistema horizontal de redes neuronais que obedecem a uma hierarquia, considerada o fator central na organização do sistema nervoso (Kaiser; Hilgetag; Kötter, 2010). Essa ideia de hierarquia sofre um desenvolvimento em direção ao conceito de unidades anatômicas, tendo o nodo como sua menor unidade funcional. Neurônios conectados dessa forma codificam ou decodificam informação por meio de sinais elétricos que se propagam de baixo para cima, sofrendo processamento a cada etapa através de arestas, estabelecendo ligações entre os diferentes nodos. Um exemplo desse tipo de estruturação do sistema nervoso tem o tálamo como um exemplo típico, que modula o fluxo de informação ao córtex por meio de ligações difusamente distribuídas, associadas a ligações altamente específicas entre os núcleos talâmicos e as áreas corticais dedicadas.

Em seguida, aprofundamos o que talvez seja um dos conceitos mais importantes na organização nervosa: a ideia da regulação recíproca entre diferentes níveis funcionais, conhecidos como *organização top-down e bottom-up*. Nesse arranjo, um sistema de nível hierárquico inferior informa a outro de nível mais elevado como será seu funcionamento e vice-versa. Um bom exemplo disso, como visto no terceiro capítulo, é quando procuramos uma agulha perdida em um tapete peludo: o córtex sensitivo seleciona um grupo específico de receptores táteis nos dedos e exclui toda e qualquer informação que não seja pertinente à tarefa, transformando receptores em estruturas específicas para achar agulhas perdidas em tapetes peludos. Ao mesmo tempo, os receptores periféricos estimulam o córtex sensitivo a ficar especialista em interpretar informações sobre agulhas.

Por fim, apresentamos os estudos de Searle, Tononi e Koch, chegando à hipótese de que os correlatos comportamentais e neurais não bastam para explicar algumas questões básicas. Tononi e Koch mencionam que correlatos neuronais não são suficientes para explicar como o córtex cerebral propicia o estado de consciência, considerando que nem mesmo o sistema cerebelar isolado, muito mais complexo que o cortical, é capaz disso. Diante desse cenário, os autores criaram a teoria integrada da consciência, baseada em cinco axiomas fundamentais: a experiência subjetiva, os correlatos neurais mínimos, a informação, a exclusão e a integração de informação.

Indicações culturais

Artigos

SLAGTER, H. A. et al. Neural Competition for Conscious Representation Across Time: an fMRI Study. **PLoS One**, San Francisco, v. 5, n. 5, 2010. Disponível em: <http://www.ncbi.nlm.nih.gov/pmc/articles/PMC2866664/>. Acesso em: 30 nov. 2017. Sugerimos a leitura desse artigo para você aprofundar o conceito de representação competitiva na consciência humana – os autores apresentam dados de ressonância magnética cerebral.

TONONI, G., KOCH, C. Consciousness: Here, There and Everywhere? **Philosophical Transactions of the Royal Society B**, London, v. 370, n. 1668, 30 Mar. 2015. Disponível em: < http://rstb.royalsocietypublishing.org/content/370/1668/20140167>. Acesso em: 26 nov. 2017.
Esse artigo trata da consciência em geral. É uma boa fonte de consulta para você se aprofundar no assunto.

MCMAINS, S.; KASTNER, S. Interactions of Top-Down and Bottom-Up Mechanisms in Human Visual Cortex. **Journal of Neuroscience**, v. 31, n. 2, p. 587-597, 12 Jan. 2011. Disponível em: <http://www.ncbi.nlm.nih.gov/pmc/articles/PMC3072218/pdf/nihms-282362.pdf>. Acesso em: 30 nov. 2017.

Esse artigo explica detalhadamente o que é uma organização *top-down* e *bottom-up*.

Atividades de autoavaliação

1. Na abordagem reducionista, a ordem dos níveis de análise é:
   a) molecular, celular, ascendente e descendente, transverso, comportamental, emocional e cognitivo.
   b) celular, molecular, descendente e ascendente, transverso, comportamental, emocional e cognitivo.
   c) transverso, molecular, celular, ascendente e descendente, comportamental, emocional e cognitivo.
   d) emocional, molecular, celular, ascendente e descendente, transverso, comportamental e cognitivo.

2. Os sistemas olfativo, auditivo e vestibular têm uma representação no tronco cerebral:
   a) maior que o sistema visual.
   b) menor que o sistema visual.
   c) igual ao sistema visual.
   d) Todas as alternativas estão erradas.

3. O sistema somático sensitivo é dividido em três setores distintos. São eles:
    a) exteroceptivo, contraceptivo, musculoceptivo.
    b) arterioceptivo, exteroceptivo, nocioceptivo.
    c) exteroceptivo, interoceptivo, proprioceptivo.
    d) exteroceptivo, corticoceptivo, interoceptivo.

4. A memória de trabalho é responsável por:
    a) nossas recordações mais antigas.
    b) nossas recordações exclusivamente motoras.
    c) nossas recordações visuais, apenas.
    d) uma quantidade limitada de informação a serviço da cognição complexa.

5. No epifenomenalismo:
    a) mente e cérebro têm existência própria.
    b) a mente é uma propriedade do cérebro.
    c) a mente não existe.
    d) Todas as alternativas estão erradas.

Atividades de aprendizagem

Questões para reflexão

1. Leia o artigo a seguir e explique o que é o funcionalismo e como ele se difere do behaviorismo.

    MAROLDI, M. M. O funcionalismo de Sellars: uma pesquisa histórica. **Ciências & Cognição**, Rio de Janeiro, v. 14, n. 3, p. 24-38, 2009. Disponível em: <http://www.cienciasecognicao.org/revista/index.php/cec/article/view/174>. Acesso em: 26 nov. 2017.

2. Leia o artigo a seguir e escreva um pequeno texto explicando as diferenças principais entre o dualismo e o materialismo no que diz respeito ao problema mente-corpo.

> SEARLE, J. Por que eu não sou um dualista de propriedades. Tradução de José Renato Freitas Rêgo e Juliana de Orione Arraes Fagundes. **Filosofando: Revista de Filosofia da UESB**, v. 2, n. 2, p. 104-114, jul./dez. 2014. Disponível em: <http://periodicos.uesb.br/index.php/filosofando/article/view/4586/pdf_286>. Acesso em: 26 nov. 2017.

Atividades aplicadas: prática

1. Assista ao filme *O jogo da imitação* e discuta com um colega como surgiu a ciência da computação. Comparem isso ao funcionalismo.

> O JOGO da imitação. Direção: Morten Tyldum. EUA/Reino Unido: Diamond Films, 2015. 115 min.

2. Leia o artigo "A filosofia da ciência de Karl Popper: o racionalismo crítico" e faça um resumo sobre o falsificacionismo e sua importância para a ciência moderna.

> SILVEIRA, F. L. da. A filosofia da ciência de Karl Popper: o racionalismo crítico. **Caderno Catarinense de Ensino de Física**, Florianópolis, v. 13, n. 3, p. 197-218, dez. 1996. Disponível em: <https://periodicos.ufsc.br/index.php/fisica/article/view/7046/6522>. Acesso em: 26 nov. 2017.

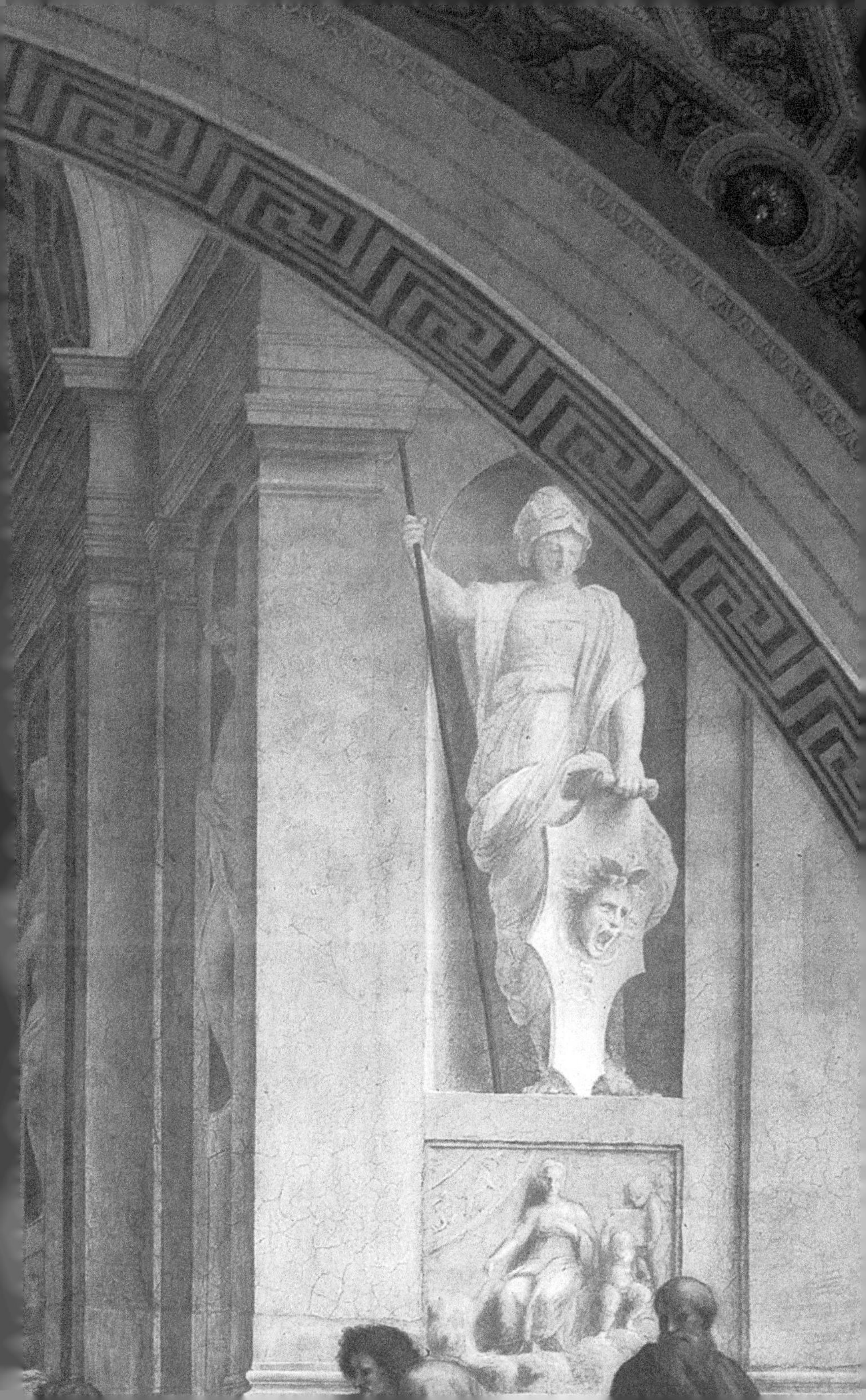

considerações finais

O problema da consciência, assim como é colocado por grande parte dos autores estudados, foi apresentado como a tensão aparente entre objetividade e subjetividade. No entanto, principalmente na opinião de Searle, Edelman, Tononi e Damásio, admitir que a consciência possa ter um caráter privado, vivido na primeira pessoa, não quer dizer necessariamente que os métodos objetivos da ciência moderna não possam ser utilizados para estudá-la. Esse ponto de vista ganha corpo quando consideramos que estados de consciência sempre têm um conteúdo acerca de alguma coisa e que essa experiência é iluminada pela unicidade de cada ser consciente, um mistério que ainda aguarda ser explorado de maneira completa. Essa capacidade em apresentar "coleções integradas de informação" (Damasio, 2010, p. 122), enriquecidas pelo *self*, levou Tononi e Koch a criar a teoria integrada da consciência baseada em cinco axiomas fundamentais: (1) subjetividade; (2) correlatos neurais mínimos – composição; (3) complexidade do conteúdo unificado de informação; (4) exclusão; e (5) integração.

Outro aspecto importante no estudo da consciência é entender que ela apresenta gradações, que vão desde o coma até os mais altos estados de existência. Contudo, estar consciente não é o mesmo que estar acordado. Quando dormimos, a consciência muda do estado vigil para o estado onírico dos sonhos. Acordar, portanto, não é retornar ao estado de consciência: é passar para outro modo de existir.

Damásio resume essa questão da seguinte forma:

> Consciência não se refere apenas a um processo mental simples, que exclui o conteúdo do **self**. Infelizmente, confundir a consciência com a mente é um erro comum, eu acho. As pessoas, quando se referem à "alguma coisa que está na consciência", querem dizer que algo está "na mente" ou que alguma coisa tem se tornado um componente proeminente da mente [...]. (Damásio, 2010, p. 123, tradução nossa)

O ponto aqui é que a consciência parte do *self*, e não dos conteúdos presentes a qualquer momento na mente. Afinal, a consciência não é um monólito, mas, como admite Edelman, uma composição de elementos visuais, auditivos, táteis, linguísticos etc., que convergem e divergem, sempre com a supervisão da memória. *Res cogitans* e *res extensa* não são substâncias separadas, mas propriedades do *self*. A consciência é, portanto, uma maneira de testemunhar para si e para os outros o fato de que você está vivo e sabe disso, outro modo de falar *cogito ergo sum*.

A complexidade das questões que envolvem a consciência justifica por que as proposições relativas a ela devem ser fundamentadas por alguma teoria. Nesse sentido, uma das principais tarefas é buscar uma teoria estruturada, que ofereça um espectro mais amplo do que aquele apresentado pelo positivismo lógico. Uma parte importante na formulação de tal teoria é demonstrar como na ciência da mente é importante definir um conceito, e como conceitos mudam à medida que paradigmas evoluem.

Como constatamos ao longo da obra, nenhum dos campos de estudo abordados consegue definir completamente o que é consciência, mas a junção de ambos permite que tenhamos uma visão mais completa.

Em relação às teorias filosóficas, verificamos que é nos conceitos e, principalmente, na transformação gradativa dos conceitos fundamentais que as teorias estruturais do conhecimento são fundamentadas. Em seu famoso livro *A estrutura das revoluções científicas*, Kuhn se fundamenta em deslocamentos de paradigmas (*paradigma shifts*), observados em estudos históricos sobre a evolução de determinadas teorias, para criar uma teoria estrutural. Apesar de ser uma abordagem revolucionária, uma teoria baseada apenas em fatos históricos carece de uma linguagem que possibilite analisar teorias científicas como estruturas descritas em uma lógica formal (Thagard, 1992). Para remediar isso, começaram a aparecer algumas ideias da psicologia cognitiva, assim como do campo da inteligência artificial, que migraram para a filosofia da ciência propriamente dita.

Em relação à neurobiologia, na década de 1990, começaram a surgir novas técnicas, como a ressonância magnética funcional (fMRI), que possibilitou a observação da atividade cerebral por meio da medição do fluxo de sangue e do consumo de glicose em áreas cerebrais discretas *in vivo*, enquanto pacientes eram submetidos a experimentos que envolviam tarefas cognitivas. Ao mesmo tempo, com os novos experimentos, os processos mentais deixaram de ser estudados com base no processamento de informação associado a algoritmos e estruturas de dados e passaram a ser estudados com base no processamento paralelo executado pelas redes neuronais. Assim, o conexionismo da década de 1980 cedeu lugar à neurociência teórica (Thagard, 1992), que ofereceu modelos mais realistas do modo como o cérebro promove a cognição. Isso levou a um novo esquema de explicação:

> Alvo de explicação: Como o cérebro pode realizar funções como tarefas cognitivas?
>
> Padrão de explicação: Os neurônios são organizados em conexões sinápticas que formam populações funcionais no cérebro. As populações neuronais apresentam padrões de disparo, que são transmitidos pelas entradas sensitivas associadas aos padrões de disparo de outras populações neuronais em funções mentais. São as interações das populações neuronais que executam as tarefas cognitivas.

É por isso que a abordagem da neurobiologia da consciência desta obra seguiu a lógica dos níveis de análise, abrangendo o nível molecular, celular e sistêmico, que é composto pelo sistema sensitivo e motor e pelos sistemas de ativação, motivação, atenção, linguagem e memória.

O estudo da codificação sensitiva tentou demonstrar como padrões neuronais de disparo definem categorias sensitivas como modalidade, localização e intensidade. Verificamos que, para isso, esses disparos neuronais têm características de amplitude, relação temporal e modulação sináptica, que possibilitam estabelecer a diferença entre sensação e percepção. Também apresentamos as populações neuronais responsáveis pela contração muscular, especialmente a do controle fino da atividade motora voluntária, que age por meio da inervação extremamente sensível dos fusos musculares e padrões sinápticos na medula espinhal e encéfalo.

Em síntese, abordamos a natureza da mente e sua relação com o corpo, a experiência subjetiva característica da consciência humana e outras questões fundamentais. Pelo estudo dos diversos modelos teóricos, procuramos mostrar que o avanço da ciência, especialmente no que diz respeito à consciência, não é uma competição desenfreada para estabelecer qual ideia está certa ou errada. As teorias fundamentadas fluem em uma corrente de complementação seletiva, descartando alguns itens enquanto outros são incorporados. Ainda destacamos a importância dos dados provenientes dos avanços na neurociência, pois se pouco sabemos, pelo menos podemos estar certos de que a mente humana e suas propriedades são fundamentalmente biológicas. Contudo, não podemos deixar de considerar que dados vindos da história, da sociologia ou da metafísica, por exemplo, são essenciais para a criação de um programa de estudo, que nos levará mais adiante nessa fascinante aventura de tentar entender quem somos e como somos.

referências

ABBAGNANO, N. **Dicionário de filosofia**. São Paulo: M. Fontes, 1998.

ALLISON, T. et al. Cortical Somatosensory Evoked Potentials. II. Effects of Excision of Somatosensory or Motor Cortex in Humans and Monkeys. **Journal of Neurophysiology**, Washington, DC, v. 66, n. 1, p. 64-82, July 1991. Disponível em: <http://jn.physiology.org/content/66/1/64.long>. Acesso em: 26 nov. 2017.

ANDERSON, B. A. Value-Driven Attentional Capture is Modulated by Spatial Context. **Visual Cognition**, Hove, UK, v. 23, n. 1-2, p. 67-81, 2015. Disponível em: <https://www.ncbi.nlm.nih.gov/pmc/articles/PMC4459748/>. Acesso em: 26 nov. 2017.

ARISTÓTELES. **De Anima**. Apresentação, tradução e notas de Maria Cecília Gomes dos Reis. São Paulo: Ed. 34, 2006.

_____. **Ética a Nicômaco**. Tradução de Leonel Vallandro e Gerd Bornheim. 4. ed. São Paulo: Nova Cultural, 1991. (Coleção Os Pensadores, v. 2).

_____. **Fisica**. Introducción, traducción y notas de Guillermo R. de Echand. Madrid: Gredos, 1995.

_____. **Física I e II**. Prefácio, tradução, introdução e comentários de Lucas Angioni. Campinas: Ed. da Unicamp, 2009a.

_____. **Metafísica**. Tradução de Marcelo Perine. São Paulo: Edições Loyola, 2002.

_____. **Órganon**. Tradução de Edson Bini. 2. ed. rev. São Paulo: Edipro, 2009b.

ARMSTRONG, D. What is Consciousness? In: HEIL, J. (Ed.). **The Nature of Mind**. New York: Cornell University Press, 1981. p. 721-728.

AULA DE ANATOMIA. **Telencéfalo**. Disponível em: <http://www.auladeanatomia.com/novosite/sistemas/sistema-nervoso/telencefalo/>. Acesso em: 26 nov. 2017.

BAARS, B. J. Global Workspace Theory of Consciousness: Toward a Cognitive Neuroscience of Human Experience. **Progress in Brain Research**, Amsterdam, v. 150, p. 45-53, 2005.

BAARS, B. J. In the Theatre of Consciousness: Global Workspace Theory – a Rigorous Scientific Theory of Consciousness. **Journal of Consciousness Studies**, Exeter, UK, v. 4, n. 4, p. 292-309, 1997. Disponível em: <http://www.wisebrain.org/media/Papers/BaarsTheaterConsciousness.pdf>. Acesso em: 26 nov. 2017.

BAARS, B. J.; FRANKLIN, S. An Architectural Model of Conscious and Unconscious Brain Functions: Global Workspace Theory and IDA. **Neural Networks**, New York, v. 20, n. 9, p. 955-961, Nov. 2007.

BADDELEY, A. D. **Working Memory**. Oxford: Oxford University Press, 1986.

BEAR, M.; CONNORS, B.; PARADISO, M. **Neuroscience**: Exploring the Brain. Philadelphia: Lippincott Williams & Wilkins, 2007.

____. **Neurociências**: desvendando o sistema nervoso. Tradução de Jorge Alberto Quillfeldt et al. 2. ed. Porto Alegre: Artmed, 2002.

BERECZ, J.M. Toward a Monistic Philosophy of Man. **Andrews University Seminary Studies (AUSS)**, Berrien Springs, v. 14, n. 2, p. 279-288, 1976. Disponível em: <http://digitalcommons.andrews.edu/cgi/viewcontent.cgi?article=1347&context=auss>. Acesso em: 26 nov. 2017.

BERKELEY, G. **Obras filosóficas**. Tradução, apresentação e notas de Jaimir Conte. São Paulo: Ed. Unesp, 2010.

BLOCK, N. What is Functionalism? In: BORCHERT, D. M. **The Encyclopedia of Philosophy**: Supplement. New York: MacMillan, 1996. p. 27-44.

____. Troubles With Functionalism. **Minnesota Studies in the Philosophy of Science**, Minneapolis, v. 9, p. 261-325, 1978. Disponível em: <http://mcps.umn.edu/philosophy/9_12Block.pdf>. Acesso em: 26 out. 2017.

CANDELARIA, R. **Controle da motricidade somática**: córtex motor, cerebelo e núcleos da base. 2014. Disponível em: <http://slideplayer.com.br/slide/363280/>. Acesso em: 27 nov. 2017.

CASELLI, R. J. Ventrolateral and Dorsomedial Somatosensory Association Cortex Damage Produces Distinct Somesthetic Syndromes in Humans. **Neurology**, Minneapolis, MN, v. 43, n. 4, p. 762-771, Apr. 1993.

CHALMERS, A. **O que é a ciência afinal?** Tradução de Raul Filker. São Paulo: Brasiliense, 1993.

CHALMERS, D. J. Consciousness and it's Place in Nature. In: STICH, S.P.; WARFIELD, T. A. (Ed.). **Blackwell Guide to the Philosophy of Mind**. Oxford: Blackwell, 2003. p. 1-46.

_____. Facing up to the Problem of Consciousness. **Journal of Consciousness Studies**, Exeter, UK, v. 2, n. 3, p. 200-219, 1995. Disponível em: <http://www.philosophy.uw.edu.pl/wp-content/uploads/D.Chalmers-Facing-Up-the-Problem-of-Consciousness.pdf>. Acesso em: 26 nov. 2017.

_____. **The Conscious Mind**: in Search of a Fundamental Theory. Oxford: Oxford University Press, 1996.

CHIBENI, S. S. Russell e a noção de causa. **Principia**, Florianópolis, v. 5, n. 1-2, p. 125-147, 2001. Disponível em: <https://periodicos.ufsc.br/index.php/principia/article/view/17768/16351>. Acesso em: 26 nov. 2017.

CHRISTIAN, B. M. et al. When Imagining Yourself in Pain, Visual Perspective Matters: the Neural and Behavioral Correlates of Simulated Sensory Experiences. **Journal of Cognitive Neuroscience**, Cambridge, MA, v. 27, n. 5, p. 866-875, Nov. 2014.

CHURCHLAND, P. Eliminative Materialism and the Propositional Attitudes. **The Journal of Philosophy,** New York, v. 78, n. 2, p. 67-90, Feb. 1981. Disponível em: < https://www.sfu.ca/~kathleea/docs/Eliminative%20materialism.pdf>. Acesso em: 26 nov. 2017.

COMTE, A. **Curso de filosofia positiva; Discurso sobre o espírito positivo; Discurso preliminar sobre o conjunto do positivismo; Catecismo positivista**. Tradução de José Arthur Giannotti e Miguel Lemos. São Paulo: Abril Cultural, 1978. (Coleção Os Pensadores).

COWAN, N. The Magical Number 4 in Short-term Memory: a Reconsideration of Mental Storage Capacity. **The Behavioral and Brain Sciences,** v. 24, n. 1, p. 87-114, Feb. 2001. Disponível em: <http://memory.psych.missouri.edu/doc/articles/2001/Cowan%20BBS%202001.pdf>. Acesso em: 30 nov. 2017.

CRANMER, K. **A Fresh Look for the Standard Model**. Disponível em: <http://www.quantumdiaries.org/2013/08/19/a-fresh-look-for-the-standard-model/>. Acesso em: 26 nov. 2017.

CRICK F.; KOCH C. Towards a Neurobiological Theory of Consciousness. **Seminars in The Neurosciences,** v. 2, p. 263-275, 1990. Disponível em: <https://profiles.nlm.nih.gov/ps/access/SCBCFD.pdf>. Acesso em: 26 nov. 2017.

_____. Are we Aware of Neural Activity in Primary Visual Cortex? **Nature,** London, v. 375, p. 121-123, 1995.

_____. Consciousness and Neuroscience. **Cerebral Cortex,** New York, v. 8, n. 2, p. 97-107, Mar. 1998.

ĆURČIĆ-BLAKE, B. et al. When Broca Goes Uninformed: Reduced Information Flow to Broca's Area in Schizophrenia Patients With Auditory Hallucinations. **Schizophrenia Bulletin**, Cary, NC, v. 39, n. 5, p. 1087-1095, 2013. Disponível em: <http://www.ncbi.nlm.nih.gov/pmc/articles/PMC3756780/pdf/sbs107.pdf>. Acesso em: 27 nov. 2017.

DAMÁSIO, A. R. **O mistério da consciência**. São Paulo: Companhia da Letras, 2000.

_____. **Self Comes to Mind Constructing the Conscious Brain**. New York: Pantheon, 2010.

DAVIDSON, D. **Essays on Actions and Events**. 2. ed. Oxford: Clarendon Press, 2001.

DE JOUX, N. R. et al. The Configural Properties of Task Stimuli do Influence Vigilance Performance. **Experimental Brain Research**, Berlin, v. 233, n. 9, p. 2619-2626, 31 May 2015.

DENNETT, D. Quining Qualia. In: MARCEL, A. J.; BISIACH, E. (Ed.). **Consciousness in Contemporary Science**. Oxford: Oxford University Press, 1988. p. 381-414. Disponível em: <http://www.fflch.usp.br/df/opessoa/Dennett-Quining-Qualia.pdf>. Acesso em: 26 nov. 2017.

_____. Intentional Systems. **The Journal of Philosophy**, New York, v. 68, n. 4, p. 87-106, Feb. 1971.

DESCARTES, R. **Discurso do método**. Tradução de Maria Ermantina Galvão. 3. ed. São Paulo: M. Fontes, 2001.

_____. Meditação primeira: das coisas que podem colocar em dúvida. In: _____. **Descartes**. Tradução de J. Guinsburg e Bento Prado Júnior. São Paulo: Abril Cultural, 1983. (Coleção Os Pensadores).

_____. **Meditações sobre filosofia primeira**. Tradução de Fausto Castilho. Campinas: Ed. da Unicamp, 2004.

DESCARTES, R. **Regras para a direcção do espírito**. Tradução de João Gama. Lisboa: Edições 70, 2002.

DETORAKIS, G. I.; ROUGIER, N. P. A Neural Field Model of the Somatosensory Cortex: Formation, Maintenance and Reorganization of Ordered Topographic Maps. **PLoS One**, San Francisco, v. 7, n. 7, July 2012. Disponível em: <http://dx.doi.org/10.1371%2Fjournal.pone.0040257>. Acesso em: 26 nov. 2017.

DEWITT, I.; RAUSCHECKER, J. P. Wernicke's Area Revisited: Parallel Streams and Word Processing. **Brain and Language**, Amsterdam, v. 127, n. 2, p. 181-191, Nov. 2013. Disponível em: <http://www.ncbi.nlm.nih.gov/pmc/articles/PMC4098851/pdf/nihms532156.pdf>. Acesso em: 26 nov. 2017.

DILTHEY, W. **La esencia da la filosofia**. Buenos Aires: Losada, 2003.

DINUCCI, A. Arete, Techne e Phronesis em Sócrates. **Humanidades em Revista**, Ijuí, RS, ano 5, n. 7, p. 25-42, jul./dez. 2008. Disponível em: <https://ri.ufs.br/bitstream/123456789/761/1/AreteTechnePhronesis.pdf>. Acesso em: 26 nov. 2017.

DUDENEY, J.; SHARPE, L.; HUNT, C. Attentional Bias towards Threatening Stimuli in Children with Anxiety: a Meta-Analysis. **Clinical Psychology Review**, New York, v. 40, p. 66-75, June 2015.

EDELMAN, G. M. **Bright Air, Brilliant Fire**: on the Matter of the Mind. New York: Basic Books, 1993.

EDELMAN, G. M.; TONONI, G. **A Universe of Consciousness**: how Matter Becomes Imagination. New York: Basic Books, 2000.

EICKHOFF, S. B. et al. The Human Parietal Operculum I. Cytoarchitectonic Mapping of Subdivisions. **Cerebral Cortex**, New York, v. 16, p. 254-267, Feb. 2006. Disponível em: <http://cercor.oxfordjournals.org/content/early/2005/05/11/cercor.bhi105.full.pdf>. Acesso em: 26 nov. 2017.

FEIGL, H. The "Mental" and the "Physical". **Minnesota Studies in the Philosophy of Science**, Minneapolis, MN, v. 2, p. 370-497, 1958. Disponível em: <https://web.stanford.edu/~paulsko/papers/Feigl.pdf>. Acesso em: 26 nov. 2017.

FLINKER, A. et al. Redefining the Role of Broca's Area in Speech. **PNAS – Proceedings of the National Academy of Sciences of the United States of America**, Washington, DC, v. 112, n. 9, p. 2871-2875, Mar. 2015. Disponível em: <http://www.ncbi.nlm.nih.gov/pmc/articles/PMC4352780/pdf/pnas.201414491.pdf>. Acesso em: 26 nov. 2017.

FODOR, J. **The Modularity of Mind**. Cambridge: MIT Press, 1983.

FONSECA, A. M. Sobre o externalismo semântico de Hilary Putnam: primeiras formulações e recepção crítica inicial. **Cognitio-Estudos: Revista Eletrônica de Filosofia**, São Paulo, v. 12, n. 2, p. 191-216, jul./dez. 2015. Disponível em: <https://revistas.pucsp.br/index.php/cognitio/article/view/19386>. Acesso em: 26 nov. 2017.

GALLAGHER, S. Where's the Action? Epiphenomenalism and the Problem of Free Will. In: BANKS, W.; POCKETT, S.; GALLAGHER, S. **Does Consciousness Cause Behavior? An Investigation of the Nature of Volition**. Cambridge, MA: MIT Press, 2006. p. 109-124. Disponível em: <http://www.ummoss.org/gall05epiphen.pdf>. Acesso em: 26 nov. 2017.

GARCÍA-CABEZAS, M. A.; BARBAS, H. A Direct Anterior Cingulate Pathway to the Primate Primary Olfactory Cortex may Control Attention to Olfaction. **Brain Structure & Function**, Berlin, v. 219, n. 5, p. 1735-1754, Sept. 2014. Disponível em: <https://www.ncbi.nlm.nih.gov/pmc/articles/PMC5028194/>. Acesso em: 26 nov. 2017.

GETOV, S. et al. Human Brain Structure Predicts Individual Differences in Preconscious Evaluation of Facial Dominance and Trustworthiness. **Scan – Social Cognitive and Affective Neuroscience**, Oxford, UK, v. 10, p. 690-699, 2015. Disponível em: <http://scan.oxfordjournals.org/content/10/5/690.full.pdf+html>. Acesso em: 26 nov. 2017.

GETTIER, E. Conhecimento é crença verdadeira justificada? Tradução de André Nascimento Pontes. **Perspectiva Filosófica**, Recife, v. 1, n. 39, p. 124-127, jan./jun. 2013. Disponível em: <http://www.revista.ufpe.br/revistaperspectivafilosofica/index.php/revistaperspectivafilosofica/article/view/27/26>. Acesso em: 26 nov. 2017.

GIANNOTTI, J. A. Comte (1798-1857): vida e obra. In: COMTE, A. **Curso de filosofia positiva; Discurso sobre o espírito positivo; Discurso preliminar sobre o conjunto do positivismo; Catecismo positivista**. Tradução de José Arthur Giannotti e Miguel Lemos. São Paulo: Abril Cultural, 1978. (Coleção Os Pensadores).

GRAHAM, G. Behaviorism. In: **Stanford Encyclopedia of Philosophy**. 2000. Disponível em: <http://plato.stanford.edu/entries/behaviorism/>. Acesso em: 26 nov. 2017.

GUYTON, A. C.; HALL, J. E. **Tratado de fisiologia médica**. Tradução de Barbara de Alencar Martins et al. 11. ed. Rio de Janeiro: Elsevier, 2011.

HAMEROFF, S.; MARCER, P. Quantum Computation in Brain Microtubules? The Penrose-Hameroff 'Orch OR' Model of Consciousness. **Philosophical Transactions: Mathematical, Physical and Engineering Sciences**, London, v. 356, n. 1743, p. 1869-1896, Aug. 1998.

HAMEROFF, S.; PENROSE R. Orchestrated Reduction of Quantum Coherence in Brain Microtubules: a Model for Consciousness. **Mathematics and Computers in Simulation**, Amsterdam, v. 40, p. 453-480, Apr. 1996. Disponível em: <http://www.alice.id.tue.nl/references/hameroff-penrose-1996.pdf>. Acesso em: 26 nov. 2017

HASKER, W. The Emergent Self. **Philosophy and Phenomenological Research**, v. 65, n. 3, Nov. 2002.

_____. **The Emergent Self**. New York: Cornell University Press, 1999.

HASSON, U. et al. Intersubject Synchronization of Cortical Activity During Natural Vision. **Science**, New York, v. 303, n. 5664, p. 1634-1640, Mar. 2004. Disponível em: <https://www.ncbi.nlm.nih.gov/pubmed/15016991>. Acesso em: 26 nov. 2017.

HESSEN, J. **Teoria do conhecimento**. Tradução de João Vergílio Gallerani Cuter. São Paulo: M. Fontes, 2000.

HUME, D. **Tratado da natureza humana**. 2. ed. Tradução de Débora Danowski São Paulo: Ed. da Unesp, 2009.

HUMPHREYS, G. W.; CHECHLACZ, M. A Neural Decomposition of Visual Search Using Voxel-based Morphometry. **Journal of Cognitive Neuroscience**, Cambridge, MA, v. 27. n. 9, p. 1854-1869, 2015.

HUNDERT, E. M. **Philosophy, Psychiatry and Neuroscience**: Three Approaches to the Mind. Oxford: Clarendon Press, 1990.

IANGBRAIN – Language and Brain: Neurocognitive Linguistics. Disponível em: <http://www.ruf.rice.edu/~lngbrain/Farh/cell.html>. Acesso em: 30 nov. 2017.

JACKSON, F. Epiphenomenal Qualia. **The Philosophical Quarterly**, Hoboken, NJ, v. 32, n. 127, p. 127-136, Apr. 1982. Disponível em: <http://indaknow.com/images/4/41/Epiphenomenal_Qualia.pdf>. Acesso em: 26 nov. 2017.

JACOBSEN, M. **Foundations of Neuroscience**. New York: Springer, 1993.

KAISER, M.; HILGETAG, C. C.; KÖTTER, R. Hierarchy and Dynamics of Neural Networks. **Frontiers in Neuroinformatics**, Lausanne, v. 4, art. 112, p. 1-3, Aug. 2010. Disponível em: <http://dx.doi.org/10.3389/fninf.2010.00112>. Acesso em: 26 out. 2017.

KANE, M. J.; ENGLE, R. W. Working-memory Capacity, Proactive Interference, and Divided Attention: Limits on Long-term Memory Retrieval. **Journal of Experimental Psychology: Learning, Memory, and Cognition**, Washington, DC, v. 26, n. 2, p. 336-358, Mar. 2000.

KANT, I. **Crítica da razão pura**. Tradução de Valerio Rohden e Udo Baldur Moosburger. São Paulo: Nova Cultural, 1999. (Coleção Os Pensadores).

_____. **Fundamentação da metafísica dos costumes**. Tradução de Paulo Quintela. Lisboa: Edições 70, 2007.

KATUS, T.; MULLER, M. M.; EIMER, M. Sustained Maintenance of Somatotopic Information in Brain Regions Recruited by Tactile Working Memory. **The Journal of Neuroscience**, Washington, DC, v. 35, n. 4, p. 1390-1395, Jan. 2015. Disponível em: <http://www.ncbi.nlm.nih.gov/pmc/articles/PMC4308590/pdf/zns1390.pdf>. Acesso em: 30 nov. 2017.

KELSEN, H. **Teoria pura do direito**. Tradução de João Baptista Machado. 7. ed. São Paulo: M. Fontes, 2011.

KILHIAN, K. **O Teorema de Pitágoras segundo Euclides**. 2011. Disponível em: <http://obaricentrodamente.blogspot.com.br/2011/04/o-teorema-de-pitagoras-segundo-euclides.html>. Acesso em: 26 nov. 2017.

KOCH, C. et al. Neural correlates of consciousness: progress and problems. **Nature Reviews Neuroscience**, v. 17, p. 307-321, May 2016. Disponível em: <https://www.nature.com/nrn/journal/v17/n5/full/nrn.2016.22.html>. Acesso em: 26 nov. 2017.

KOCH, C.; TSUCHIYA, N. Attention and Consciousness: Two Distinct Brain Processes. **Trends in Cognitive Sciences**, Oxford, UK, v. 11, n. 1, p. 16-22, Jan. 2007.

KRIPKE, S. Naming and Necessity. In: DAVIDSON, D.; HARMAN, G. (Ed.). **Semantics of Natural Languages**. Dordrecht: Reidel, 1972. p. 253-355.

_____. **O nomear e a necessidade**. Tradução de Ricardo Santos e Teresa Filipe. Lisboa: Gradiva, 2012.

KUHN, T. **A estrutura das revoluções científicas**. Tradução de Beatriz Vianna Boeira e Nelson Boeira. 5. ed. São Paulo: Perspectiva, 1998. (Coleção Debates).

LAKATOS, I. O falseamento e a metodologia dos programas de pesquisa científica. In: LAKATOS, I.; MUSGRAVE, A. (Org.). **A crítica e o desenvolvimento do conhecimento.** Tradução de Octávio Mendes Cajado. São Paulo: Cultrix, 1979. p. 109-243.

LARVOR, B. **Lakatos:** an Introduction. London: Routledge, 1998.

LENT, R. **Cem bilhões de nerurônios?** Conceitos fundamentais de neurociência. São Paulo: Atheneu, 2010.

LEVINE, J. Materialism and Qualia: the Explanatory Gap. **Pacific Philosophical Quarterly**, Hoboken, NJ, v. 64, p. 354-361, 1983. Disponível em: <http://course.sdu.edu.cn/G2S/eWebEditor/uploadfile/20140227112822014.pdf>. Acesso em: 26 nov. 2017.

LEWIS, D. An Argument for the Identity Theory. **The Journal of Philosophy**, New York, v. 63, n. 2, p. 17-25, 1966.

_____. Mad pain and Martian pain. In: BLOCK, N. (Ed.). **Readings in Philosophy of Psychology**. Cambridge, MA: Harvard University Press, 1980. p. 216-222.

_____. Truth in Fiction. **American Philosophical Quarterly**, Champaign, IL, v. 15, n. 1, p. 37-46, 1978.

LI, F. F. et al. Rapid Natural Scene Categorization in the near Absence of Attention. **PNAS – Proceedings of the National Academy of Sciences of the United States of America**, Washington, DC, v. 99, n. 14, p. 9596-9601, July 2002. Disponível em: <http://www.pnas.org/content/99/14/9596.long>. Acesso em: 26 nov. 2017.

LIVINGSTON, P. Experience and Structure: Philosophical History and the Problem of Consciousness. **Journal of Consciousness Studies**, Exeter, UK, v. 9, n. 3, p. 15-33, Mar. 2002.

LUDWIG, K. The Epistemology of Thought Experiments: First Person versus Third Person Approaches. **Midwest Studies in Philosophy**, Hoboken, NJ, v. 31, p. 128-159, 2007.

LUO, T. Z.; MAUNSELL, J. H. Neuronal Modulations in Visual Cortex are Associated with only one of Multiple Components of Attention. **Neuron**, Cambridge, MA, v. 86, n. 5, p. 1182-1188, 3 June 2015. Disponível em: <https://www.ncbi.nlm.nih.gov/pmc/articles/PMC4458699/>. Acesso em: 26 nov. 2017.

MAN, K. et al. Neural Convergence and Divergence in the Mammalian Cerebral Cortex: from Experimental Neuroanatomy to Functional Neuroimaging. **Journal of Comparative Neurology**, Philadelphia, v. 521, n. 18, 15 Dec. 2013. Disponível em: <http://www.ncbi.nlm.nih.gov/pmc/articles/PMC3853095/pdf/nihms527663.pdf>. Acesso em: 26 nov. 2017.

MAQUET, P. et al. Functional Neuroanatomy of Human Rapid-eye-movement Sleep and Dreaming. **Nature**, London, v. 383, n. 6596, p. 163-166, 1996.

MARKIE, P. Rationalism vs Empiricism. In: **Stanford Encyclopedia of Philosophy**. 19 Aug. 2004. Disponível em: <http://plato.stanford.edu/entries/rationalism-empiricism/>. Acesso em: 26 nov. 2017.

MAROLDI, M. M. O funcionalismo de Sellars: uma pesquisa histórica. **Ciências & Cognição**, Rio de Janeiro, v. 14, n. 3, p. 24-38, 2009. Disponível em: <http://www.cienciasecognicao.org/revista/index.php/cec/article/view/174>. Acesso em: 26 nov. 2017.

MAUNSELL, J. H. R.; NEWSOME, W. T. Visual Processing in Monkey Extrastriate Cortex. **Annual Review of Neuroscience**, Palo Alto, CA, v. 10, p. 363-401, 1987.

MCMAINS, S.; KASTNER, S. Interactions of Top-Down and Bottom-Up Mechanisms in Human Visual Cortex. **The Journal of Neuroscience**, Washington, DC, v. 31, n. 2, p. 587-597, 12 Jan. 2011. Disponível em: <http://www.ncbi.nlm.nih.gov/pmc/articles/PMC3072218/pdf/nihms-282362.pdf>. Acesso em: 26 nov. 2017.

MESULAM, M. M. Large-Scale Neurocognitive Networks and Distributed Processing for Attention, Language and Memory. **Annals of Neurology**, Boston, v. 28, n. 5, p. 597-613, 1990.

MILL, J. S. **Sistema de lógica dedutiva e indutiva e outros textos**. Tradução de J. M. Coelho. 2. ed. São Paulo: Abril Cultural, 1979. (Coleção Os Pensadores).

MOISALA, M. et al. Brain Activity During Divided and Selective Attention to Auditory and Visual Sentence Comprehension tasks. **Frontiers in Human Neuroscience**, Lausanne, v. 9, n. 86, 19 Feb. 2015. Disponível em: <https://www.ncbi.nlm.nih.gov/pmc/articles/PMC4333810/>. Acesso em: 30 nov. 2017.

MONTEIRO, P. **Gorduras**: eficácia na prevenção. 2012. Disponível em: <http://alzheimer95.blogspot.com.br/2012_05_01_archive.html>. Acesso em: 26 nov. 2017.

MOURA, P. S. **Biografia** (Aristóteles). Disponível em: <http://www4.pucsp.br/pos/cesima//schenberg/alunos/paulosergio/index.html>. Acesso em: 26 nov. 2017.

MURPHY, G. L. **The Big Book of Concepts**. Cambridge, MA; London: The MIT Press, 2002.

NAGEL, T. What is it Like to be a Bat? **The Philosophycal Review**, Durham, NC, v. 83, n. 4, p. 435-450, Oct. 1974.

NAGEL, T. Como é ser um morcego? Tradução de Paulo Abrantes e Juliana Orione. **Cadernos de História e Filosofia da Ciência**, Campinas, v. 15, n. 1, p. 245-262, jan./jun. 2005. Disponível em: <https://www.cle.unicamp.br/eprints/index.php/cadernos/article/view/617>. Acesso em: 26 nov. 2017.

NAKAYAMA, K.; MACKEBEN, M. Sustained and Transient Components of Focal Visual Attention. **Vision Research**, Oxford, UK, v. 29, n. 11, p. 1631-1647, 1989.

NESTOR, L. et al. Differences in "Bottom-up" and "Top-down" Neural Activity in Current and Former Cigarette Smokers: Evidence for Neural Substrates which may Promote Nicotine Abstinence through Increased Cognitive Control. **NeuroImage**, Orlando, FL, v. 56, n. 4, p. 2258-2275, June 2011.

NICHOLS, S. Folk Psychology. In: **Encyclopedia of Cognitive Science**. London: Nature Publishing Group, 2000. p. 229-259.

NORMAN, D. A.; SHALLICE, T. Attention to Action: Willed and Automatic Control of Behaviour. In: DAVIDSON, R. J.; SCHWATZ, G. E.; SHAPIRO, D. (Ed.). **Consciousness and Self-Regulation**. New York: Plenum Press, 1986. p. 1-18.

OBERAUER, K. et al. Individual Differences in Working Memory Capacity and Reasoning Ability. In: CONWAY, A. R. A. (Ed.). **Variation in Working Memory**. New York: Oxford University Press, 2007. p. 49-75.

OKUN, L. B. The Theory of Relativity and the Pythagorean Theorem. **Physics-Uspekhi**, Bristol, UK, v. 51, p. 1-19, 15 Sept. 2008. Disponível em: <https://arxiv.org/abs/0809.2379>. Acesso em: 26 nov. 2017.

O QUE são quadrados mágicos. 23 jan. 2015. Disponível em: <http://www.estudarmatematica.pt/2015/01/o-que-sao-quadrados-magicos.html>. Acesso em: 26 out. 2017.

PLACE, U. T. Is Consciousness a Brain Process? **British Journal of Psychology**, London, n. 47, p. 44-50, 1956. Disponível em: <http://web.stanford.edu/~paulsko/papers/PlaceCBP.pdf>. Acesso em: 26 out. 2017.

____. **Identifying the Mind**: Selected Papers of U. T. Place. Oxford: Oxford University Press, 1992.

PLATÃO. **Apologia de Sócrates**. Tradução de Maria Lacerda de Souza. Disponível em: <http://livros01.livrosgratis.com.br/cv000065.pdf>. Acesso em: 26 nov. 2017a.

____. **Górgias**. Tradução de Carlos Alberto Nunes. Disponível em: <http://livros01.livrosgratis.com.br/cv000034.pdf>. Acesso em: 26 nov. 2017b.

____. **Mênon**. Tradução de Maura Iglesias. Rio de Janeiro: Ed. PUC-Rio; Loyola, 2001a.

____. **Teeteto**. Tradução de Carlos Alberto Nunes. 3. ed. rev. Belém: Ed. UFPA, 2001b.

POLITIS, V. **Routledge Philosophy Guide Book to Aristotle and the Metaphysics**. London: Routledge, 1994.

POPPER, K. **A lógica da pesquisa científica**. Tradução de Leonidas Hegenberg e Octanny Silveira da Mota. 2. ed. São Paulo: Cultrix, 2013.

____.**Conjecturas e refutações**. Tradução de Sérgio Bath. Brasília: Ed. UNB, 1982.

POPPER, K.; ECCLES, J. **The Self and its Brain**: an Argument for Interactionism. London: Routledge, 1977.

POSNER, M. I. Attention: the Mechanisms of Consciousness. **PNAS – Proceedings of the National Academy of Sciences of the United States of America**, Washington, DC, v. 91, n. 16, p. 7398-7403, Aug. 1994a. Disponível em: <http://www.pnas.org/content/91/16/7398.full.pdf>. Acesso em: 26 nov. 2017.

_____. Attentional Networks. **Trends in Neurosciences**, v. 17, n. 2, p. 75-79, Feb. 1994b.

POSNER, M. I. et al. Sustained Concentration: Passive Filtering or Active Orienting? In: KORNBLUM, S.; REQUIN, J. (Ed.). **Preparatory States and Processes**: Proceedings of the Franco-American Conference. New Jersey: Lawrence Erlbaum, 1984. p. 49-65.

PUST, J. Intuition. In: **Stanford Encyclopedia of Philosophy**, 2017. Disponível em: <https://plato.stanford.edu/entries/intuition/>. Acesso em: 30 nov. 2017.

PUTNAM, H. Meaning and Reference. **The Journal of Philosophy**, New York, v. 70, n. 19, p. 699-711, 1973. Disponível em: <http://155.97.32.9/~mhaber/Documents/Course%20Readings/Putnam-MeaningReference-JPhil1973.pdf>. Acesso em: 26 nov. 2017.

ROCHA, E. M. Dualismo, substância e atributo essencial no sistema cartesiano. **Analytica**, Rio de Janeiro, v. 10, n. 2, 2006. Disponível em: <https://revistas.ufrj.br/index.php/analytica/article/view/520>. Acesso em: 26 nov. 2017.

ROSENTHAL, D. A Theory of Consciousness. In: BLOCK, N.; FLANAGAN, O. J.; GUZELDERE, G. (Ed.). **The Nature of Consciousness**: Philosophical Debates. Cambridge: A Bradford Book, 1998. p. 729-753.

RUBIA, K. et al. Hypofrontality in Attention Deficit Hyperactivity Disorder During Higher-Order Motor Control: a Study With Functional MRI. **American Journal of Psychiatry**, Arlington, VA, n. 156, p. 891-896, 1999. Disponível em: <http://ajp.psychiatryonline.org/doi/pdf/10.1176/ajp.156.6.891>. Acesso em: 26 nov. 2017.

RUSSELL, B. **Os problemas da filosofia**. Tradução de Desiderio Murcho. Lisboa: Edições 70, 2008. (Coleção Biblioteca de Filosofia Contemporânea).

____. **On the Notion of Cause**. 1913. Disponível em: <https://users.drew.edu/~jlenz/notion-of-cause/br-notion-of-cause.html>. Acesso em: 26 nov. 2017.

RYLE, G. Descartes' Myth. In: CHALMERS D. (Org.). **Philosophy of Mind**: Classical and Contemporary Readings. Oxford: Oxford University Press, 2002. p. 32-38.

____. **Introdução à psicologia**: o conceito de espírito. Lisboa: Moraes Editores, 1970.

SAARIMAKI, H. et al. Discrete Neural Signatures of Basic Emotions. **Cerebral Cortex**, New York, v. 26, n. 6, p. 2563-2573, 2016. Disponível em: <http://cercor.oxfordjournals.org/content/early/2015/04/29/cercor.bhv086.abstract>. Acesso em: 26 nov. 2017.

SBF – SOCIEDADE BRASILEIRA DE FÍSICA. **LHC identifica provável bóson de Higgs**. 2012. Disponível em: <http://www.sbfisica.org.br/v1/index.php?option=com_content&view=article&id=408:lhc-identifica-provavel-boson-de-higgs&catid=107:julho-2012&Itemid=270>. Acesso em: 26 out. 2017.

SCHOENFELD, M. A. et al. Neural Correlates of Hysterical Blindness. **Cerebral Cortex**, New York, v. 21, n. 10, p. 2394-2398, Oct. 2011. Disponível em: <https://academic.oup.com/cercor/article-lookup/doi/10.1093/cercor/bhr026>. Acesso em: 26 out. 2017.

SEARLE, J. Por que eu não sou um dualista de propriedades. Tradução de José Renato Freitas Rêgo e Juliana de Orione Arraes Fagundes. **Filosofando: Revista de Filosofia da UESB**, v. 2, n. 2, p. 104-114, jul./dez. 2014. Disponível em: <http://periodicos.uesb.br/index.php/filosofando/article/view/4586/pdf_286>. Acesso em: 26 nov. 2017.

_____. **The Mystery of Consciousness**. New York: The New York Review of Books, 1997.

_____. **The Rediscovery of Mind**. Cambridge: MIT Press; Bradford Books, 1992.

_____. Why I am not a Property Dualist. **Journal of Consciousness Studies**, Exeter, UK, v. 9, n. 12, p. 57-64, 2002.

SEL, A.; FORSTER, B.; CALVO-MERINO, B. The Emotional Homunculus: ERP Evidence for Independent Somatosensory Responses during Facil Emotional Processing. **The Journal of Neuroscience**, Washington, DC, v. 34, n. 9, p. 3263-3267, 26 Feb. 2014. Disponível em: <http://www.jneurosci.org/content/34/9/3263.full.pdf+html>. Acesso em: 26 nov. 2017.

SELLARS, W. Philosophy and the Scientific Image of Man. In: **Empiricism and the Philosophy of Mind**. London: Routledge & Kegan Paul, 1963. p. 1-40. Disponível em: <http://selfpace.uconn.edu/class/percep/SellarsPhilSciImage.pdf>. Acesso em: 26 nov. 2017.

SELLARS, W. The Lever of Archimedes. **The Monist**, v. 64, n. 1, p. 3-37, Jan. 1981. Disponível em: <http://selfpace.uconn.edu/class/percep/SellarsLeverArchimedes.pdf>. Acesso em: 26 nov. 2017.

SHEPARD, R. **Mind Sights**. Gordonsville, VA: W. H. Freeman & Co, 1990.

SHIPSTEAD, Z. et al. The Mechanisms of Working Memory Capacity: Primary Memory, Secondary Memory, and Attention Control. **Journal of Memory and Language**, New York, v. 72, p. 116-141, 2014. Disponível em: <http://englelab.gatech.edu/2014/Shipstead_Lindsey_Marshall_Engle_2014.pdf>. Acesso em: 26 nov. 2017.

SILVA, F. L. e. **Górgias**. Disponível em: <http://arethusa.fflch.usp.br/node/34>. Acesso em: 26 nov. 2017.

SILVA, V. P. da. **Escala de Glasgow**. 28 nov. 2012. Disponível em: <http://aenfermagem.com.br/materia/escala-de-coma-de-glasgow/>. Acesso em: 26 nov. 2017.

SILVEIRA, D. As Virtudes em Aristóteles. **Revista de Ciências Humanas**, Frederico Westphalen, v. 1, n. 1, p. 41-71, 2000. Disponível em: <http://revistas.fw.uri.br/index.php/revistadech/article/view/203>. Acesso em: 26 nov. 2017.

SILVEIRA, F. L. da. A filosofia da ciência de Karl Popper: o racionalismo crítico. **Caderno Catarinense de Ensino de Física**, Florianópolis, v. 13, n. 3, p. 197-218, dez. 1996. Disponível em: <https://periodicos.ufsc.br/index.php/fisica/article/view/7046/6522>. Acesso em: 26 nov. 2017.

SINGH, A. R.; SINGH, S. A. Brain-Mind Dyad, Human Experience, the Consciousness Tetrad and Lattice of Mental Operations: and Further, the Need to Integrate Knowledge from Diverse Disciplines. **Mens Sana Monographs**, Mumbai, v. 9, n. 1, p. 6-41, Jan./Dec. 2011. Disponível em: <https://www.ncbi.nlm.nih.gov/pmc/articles/PMC3115304/>. Acesso em: 26 nov. 2017.

SISTEMA nervoso central. 2015. Disponível em: <https://pt.slideshare.net/isabelctf/sistema-nervoso-central-acabado1>. Acesso em: 26 nov. 2017.

SKINNER, B. F. **Ciência e comportamento humano**. Tradução de João Carlos Todorov. 11 ed. São Paulo: M. Fontes, 2003.

SLAGTER, H. A. et al. Neural Competition for Conscious Representation Across Time: an fMRI Study. **PLoS One**, San Francisco, v. 5, n. 5, May 2010. Disponível em: <https://www.ncbi.nlm.nih.gov/pmc/articles/PMC2866664/>. Acesso em: 26 nov. 2017.

SMART, J. J. C. Sensations and Brain Processes. **The Philosophical Review**, Durham, NC, v. 68, n. 2, p. 141-156, Apr. 1959.

SMITH, S. E. **The Scientist and Engineer's Guide to Digital Signal Processing**. 2nd. San Diego, CA: California Technical Publishing, 1999.

SOFISTAS. **Testemunhos e fragmentos**. Introdução de Maria José Vaz Pinto. Tradução e notas de Ana Alexandre Alves de Sousa e Maria José Vaz Pinto. Lisboa: Imprensa Nacional/Casa da Moeda, 2005. Disponível em: <https://www.incm.pt/portal/bo/produtos/anexos/10007320100712160140842.pdf>. Acesso em: 26 nov. 2017.

SPORNS, O. **Networks of the Brain**. Cambridge: MIT Press, 2011.

SUPERTI, E. O positivismo de Augusto Comte e seu projeto político. **Hórus,** Ourinhos, v. 1, n. 1, 2003. Disponível em: <http://www.faeso.edu.br/horus/artigos%20anteriores/2003/superti.htm>. Acesso em: 26 nov. 2017.

THAGARD, P. **Conceptual Revolutions**. Princeton: Princeton University Press, 1992.

____. Why Cognitive Science Needs Philosophy and Vice Versa. **Topics in Cognitive Science,** Hoboken, NJ, v. 1, n. 2, p. 237-254, Apr. 2009. Disponível em: <http://cogsci.uwaterloo.ca/Articles/whycogsci.2009.pdf>. Acesso em: 26 out. 2017.

THEYSOHN, N. et al. Acupuncture-related Modulation of Pain-associated Brain Networks during Electrical Pain Stimulation: a Functional Magnetic Resonance Imaging Study. **Journal of Alternative and Complementary Medicine,** New York, v. 20, n. 12, p. 893-900, Dec. 2014. Disponível em: <https://www.ncbi.nlm.nih.gov/pmc/articles/PMC4270153/>. Acesso em: 26 nov. 2017.

THOMSON, D. R.; BESNER, D.; SMILEK, D. A Resource-control Account of Sustained Attention: Evidence from Mind-wandering and Vigilance Paradigms. **Perspective Psychology Science,** v. 10, n. 1, p. 82-96, Jan. 2015.

TONONI, G.; KOCH, C. Consciousness: Here, There and Everywhere? **Philosophical Transactions of the Royal Society B,** London, v. 370, n. 1668, 30 Mar. 2015. Disponível em: <http://rstb.royalsocietypublishing.org/content/370/1668/20140167>. Acesso em: 26 nov. 2017.

____. The Neural Correlates of Consciousness: an Update. **Annals of the New York Academy of Sciences,** New York, v. 1124, p. 239-261, 2008.

TUULARI, J. et al. Neural Circuits for Cognitive Appetite Control in Healthy and Obese Individuals: an fMRI Study. **PLoS One**, San Francisco, v. 10, n. 2, Feb. 2015. Disponível em: <http://journals.plos.org/plosone/article?id=10.1371/journal.pone.0116640>. Acesso em: 26 nov. 2017.

ULEMAN J. S.; BARGH J. A. (Org.). **Unintended thought**. New York: Guilford Press, 1989.

UTTAL, W. R. **Mind and Brain**: a Critical Appraisal of Cognitive Neuroscience. Cambridge: MIT Press, 2011.

WERNER, S.; NOPPENEY, U. Distinct Functional Contributions of Primary Sensory and Association Areas to Audiovisual Integration in Object Categorization. **The Journal of Neuroscience**, Washington, DC, v. 30, n. 7, p. 2662-2675, 17 Feb. 2010. Disponível em: <http://www.jneurosci.org/content/30/7/2662.long>. Acesso em: 13 jul. 2013.

WURTZ, R. H.; GOLDBERG, M. E.; ROBINSON, D. L. Brain Mechanisms of Visual Attention. **Scientific American**, New York, v. 246, n. 6, p. 124-135, June 1982.

WYBLE, B.; BOWMAN, H.; NIEUWENSTEIN, M. The Attentional Blink Provides Episodic Distinctiveness: Sparing at a Cost. **Journal of Experimental Psychology: Human Perception and Performance**, Washington, DC, v. 35, n. 3, p. 787-807, June 2009. Disponível em: <https://www.ncbi.nlm.nih.gov/pmc/articles/PMC2743522/>. Acesso em: 26 nov. 2017.

XENOFONTE. **Econômico**. Tradução e introdução de Anna Lia Amaral de Almeida Prado. São Paulo: M. Fontes, 1999.

XENOFONTE. **Memoráveis**. Tradução, introdução e notas de Ana Elias Pinheiro. Coimbra: Imprensa da Universidade de Coimbra, 2009. Disponível em: <https://digitalis.uc.pt/pt-pt/node/105857?ur=bitstream/10316.2/2416/1/memoraveis.pdf>. Acesso em: 26 nov. 2017.

ZALTA, E. N. (Ed.). Epistemê and Techné. In: **Stanford Encyclopedia of Philosophy**. Stanford University, 2014. Disponível em: <http://plato.stanford.edu/entries/episteme-techne/>. Acesso em: 26 nov. 2017.

bibliografia comentada

Fundamentais para quem deseja se aprofundar em algumas teorias consideradas pedras angulares na filosofia da mente, as obras a seguir indicadas dão ao leitor uma oportunidade de rever mais detalhadamente os conceitos aqui expostos.

BLOCK, N. Problemas com o funcionalismo. Tradução de Sofia Miguens. In: MIGUENS, S. (Coord.). **Filosofia da mente**: uma antologia. Porto, 2011. p. 63-94. Disponível em: <https://www.academia.edu/31423815/Filosofia_da_Mente_uma_antologia>. Acesso em: 26 nov. 2017

Excelente tradução de um artigo clássico a respeito do funcionalismo e seus problemas. Ned Block discute como o funcionalismo representa, na verdade, o resultado de diferentes projetos de natureza filosófica, desde uma tentativa para argumentar em favor do behaviorismo até os esforços de alguns autores para fazer analogias com a inteligência artificial. O tipo de funcionalismo que o autor discute revela que existem estados funcionais e que cada um deles é idêntico a um estado neural.

CHALMERS, A. **O que é a ciência afinal?** Tradução de Raul Filker. São Paulo: Brasiliense, 1993.

Esse livro aborda em detalhes grande parte do que foi mencionado nesta obra a respeito do indutivismo, do falsificacionismo e das teorias estruturais de Lakatos, Kuhn e Thagard.

DAMASIO, A. **O mistério da consciência.** São Paulo: Companhia da Letras, 2000.

Nessa obra, o autor explica a interessante questão dos mapas cerebrais. Sugerimos especialmente a leitura do capítulo "Abordagem da Consciência".

HESSEN, J. **Teoria do conhecimento**. Tradução de João Vergílio Gallerani Cuter. São Paulo: M. Fontes, 2000.
Esse livro é um clássico da teoria do conhecimento. Com base nas ideias de Wilhelm Dilthey acerca da filosofia socrático-platônica e da filosofia aristotélica, o autor analisa e compara outros grandes sistemas filosóficos, como o de Kant e o de Hegel. Leitura indispensável.

KRIPKE, S. **O nomear e a necessidade**. Tradução de Ricardo Santos e Teresa Filipe. Lisboa: Gradiva, 2012.
Excelente obra que aborda o papel da linguagem na neurociência e que refuta a teoria da identidade. Kripke argumenta que um estado mental como a dor não pode ser idêntico a um estado neural como o disparo de fibras sensitivas do tipo C, visto que não são termos idênticos – como H_2O é idêntico ao conceito de água. Na verdade, a função das fibras C é polimodal, podendo elas conduzir tanto os estímulos da dor quanto estímulos táteis e termais. Em sua teoria, denominadores fortes são aqueles que descrevem premissas necessariamente idênticas, e denominadores fracos são premissas a respeito do sujeito e de seu predicado.

TEIXEIRA, J. de F. A teoria da consciência de David Chalmers. **Psicologia USP**, São Paulo, v. 8, n. 2, 1997. Disponível em: <http://www.scielo.br/scielo.php?script=sci_arttext&pid=S0103-65641997000200006>. Acesso em: 26 nov. 2017.
Trata-se de um artigo que resume boa parte do conteúdo sobre dualismo de propriedade. Teixeira sintetiza as ideias de David Chalmers a respeito do tema.

respostas

Capítulo 1

Atividades de autoavaliação

1. c
2. c
3. d
4. b
5. a

Capítulo 2

Atividades de autoavaliação

1. a
2. a
3. b
4. d
5. b

Capítulo 3

Atividades de autoavaliação

1. b
2. a
3. c
4. a
5. d

Capítulo 4

Atividades de autoavaliação

1. c
2. a
3. a
4. b
5. b

Capítulo 5

Atividades de autoavaliação

1. a
2. a
3. c
4. d
5. b

sobre o autor

Mário Márcio Negrão é graduado em Medicina pela Universidade Federal do Triângulo Mineiro. Realizou residência na área de Neurologia no Institute of Neurology Queen Square, em Londres. Aperfeiçoou-se em Terapia Cognitivo-Comportamental na Sociedade Paranaense de Psiquiatria (SPP). É especialista em Neurologia pela Universidade de Londres e pela Associação Médica Brasileira (AMB). É mestre e doutor em Educação na área de Políticas Públicas pela Universidade Tuiuti do Paraná (UTP). Atua como médico neurologista e psicoterapeuta.

A Escola de Atenas (Scuola di Atene)
Rafael Sanzio, 1509-1510
afresco, 500 × 770 cm
Stanza della Segnatura, Musei Vaticani
Città del Vaticano

Os papéis utilizados neste livro, certificados por instituições ambientais competentes, são recicláveis, provenientes de fontes renováveis e, portanto, um meio responsável e natural de informação e conhecimento.

FSC
www.fsc.org
MISTO
Papel produzido a partir de fontes responsáveis
FSC® C103535

Impressão: Reproset
Abril/2021